Barcelone

Taches jaunes des terrasses de café éclaboussées de soleil, traits verts de la Rambla et des hauteurs du parc Güell, carrés rouges des toits de l'Eixample, serpentins noirs des ruelles sombres du Barri Gòtic et bleu omniprésent de la mer... Barcelone a tout d'un tableau de Miró ! Son histoire remonte à l'Antiquité et son dynamisme flatte l'orgueil catalan. Ses trésors médiévaux d'art et d'architecture rappellent le temps où, capitale d'un royaume, elle disposait d'un vaste empire maritime. Ajoutez un patrimoine Art nouveau de renommée mondiale, une équipe de foot mythique, une gastronomie qui sait se réinventer et un sens inné de la fête... Voilà bien tous les ingrédients prometteurs d'un séjour réussi !

Cette joie d'entreprendre et d'innover, on la touche des yeux devant la Sagrada Familia, dans les labyrinthes du Parque Güell, dans les façades du Paseo de Gracia, dans l'art du vitrail, dans le goût de la mosaïque. C'est la part fantasque de Barcelone, sa folie débridée.
Michel del Castillo

SOMMAIRE

Préparez votre voyage

Torre Glòries (ex-Agbar), Plaça de les Glòries Catalanes

EN UN CLIN D'ŒIL

Barcelone vue d'un satellite ou par le petit bout de la lorgnette : des chiffres et des données pour cerner l'identité de la capitale catalane.

MÉTROPOLE

Située sur la côte méditerranéenne, Barcelone est le chef-lieu de la Catalogne. Son activité économique et sa population la classent juste derrière Madrid, la capitale espagnole.

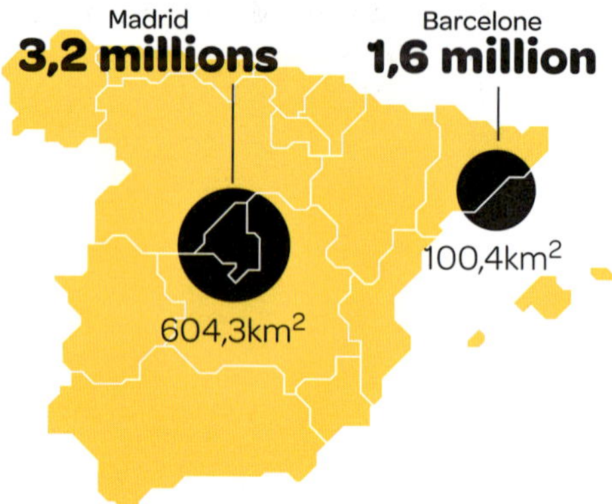

PLAGES

Les JO de 1992 ont doté Barcelone de 4,5km de plage, à seulement 10min du centre-ville.

2026

C'est l'année où devrait s'achever la construction de la Sagrada Familía. Cette cathédrale, dont Antoni Gaudí entama la construction en 1882, est le monument le plus visité d'Espagne.

1,5 MILLION

C'est le nombre de personnes qui visitent chaque année le musée du Football Club Barcelona, ce qui en fait le plus fréquenté de la ville.

TOURISME

Barcelone accueille plus de 8 millions de visiteurs par an. L'Unesco a classé 9 de ses monuments au patrimoine mondial de l'humanité ; 7 sont dus au pape du modernisme, Antoni Gaudí, les 2 autres à son contemporain, Lluís Domènech i Montaner.

55 000M²

C'est la superficie de Camp Nou, le stade du FC Barcelona. Il peut accueillir 99 354 spectateurs, ce qui en fait le plus grand stade de football d'Europe.

LA RUE LA PLUS FRÉQUENTÉE D'ESPAGNE

C'est le Portal de l'Àngel, principale artère commerçante de Barcelone (env. 3 500 pers./h)

60 TONNES

C'est le poids approximatif de la pluie de bonbons qui s'abat le 3 mars sur les badauds venus assister au défilé de la Sant Medir dans les quartiers de Gràcia, Sarrià et la Bordeta. À vos parapluies !

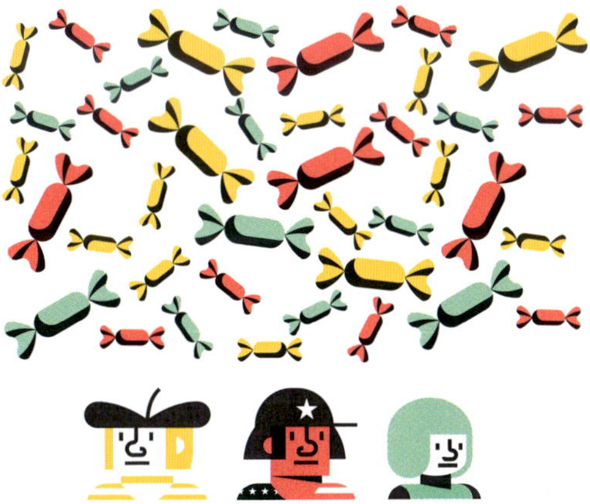

CHUPA CHUPS

La célèbre petite boule de sucre montée sur bâtonnet fut conçue par le Barcelonais Enric Bernat en 1958. Le confiseur voulait éviter aux enfants de se salir les doigts avec les bonbons. La sucette doit son logo à Salvador Dalí.

108

C'est le nombre de lignes de bus qui sillonnent la ville.

★ LES INCONTOURNABLES

★ **LE BARRI GÒTIC** (p.44) et sa **CATEDRAL** (p.44) Au cœur de la vieille ville, un dédale de venelles ombreuses et de places ensoleillées bordées de palais médiévaux, dominés par la cathédrale gothique.

★ **LA RAMBLA** (p.58) et **LA BOQUERIA** (p.64) L'avenue emblématique de Barcelone charrie un flot ininterrompu de badauds. Halte au marché de La Boqueria, étape gastronomique incontournable, pour ses produits frais et ses bars.

★ **LA BARCELONETA** (p.168) L'ancien fief des marins et des pêcheurs, avec ses tavernes de poisson, ses bars populaires et ses plages.

★ **MUSEU PICASSO** (p.75) La plus importante collection d'œuvres de jeunesse de Picasso, rappelant que l'artiste s'est formé à Barcelone.

★ **PALAU DE LA MÚSICA CATALANA** (p.72) Une scène de renom et un hymne moderniste à l'identité catalane.

★ **MUSEU MARÍTIM** (p.166) Il s'abrite sous les hautes nefs de l'arsenal médiéval le mieux conservé d'Europe. Majestueux !

★ **ESTADI CAMP NOU** (p.150) L'Olympe du mythique FC Barcelona, son musée et une pelouse foulée par des joueurs de légende.

★ **PARC GÜELL** (p.113) Vitrine du talent de Gaudí, 15ha de verdure et des constructions pleines de fantaisie.

★ **SAGRADA FAMÍLIA** (p.100) La basilique imaginée par Antoni Gaudí dans les années 1870 : un chantier titanesque pour un édifice féerique.

★ **FUNDACIÓ JOAN MIRÓ** (p.143) Sur la colline de Montjuïc, elle célèbre le génie enjoué d'un maître catalan du 20e s.

★ **MUSEU NACIONAL D'ART DE CATALUNYA** (p.143) Une fabuleuse collection d'art catalan du Moyen Âge aux années 1950.

★ **CASA BATLLÓ** (p.97) et **CASA MILÀ** (p.99) Un hôtel particulier et un immeuble aux décors oniriques, signés Antoni Gaudí.

EN VOILÀ DES IDÉES !

Personnalisez votre séjour en multipliant les expériences selon vos goûts et vos envies.

Attention, joyaux médiévaux !

Quand il s'agit de ne retenir que les meilleurs morceaux de l'un des patrimoines gothiques les plus riches d'Europe, le choix devient vite cornélien. Laissez-nous vous aider à cibler les incontournables.

Cathédrale et environs (p.44) Tout en flèches et en dentelle, un chef-d'œuvre de pierre fine qui témoigne du talent des tailleurs.

Plaça del Rei (p.46) Ici vous êtes cerné… par une composition minérale de toute beauté.

Museu d'Història de Barcelona (p.46) Une conserverie pour vestiges et merveilles, bien à l'abri des outrages du temps.

Basílica de Santa Maria del Pi (p.49) Une démonstration de la folie des grandeurs catalane, illustrée par la rosace de sa façade principale et son impressionnant volume intérieur.

Carrer de Montcada (p.75) Dans cette ancienne artère commerçante, il suffit de lever les yeux pour détecter les indices d'un négoce autrefois radieux.

Sagrada Família, façade de la Nativité

Basílica de Santa Maria del Mar (p.76) Encore plus belle au petit matin, quand la lumière du jour nouveau perce ses vitraux.
Collection d'art médiéval du MNAC (p.143) La splendeur de ses fresques romanes n'a d'égale que celle de ses retables gothiques, fort bien conservés.
Monestir de Pedralbes (p.152) Bien malin qui saura compter le nombre exact d'arcades qui composent les deux étages de son cloître de carte postale.
Museu Marítim (p.166) Pour son contenu autant que pour son enveloppe... une visite à fond de cale dans un arsenal d'exception.

Folies modernistes

Parfait antidote à la morosité, ce pot-pourri des grands succès de l'Art nouveau à Barcelone rend hommage à l'exubérance rafraîchissante de Gaudí, Domènech i Montaner, Puig i Cadafalch et consorts.
Palau Güell (p.61) 2 850m^2 de surface au sol sur un terrain de 500m^2... un concentré du jeune Gaudí, avant qu'il ne sévisse dans tout Barcelone.
Palau de la Música Catalana (p.72) La virtuosité de son architecture donne le change à celle des musiciens qui s'y produisent.
Mansana de la Discòrdia (p.97) Faites donc un tour du pâté de (drôles de) maisons !
Casa Batlló (p.97) Comme sortie d'un rêve, une véritable maison de petite sirène.
Casa Milà / La Pedrera (p.99) Le baroud d'honneur de Gaudí à Barcelone.
Sagrada Família (p.100) L'œuvre d'une vie, une visite de première nécessité, même en ultra-court séjour.
Hospital de la Santa Creu i Sant Pau (Recinte Modernista) (p.102) Plus qu'un monument, une petite cité moderniste, avec ses pavillons et ses jardins.
Casa Vicens (p.112) Mais où sont passées les courbes fétiches de Gaudí ?
Parc Güell (p.113) Déluges polychromes, en représailles au gris des villes.

Manifestes contemporains

En art comme en architecture, Barcelone vous donne des gages de sa capacité à continuellement se réinventer.
CCCB – Centre de Cultura Contemporània de Barcelona (p.63) Une rencontre détonante entre le verre et la pierre, qui n'est pas sans évoquer celle du Louvre avec ses pyramides.
MEAM – Museu Europeu d'Art Modern (p.76) Quand l'art d'aujourd'hui taquine les murs d'autrefois.
Fundació Antoni Tàpies (p.98) Le génial peintre catalan y dresse sa "table des matières".

Pavelló Mies van der Rohe (p.142) Étourdi par les volutes modernistes de Gaudí et ses comparses ? Remettez-vous bien en ligne dans le pavillon du grand Mies.
Fundació Joan Miró (p.143) Boire à la source du génie, et s'abreuver de couleurs primaires.
Museu del Disseny (p.176) Mobilier, objets et vêtements... des pièces iconiques du design et de la mode, mises en bloc par les architectes Martorell, Bohigas et Mackay !

Prenez de la hauteur

Du haut de ses collines, des tours de ses basiliques comme de ses toits-terrasses, Barcelone vous offrira de somptueux points de vue. Voici les plus sûres façons de mettre la ville à vos pieds.
Toit de la cathédrale (p.44) Dans les pas d'un sonneur de cloches, pour décrocher une vue à 360° sur la ville.
Terraza La Isabela (p.65) Irrésistible, dans la catégorie rooftop romantique.
Tours de la Sagrada Família (p.100) Aussi perchées que leur architecture !
Parc Güell (p.113) ... avec toujours beaucoup de monde au balcon, comme pour toutes les vedettes.
Mont Tibidabo (p.123) Sur l'altimètre de Barcelone, un sommet coiffé d'une basilique tout en cloches.
Torre de Collserola (p.124) C'est le moment de réaliser l'exploit de grimper en haut du mât...
Mirablau (p.129) Une vue tellement hypnotique qu'on en oublierait presque de vider son verre ou son assiette !
Castell de Montjuïc (p.145) Au bout du funiculaire ou du téléphérique, un poste de vigie stratégique !
Mirador de Colom (p.166) Aux pieds de Christophe Colomb, s'ouvrir à de nouveaux horizons.

Jetez-vous à l'eau

Quand la chaleur caniculaire s'abat sur la cité portuaire, difficile de résister à l'appel de l'eau ! Voici nos "ploufs" les plus rafraîchissants, en version douce ou salée.
Piscines de Montjuïc (p.146) Une baignade carrément olympique, avec vue panoramique sur la ville entre deux plongeons.
Bassin du parc de la Creueta del Coll (p.114) Idéal pour barboter en famille, un lac reconverti chaque été en une gigantesque pataugeoire découverte.
Plage de la Barceloneta (p.170) Pour se mettre à l'eau dès la sortie du métro.

Mettez-vous au vert

Chiller à l'ombre, déjeuner sur l'herbe ou faire une petite sieste à ciel ouvert... voici quelques bulles bien chlorophyllées pour se mettre à l'abri des klaxons et des vapeurs d'échappement.

Parc de la Ciutadella (p.77) Le "Central Park" catalan, avec son lac, sa cascade, son mammouth... et son zoo !

Parc de la Creueta del Coll (p.114) Terrasses en cascade sur les hauteurs de la ville.

Parcs et jardins de Montjuïc (p.144) Une collection de plusieurs jardins à flanc de colline, pour varier les promenades.

Jardins du Palau Reial de Pedralbes (p.151) Aux marches du palais, des allées ombragées, gardées par des Vénus callipyges.

Parc de l'Oreneta (p.152) Perdez-vous dans ses bois, tant que le loup n'y est pas.

Parc del Centre del Poblenou (p.180) Un jardin d'architecte, avec Jean Nouvel dans le rôle du jardinier en chef.

Sculpture d'Alfredo Lantz, la Barceloneta

Un jeu d'enfant !

S'il est encore un peu tôt pour les initier au rituel *caliente* des nuits barcelonaises, vos *niños* aussi ont droit à leur baptême catalan, à base d'expositions captivantes et d'activités ludiques.

Museu de la Xocolata (p.75) Ils vont fondre devant cette incroyable collection de fèves... 100% cacao.

Barques au parc de la Ciutadella (p.77) Quand la ville vous embarque pour une flânerie en famille, entre saules pleureurs et palmiers.

Parc Güell (p.113) Ludique et enfantin par nature, avec ses serpentins de mosaïques et ses couleurs chatoyantes, tout droit sortis d'un conte de fées.

CosmoCaixa (p.122) Secrets de science à l'attention des savants et curieux en culottes courtes.

Font Màgica (p.142) Une symphonie d'eau et de sons en technicolor, invariablement interprétée plusieurs soirs de la semaine à la joie des petits et des grands.

Poble Espanyol (p.143) (Presque) toute l'Espagne reconstituée dans un seul village, et même pas en miniature !

Aquàrium (p.167) Véritable séance de plongée sous-marine, sans bouteille ni combinaison, pour faire risette aux poissons.
Museu Blau (p.177) L'art et la manière de connecter les petits enfants à l'infiniment grand.

Boutique La Manual Alpargatera

Made in Barcelone

Espadrilles, parfums, sneakers, vêtements, artisanat, design... petite séance de shopping en appellation d'origine contrôlée.
La Manual Alpargatera (p.55) Mille lanières de se mettre la corde au pied.
Empremtes de Catalunya (p.56) L'artisanat revisité dans une boutique de créateurs catalans.
Teranyina (p.69) Elle tisse sa toile, et l'on s'éprend de ses filets.
Regia (p.109) Un marchand de souvenirs olfactifs aux subtiles fragrances.
Nice Things (p.109) Les imprimés inspirés de la créatrice Paloma S., pour mettre de la joie dans son dressing.
Sita Murt (p.127) Une véritable maison de mode catalane pour se relooker à l'espagnole, sans le secours du géant avec un grand "Z" !

Cultivez l'art du *tapear*

La tournée des bars à tapas fait partie des rituels initiatiques auxquels il est fort conseillé de sacrifier pour savourer le goût unique de la *street food* hispanique. Voici nos meilleures étapes.
Pinotxo Bar (p.66) Tapas en direct du marché, exclusivement à base de produits frais.

Tickets (p.66) Tapas en version haute couture... expérimentale, par le pape de la cuisine moléculaire, Ferran Adrià.
El Xampanyet (p.80) Où l'on perpétue depuis des générations la tradition des fameuses petites bouchées salées.
Casa Alfonso (p.106) De ceux qui n'ont plus rien à prouver, depuis le temps (1934) !
Quimet & Quimet (p.147) Serrés comme des sardines... et comme les bouteilles qui tapissent ses quatre murs.
La Cova Fumada (p.172) Le berceau "officiel" de la *bomba*, grand classique barcelonais à base de viande et de pomme de terre.

Shopping gourmand

Charcuterie, pâtisseries, vins fins... immersion dans le grand garde-manger catalan pour en prélever les meilleurs morceaux.
Papabubble (p.54) *Caramelos* trop jolis pour recharger votre bonbonnière.
Escribà (p.65) On emporte ses pâtisseries mais le décor, lui, se déguste sur place uniquement.
Casa Gispert (p.84) Un épicier en version originale chez qui faire le plein de fruits secs et autres ingrédients gorgés de soleil.
La Botifarreria de Santa Maria (p.84) L'occasion de vérifier qu'en Espagne aussi tout est bon dans le cochon.
Vila Viniteca (p.85) La Catalogne mise en bouteille : un sacré jeu de quilles !
Vicens (p.110) "Moi aussi je veux du nougat !"
Foix de Sarrià (p.129) Des vitrines qui mettront un terme à tous les régimes.

À la fraîche !

Où profiter des bénéfices d'une ventilation naturelle ?
Catedral de la Santa Creu i de Santa Eulàlia (p.44) Il y fait si frais qu'il vous faudra sortir dans le patio pour calmer la chair de poule.
La Boqueria (Mercat de Sant Josep) (p.64) Faites le plein de jus de fruits frais ou de barquettes de fruits en morceaux au marché avant d'aller les savourer dans le patio de l'Antic Hospital de la Santa Creu.
Parc de la Creueta del Coll (p.114) Le lac situé au milieu du parc se transforme en piscine l'été.
Las Golondrinas (p.168) Embarquez afin de contempler la ville sous la brise marine.
Parc del Centre del Poblenou (p.180) Trouvez votre "nid" pour faire une microsieste...

ITINÉRAIRES

Trois itinéraires pour vous laisser guider selon vos inclinations et le temps dont vous disposez.

Barcelone vue du Parc Güell

Trois jours à Barcelone

En téléphérique, sous l'eau, à bicyclette, vêtu à la dernière mode ou dans le plus simple appareil... Tous les moyens sont bons pour sentir en trois jours que Barcelone vogue entre *seny et rauxa*, "bon sens" et "caprice" !

VENDREDI

Matinée De la **Plaça de Catalunya** (p.96), descendez la Rambla, artère mythique qui sépare le Barri Gòtic d'El Raval. Pause devant la baroque **Església de Betlem** (p.58) et le **Palau de la Virreina** (p.59), siège de l'Institut culturel (entrez dans la cour). Un peu plus bas sur la Rambla, le marché de **La Boqueria** (p.64) vous invite à déambuler parmi ses étals bigarrés, avant de prendre un café au **Pinotxo Bar** (p.66). La promenade vous fait ensuite longer le **Gran Teatre del Liceu** (p.59) puis tourner à droite dans le Carrer Nou de la Rambla, où s'élève le **Palau Güell** (p.61). Demi-tour pour traverser la Rambla en direction de la **Plaça Reial** (p.59). De là, en remontant le Carrer d'en Rauric vous déboucherez sur la belle **Basílica Santa Maria del Pi** (p.49). Le Carrer de la Palla vous conduira ensuite vers la cathédrale. À quelques pas

de là, **Caelum** (p.51) est l'endroit idéal pour une pause gourmande. Tous les délices des couvents d'Espagne réunis en un seul lieu !
Après avoir flâné sur la ravissante **Plaça de Sant Felip Neri** (p.49) et jeté un coup d'œil au patio de la **Casa de l'Ardiaca** (p.45), franchissez le seuil de la **cathédrale** (p.44). Dépaysement garanti dans son cloître : ambiance tropicale et petit troupeau d'oies ! En sortant, sur la droite, admirez le patio planté d'orangers du **Museu Frederic Marès** (p.47). Puis laissez-vous porter jusqu'à la **Plaça del Rei** (p.46). Contournez les archives de la couronne d'Aragon et visitez le **Museu d'Història de Barcelona** (p.46), au sous-sol duquel dorment des vestiges de la cité romaine. En revenant vers la cathédrale, entre pimpantes placettes et palais néo-gothiques, tournez à gauche dans le Carrer del Paradís, où le patio du **Centre Excursionista de Catalunya** (p.47) recèle des vestiges du temple d'Auguste ! Ressortez Plaça de Sant Jaume et faites une incursion Carrer del Bisbe pour admirer la statue de Sant Jordi du **Palau de la Generalitat** (p.48). Déjeunez au **Can Culleretes** (p.54), l'un des restaurants les plus anciens de la ville, qui propose d'excellentes spécialités catalanes.

Après-midi Après le déjeuner, baladez-vous dans les venelles au sud de la **Ribera** : le Carrer de la Princesa vous conduira au Carrer de Montcada, bordé de magnifiques hôtels particuliers, dont certains abritent l'incontournable **Museu Picasso** (p.75). Pour souffler, installez-vous au frais au **Palau Gomis** (p.76), dans la cour du Museu Europeu d'Art Modern. Après un bref tour de **Santa Maria del Mar** (p.76), suivez l'agréable **Passeig del Born** jusqu'au **Mercat del Born** pour visiter son centre culturel (p.76). Les jolies ruelles parallèles au *passeig*, vers l'Avinguda del Marquès de l'Argentera, fourmillent de boutiques tendance. En fin d'après-midi, promenez-vous dans le **parc de la Ciutadella** (p.77) au milieu des vestiges de l'Exposition universelle de 1888 : *hivernacle* (serre), château des Trois Dragons, cascade monumentale... Pour terminer cette première journée, prenez l'apéro à **El Xampanyet** (p.80), qui sert un fameux mousseux accompagné de *piquillos* au fromage frais !
Soirée Dînez à la **Bodega La Palma** (p.53), une table typiquement espagnole, près de l'une des plus coquettes places de la ville et de sa fontaine gothique... Puis allez boire un verre au **Bosc de les Fades** (p.65) dans un décor

spectaculaire façon *Seigneur des anneaux*, avant de danser jusqu'à l'aube au **Moog** (p.71), l'un des clubs les plus sympathiques du Barri Gòtic.

SAMEDI

Matinée À hauteur de la station de métro Diagonal, près du Passeig de Gràcia (p.96), les façades du **Palau Baró de Quadras** (p.100) et de la **Casa Terradas** (p.100) méritent un coup d'œil, et la mythique **Casa Milà** (p.99) de Gaudí, une visite. Continuez votre route pour admirer la **Casa Batlló** (p.97), la **Casa Amatller** et la **Casa Lleó Morera**, cf. Mansana de la Discòrdia (p.97). Puis, faites le plein de bons produits dans l'épicerie fine **Colmado Múrria** (Carrer de Roger de Llúria, 85), avant d'aller musarder sur la majestueuse **Rambla de Catalunya**. Ses vitrines rivalisent d'opulence avec les façades... comme celle de la **Fundació Antoni Tàpies** (p.98), Carrer d'Aragó. Déjeunez à **La Bodegueta** (p.105) pour savourer l'un des meilleurs pains à la tomate de la ville !

Après-midi Rendez-vous à la **Sagrada Família** (p.100) en taxi, afin d'admirer la ville. Observez la façade de la Nativité, conçue par Gaudí, et celle de la

Sur le toit de la Casa Milà

Passion, plus anguleuse. Montez dans les tours de la basilique et profitez de la vue plongeante sur le chantier et Barcelone. Le musée au sous-sol permet d'appréhender le travail de l'artiste. Pour vous immerger encore plus dans l'univers de Gaudí, gagnez le non moins surprenant **Parc Güell** (p.113) et terminez l'après-midi en beauté devant son panorama éblouissant.

Soirée Débutez la soirée par un apéritif au **Bar Velódromo** (p.105) : tapas créatives dans un décor moderniste. Dînez ensuite au **Bar Mut** (p.106), l'un des restaurants les plus courus du quartier, dans un cadre chic mais décontracté, avant de déguster une bière bien fraîche dans une ambiance survoltée au **Cafè del Sol** (p.121). Puis prenez de la hauteur et dansez jusqu'au matin à **Mirablau** (p.129), qui offre des vues splendides sur la ville.

DIMANCHE

Matinée Rendez-vous **Plaça d'Espanya** (p.140) : passez entre les deux tours inspirées du campanile de Saint-Marc à Venise, allez contempler la simplicité du **pavillon Mies Van der Rohe** (p.142) et l'aménagement très réussi de la fondation **CaixaForum** (p.142). Les amateurs d'art roman monteront voir la collection de fresques du **MNAC** (p.143), unique au monde. Ceux qui préfèrent l'art moderne prendront un taxi ou un bus pour la **Fundació Joan Miró** (p.143). Les plus courageux auront de la terrasse du **Castell de Montjuïc** (p.145) une vue incroyable sur Barcelone et la zone portuaire. Redescendez ensuite pour prendre le Transbordador Aeri vers la Barceloneta... Déjeunez à **La Bombeta** (p.172), où l'on sert d'excellentes tapas de fruits de mer et la fameuse petite "bombe" de viande et de pomme de terre... Si vous aimez les plats à base de riz, cheminez jusqu'au **Can Solé** (p.173).

Après-midi Commencez par une balade digestive à **La Barceloneta** (p.168), le long du Passeig Marítim et dans les ruelles animées du quartier, en passant par la Plaça de la Barceloneta et l'Església Sant Miquel. Dans l'ancien arsenal royal, le **Museu Marítim** (p.166) comblera ceux qui veulent tout savoir sur Port Vell (p.167). Remarquez la réplique époustouflante de la galère royale de don Juan d'Autriche à la bataille de Lépante.

Soirée Installez-vous ensuite au grand comptoir du **Vaso de Oro** (p.172) pour regarder valser tapas et *cañas* (demis), avant de dîner au **Xiringuito Escribà** (p.182) pour achever tranquillement ces trois jours face à la mer, devant un plateau de fruits de... mer et un dessert gourmet.

Petit concert dans le Parc Güell

Trois jours en famille

Avec ses plages, son climat ensoleillé et son rythme *tranquil,* Barcelone se prête particulièrement bien aux séjours en famille. Des ruelles médiévales de la vieille ville aux fabuleux édifices modernistes, la métropole catalane séduit petits et grands.

VENDREDI

Matinée Pour commencer votre week-end, rendez-vous sur la **Rambla**, célèbre promenade barcelonaise, pour muser de bon matin entre ses statues vivantes, ses peintres de rue et les étals colorés de **La Boqueria** (p.64). Faites une pause à **Escribà** (p.65) pour goûter à ses pâtisseries délicieuses et amusantes (en forme de bouche, de mouton, etc.), à déguster dans un écrin moderniste. Baladez-vous ensuite sur **Passeig de Gracià**, dans l'univers merveilleux du modernisme catalan, à la découverte de la maison du chocolatier **Amatller** (p.97), du dragon de la **Casa Batlló** (p.97) et des chevaliers de **La Pedrera** (p.99) ! Déjeunez à **La Bodegueta** (p.105), un vieux cellier de la Rambla de Catalunya, et grignotez vos tapas... avec les doigts !

Après-midi Du Passeig de Gràcia, grimpez à bord d'un bus de la ligne n°24 pour rejoindre le décor enchanteur du **Parc Güell** (p.113), la fameuse cité-jardin imaginée par Antoni Gaudí. Si vos troupes ne sont pas trop épuisées, vous pourrez rejoindre à pied (20min) **La Nena** (Carrer de Ramón y Cajal, 36), pour un goûter à base de churros et de *melindros* (biscuits à la cuillère). Ensuite, petite session shopping à **Gràcia** (p.112) : de placettes en rues piétonnes, il

est particulièrement agréable de faire les boutiques de ce quartier. Pour vos bambins, arrêt chez **Rock 01** (p.120) et chez **Olokuti** (p.120). Finissez la journée par la visite guidée de la **Casa Terrades** (p.100), l'occasion de découvrir la légende de Sant Jordi, courageux chevalier et figure-clé de l'imaginaire catalan.

Soirée Pour le dîner, choisissez l'option cantine à la déco sixties à **Flash Flash** (p.126), pour déguster des tortillas salées et sucrées ! Musique classique au **Recinte Modernista de Sant Pau** (p.102), jazz à **La Pedrera** (p.99) ou rythmes du monde à la **Casa Batlló** (p.97) : les terrasses des principaux monuments de l'Eixample se transforment en salles de concerts aux beaux jours.

SAMEDI

Matinée Débutez la journée par un tour en barque sur le lac du **Parc de la Ciutadella** (p.77), puis visitez le **Zoo** (p.78) et partez à la recherche du grand mammouth ! Un indice : il se trouve juste à côté de la cascade monumentale de Gaudí. Le joli **Bar del Convent** se cache dans le cloître du Convent de Sant Agustí (p.75). Des jouets y sont mis à disposition des enfants. Après cette petite pause, le **Museu de la Xocolata** (p.75), situé également dans le couvent, offre une visite ludique et gourmande : vous y observerez les principaux monuments de la ville reconstitués en chocolat. Livres d'art, jouets, déco et photos vintage... Rendez-vous ensuite à **Chandal** (p.43), un concept-store qui mettra toute la famille d'accord ! Arrêtez-vous pour déjeuner à **La Paradeta** (p.81), une cantine bruyante et familiale, où l'on passe sa commande comme chez le poissonnier !

Après-midi Grimpez sur le toit-terrasse (accessible à partir de 6 ans) de la **Basílica Santa Maria del Mar** (p.76) pour profiter de la vue sur la vieille ville. Puis, allez dénicher des *gegants* (géants) et des *capgrossos* (grosses têtes) à **El Ingenio** (p.56), que l'on fabrique ici depuis 1838 pour les fêtes catalanes. Vous pourrez même en observer la fabrication dans l'atelier, qui est ouvert au public. Pause goûter à **Granja La Pallaresa** (p.51), une institution du Barri Gòtic, pour déguster des churros accompagnés d'un chocolat chaud et/ou de crème épaisse, avant de visiter la **Catedral de la Santa Creu i de Santa Eulàlia** (p.44). Son cloître abrite une sympathique colonie de treize oies ! Sur le parvis, vous pourrez assister à une démonstration de danse traditionnelle. Attablez-vous ensuite pour un apéritif à l'ombre des orangers au **Cafè d'Estiu** (p.52). S'il vous reste un peu de temps, jetez un

coup d'œil au "cabinet du collectionneur" du **Museu Frederic Marès** (p.47) : une véritable caverne d'Ali Baba !
Soirée Dîner-tapas à **Els Quatre Gats** (p.54) dans un beau décor moderniste, et spectacle de flamenco de seulement 30 minutes à **Los Tarantos** (p.56), avant de filer au lit !

DIMANCHE

Matinée Pour commencer la journée, prenez un bol d'air marin à **Port Vell** (p.167), le vieux port de Barcelone, avec une balade en bateau à bord des **Golondrinas** (p.168) ou une visite du passionnant **Museu Marítim** (p.166). Pause-café sur le toit-terrasse du **Museu d'Història de Catalunya** (p.168), afin de profiter d'une vue panoramique sur le littoral. Si le temps le permet, faites trempette à la plage de **Sant Sebastià** (p.170). Paella au grand air au **Restaurante Martínez** (Carretera de Miramar, 38), doté d'une magnifique terrasse panoramique dominant le port et proche de vastes espaces verts où se dégourdir les jambes.
Après-midi Longez le Passeig Joan de Borbó pour accéder au **Transbordador Aeri del Port** (p.170), un téléphérique rétro qui vous transportera à Montjuïc. Agrémentés de sculptures et de plusieurs aires de jeux, les **Jardins Joan de Brossa** (p.144) sont l'endroit parfait pour une pause détente ou une sieste digestive à l'ombre des pins. Une fois les batteries rechargées, partez à l'assaut de la vénérable forteresse du **Castell de Montjuïc** (p.145) ! Ses canons et ses tours de défense raviront vos *niños*. Sautez ensuite dans le bus n°150 pour rejoindre le **Poble Espanyol** (p.143), "village espagnol" qui reproduit grandeur nature les plus beaux bâtiments du pays. Sur place, boutiques d'artisanat et ateliers pour les enfants.
Soirée Repas-spectacle de flamenco au **Tablao de Carmen** (p.149), dans un décor on ne peut plus andalou ! Les lumières de la **Font Màgica** (p.142), "fontaine magique", offrent un bien joli divertissement (gratuit) pour conclure votre séjour en beauté. Vous pouvez l'admirer depuis la terrasse du centre commercial **Las Arenas** (p.140), près de la Plaça d'Espanya.

Bar à tapas d'El Born

Branchée, musicale... la nuit est à la fête !

Des bars hype où commencer la nuit aux clubs déjantés où la terminer, épuisé et échevelé, la Barcelone noctambule tient toujours ses promesses. Ses rues égrènent un nombre incalculable de bars, de clubs et autres lieux de divertissement. Certains se démarquent par une déco délirante et tous sont à l'affût des dernières tendances artistiques et musicales. Quels que soient vos goûts, la *nit* sera certainement trop courte !

NUIT BRANCHÉE

Faites et défaites les tendances en compagnie des *beautiful people* de la nuit barcelonaise. Échauffez-vous au **Salt Beach Club** (Passeig del Mare Nostrum, 19-21) : ambiance glam-chic et DJ sets pour profiter des derniers rayons du soleil. Faites-vous une place sous les palmiers et affichez votre plus beau sourire : vos selfies feront des jaloux ! Première escale pour un apéritif au **Monvínic** (p.104), bar à vins d'avant-garde, à la découverte d'insoupçonnables nectars. Pensez aussi à y prendre quelques forces en partageant de savoureuses tapas ! Dînez au **Dos Palillos** (p.68), un comptoir asiatique dont raffolent les foodies barcelonais ! Incontournable pour tester les tapas japonaises déjà cultes du chef Albert Raurich, un ancien des cuisines d'El Bulli. Ambiancez-vous ensuite chez **Solange** (Carrer d'Aribau, 143), haut lieu de la mixologie, dont le nom rend hommage à la James Bond girl de *Casino*

Primavera Sound Festival

Royale. À la carte, une douzaine de cocktails à siroter dans un décor classy, où se croise tout le gratin de Barcelone. Sur la promenade maritime, le **Pacha Barcelona** (Passeig Marítim Barceloneta, 38) est une annexe du mythique club d'Ibiza – total look immaculé et DJ stars inclus –, pour danser jusqu'aux premières lueurs de l'aube.

NUIT MUSICALE

Barcelone la mélomane offre de nombreuses scènes aux artistes de tous horizons. Partez à la rencontre de ces talents cachés ou déjà reconnus. Vibrez aux chants poignants et aux danses virevoltantes du flamenco au **Palau Dalmases – Espai Barroc** (p.56), un palais médiéval du Born. Soirée opéra le jeudi à 23h. Réservez votre place au **Palau de la Música Catalana** (p.72) assez longtemps à l'avance. La salle de cet exubérant "palais de la musique" offre à elle seule un spectacle ! Quelle que soit l'affiche (toujours de grande qualité), votre soirée débutera de façon magistrale... Joignez-vous ensuite à la faune des musiciens et des amateurs de jazz au **Jamboree** (p.57), club mythique de la Plaça Reial, avant de commencer la nuit dans les bars et les boîtes de "Tuset Street" (**Carrer de Tuset**), dans le quartier de Sant Gervasi. C'est LE rendez-vous fétiche de la jeunesse dorée. Que vous optiez pour le **Bling Bling** (Carrer de Tuset, 8) ou pour le **Sutton Club** (Carrer de Tuset, 13), soyez prêt à danser sur des rythmes pop ! Prenez une ultime dose de décibels à **La Macarena** (p.57). Laissez-vous entraîner dans cette boîte de poche pour grandes pointures de l'électro.

NUIT EN PLEIN AIR

Au plus fort de l'été, profitez du meilleur de la ville sans climatisation, sous les étoiles, tout simplement. Faites-vous pour commencer une place dans un ***xiringuito***. Ces bars de plage, nombreux, répondent à toutes les attentes : ambiances hawaïenne, latino, chill-out ou électro... Rien de mieux que de siroter tranquillement son verre face à la mer ! Continuez la soirée avec les Nits d'estiu de **La Pedrera** (p.99), un cycle estival de concerts de qualité à la Casa Milà. Lumières tamisées, rythmes jazzy, bulles de cava et vues sur les toits de la ville moderniste... Laissez le charme agir, avant de prendre un verre à la terrasse de l'hôtel **Pulitzer** (Carrer de Bergara, 8). Sa programmation de concerts et de DJ sets draine une foule éminemment branchée, avec en prime des vues inoubliables sur Barcelone illuminée ! Dansez ensuite les pieds dans le sable au **Bestial Beach Club** (Carrer de Ramon Trias Fargas, 2). Sous le poisson de Frank Gehry, cette grande terrasse à l'air libre distille une ambiance chic et cosmopolite. N'oubliez pas votre maillot, la tentation d'un bain de minuit sera grande ! Finissez la nuit au **Poble Espanyol** (p.143), où les *discotecas* sonnent comme une invitation à faire la fête sous la voûte étoilée.

Au cœur de la vieille ville (Ciutat Vella) trône le Barri Gòtic, avec ses églises et palais médiévaux. Au sud, par-delà la Rambla, promenade mythique qui jamais ne dort, s'étend le cosmopolite quartier d'El Raval. Au nord lui répond l'ancien fief bourgeois de la Ribera... Et partout, musées, marchés couverts, boutiques de créateurs, bonnes tables et bars festifs. Profitez-en !

La Ciutat Vella

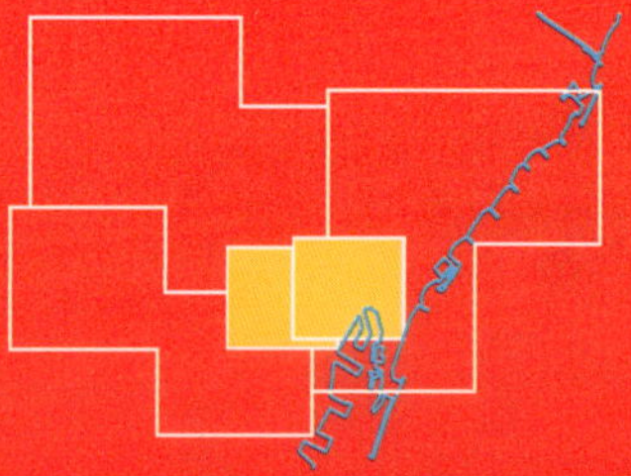

Grande verrière, Palau de la Música Catalana

Plan 1
DE L'EIXAMPLE AU TIBIDABO
Plan 3
Plan 2
Plan 7
1
2
3
4
A
B
ARC DE TRIOMF
Passeig de Lluís Companys
Carrer del Bruc
C. d'Alí Bei
Carrer de Trafalgar
Carrer de Pau Claris
URQUINAONA
Ronda de Sant Pere
Plaça d'Urquinaona
Carrer de Trafalgar
C. de les Jonqueres
C. d'Ortigosa
CATALUNYA
C. de Fontanella
Via Laietana
PALAU DE LA MÚSICA CATALANA
12
Plaça de Catalunya
C. de les Moles
Carrer d'Estruc
Carrer Comtal
Carrer de les Magdalenes
C. del Dr J. Pou
Avinguda del Portal de l'Àngel
Carrer de Montsió
PARRÒQUIA DE SANTA ANA
Carrer de Santa Anna
RAMBLA DE CANALETES
C. dels Tallers
Carrer de les Sitges
C. del Bonsuccés
RAMBLA DELS ESTUDIS
Carrer de la Canuda
Plaça de la Vila de Madrid
Av. de la Catedral
CASA DE L'ARDIACA
69
CATEDRAL
Pass. de Sert
C. de Méndez Núñez
46
Carrer de Sant Pere Més Alt
Carrer de Sant Pere Mitjà
Pl. de St Pere
C. de les Basses de St Pere
Carrer del Rec Comtal
Carrer d'en Cortines
Carrer del Portal Nou
Carrer del Comerç
Pl. de Marquilles
Pl. de St Agustí Vell
JARDINS DEL FORAT DE LA VERGONYA
CENTRE CIVIC CONVENT SANT AGUSTÍ
36
C. dels Carders
LA RIBERA
Carrer de Sant Pere Més Baix
C. de Fonollar
E
MUSEU DE LA XOCOLATA
ARXIU FOTOGRÀFIC DE BARCELONA AFB
68
MERCAT DE SANTA CATERINA
62
35
CENTRE D'INTERPRETACIÓ ESPAI STA CATERINA MUHBA
Avinguda de Fr. Cambó
13
Pl. de Jaume Sabartés
66
47
Plaça d'Antoni Maura
37
MEAM - MUSEU EUROPEU D'ART MODERN
MUSEU PICASSO
C
MUSEO DIOCESÀ GAUDÍ EXHIBITION CENTER
2
PLAÇA DEL REI
71
MUSEU DE CULTURES DEL MÓN
CARRER DE MONTCADA
80
15
F
D
14
MUHBA MUSEU D'HISTÒRIA DE BARCELONA
MUSEU FREDERIC MARÈS
A
JAUME I
42
67
30
31
BASÍLICA DE SANTA MARIA DEL MAR
64
84
4
Carrer d'Espaseria
LA RAMBLA
Carrer d'en Xuclà
C. del Pintor Fortuny
C. de la Portaferrissa
PLAÇA DE SANT FELIP NERI
PALAU DE LA GENERALITAT
CENTRE EXCURSIONISTA DE CATALUNYA
MUHBA DOMUS DE SANT HONORAT
CASA DE LA CIUTAT
ANTIGA SINAGOGA
C. de la Nau
65
PALAU DE LA VIRREINA
MUHBA EL CALL
PLAÇA DE SANT JAUME
PLAÇA DE SANT JUST
Via Laietana
C. del Carme
C. de Jerusalem
34
RAMBLA DE ST JOSEP
1
10
C. d'Àngel J. Baixeras
Plaça d'Antonio López
Passeig d'Isabel
33
LA BOQUERIA
LICEU
SANTA MARIA DEL PI
C. de la Boqueria
Plaça de Sant Miquel
EDIFICIO NOVISSIM
Plaça de Sant Josep
73
Carrer d'Ataülf
C. de la Fusteria
ANTIC HOSPITAL DE LA SANTA CREU
RAMBLA DELS CAPUTXINS
ESGLÉSIA DE ST JAUME
BARRI GÒTIC
81
C. de l'Hospital
Pl. de St Agustí
C. de Ferran
Carrer d'en Gignàs
Carrer Ample
C. de la Mercè
C. de la Junta del Comerç
Carrer de Sant Pau
Plaça de George Orwell
Carrer d'Avinyó
60
11
PARRÒQUIA DE ST AGUSTÍ
GRAN TEATRE DEL LICEU
PLAÇA REIAL
Carrer de Sant Rafael
C. d'en Robador
Carrer de la Unió
C. dels Escudellers
82
C. dels Còdols
C. d'en Serra
32
BASÍLICA DE LA MERCÈ
Pl. de Vázquez Montalbán
Pl. de Salvador Seguí
Rambla del Raval
Carrer de Sant Pau
PALAU GÜELL
C. Nou de St Francesc
Passeig de Colom
C. del Marquès de Barberà
C. de Lancaster
Plaça de J. Xirau
Passatge de la Pau
Plaça del Duc de Medinaceli
Carrer de Sant Ramon
Carrer Nou de la Rambla
C. de la Guàrdia
C. de l'Est
Carrer de l'Arc del Teatre
RAMBLA DE SANTA MÒNICA
C. de Josep Anselm Clavé
C. de Sant Oleguer
ART SANTA MÒNICA
C. de Montserrat
3
P. de la Banca
Passeig de Colom
Moll de Bosch i Alsina
DÀRSENA NACIONAL
Carrer de Sant Pau
Avinguda de les Drassanes
DRASSANES
MUSEU DE CERA
ESGLÉSIA DE SANT PAU DEL CAMP

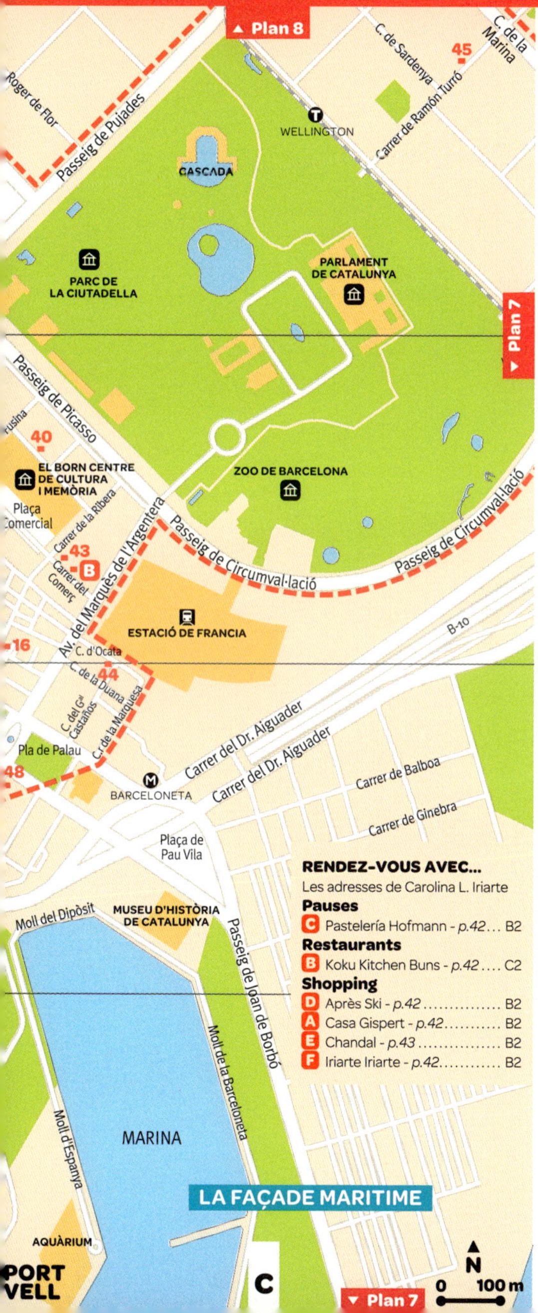

RENDEZ-VOUS AVEC...
Les adresses de Carolina L. Iriarte

Pauses
C Pastelería Hofmann - *p.42* ... B2

Restaurants
B Koku Kitchen Buns - *p.42* C2

Shopping
D Après Ski - *p.42* B2
A Casa Gispert - *p.42* B2
E Chandal - *p.43* B2
F Iriarte Iriarte - *p.42* B2

Pauses (n°1 à 4)
3 Bosc de les Fades - *p.65* B4
2 Cafè d'Estiu - *p.52* B2
4 Gocce di Latte - *p.79* B3
1 Xurreria Dels Banys Nous - *p.52* A3

Bars à tapas (n°10 à 17)
13 Bar del Pla - *p.80* B2
11 Bar La Plata - *p.53* B3
10 Bodega La Palma - *p.53* B3
16 Cal Pep - *p.81* C2
12 El Bitxo - *p.80* A2
14 El Xampanyet - *p.80* B2
15 Euskal Etxea Taberna - *p.80* B2
17 Llamber - *p.81* B2

Restaurants (n°30 à 48)
37 Bacoa - *p.81* B2
32 Bidasoa - *p.54* B4
30 Buenas Migas - *p.53* B2-B3
35 Cuines Santa Caterina - *p.81* B2
31 El Brusi - *p.53* B3
34 El Quim de la Boqueria - *p.67* A3
45 Els Pollos de Llull - *p.82* C1
46 Essence (EspaiSucre) - *p.82* . B1
33 Kiosko Universal - *p.67* A3
44 La Estrella - *p.82* C3
40 La Paradeta - *p.81* C2
47 Montiel - *p.82* B2
36 Mundial Bar - *p.81* B2
42 Senyor Parellada - *p.82* B2
48 Set Portes - *p.83* C3
43 Tlaxcal - *p.82* C2

Shopping (n°60 à 73)
63 Casa Gispert - *p.84* B2
66 Demasié - *p.85* B2
69 La Basílica Galería - *p.56* A2
64 La Botifarreria de Santa Maria - *p.84* B3
73 La Manual Alpargatera - *p.55* B3
67 La Tercera - *p.85* B2
62 Mercat de Santa Caterina - *p.84* B2
68 Niu d'Art - *p.84* B2
71 OMG BCN - *p.83* B2
60 Papabubble - *p.54* B3
65 Vila Viniteca - *p.85* B3

Sorties (n°80 à 84)
83 El Copetín - *p.85* B2
81 Harlem Jazz Club - *p.57* B3
84 La Vinya del Senyor - *p.85* ... B3
82 Macarena Club - *p.57* B3
80 Palau Dalmases - *p.56* B2

Plan 2
Plan 3
Plan 3
Plan 5
Plan 5
1
2
3
4
A
B
DE L'EIXAMPLE AU TIBIDABO
Carrer de Muntaner
Carrer de València
Carrer de València
Plaça del Doctor Letamendi
Rambla de Catalunya
PASSEIG DE GRÀCIA
JARDINS DE LA REINA VICTÒRIA
CATALUNYA
UNIVERSITAT DE BARCELONA
Gran Via de les Corts Catalanes
Ronda de la Universitat
Carrer d'Aragó
Carrer de Muntaner
UNIVERSITAT
Plaça de la Universitat
Carrer de Pelai
C. de Gravina
C. de Jovellanos
33
Carrer dels Tallers
UNIVERSITAT
Plaça de Castella
59
C. dels Tallers
Pl. de Vicenç Martorell
Carrer de Torres i Amat
Plaça de Terenci Moix
FACULTAT DE GEOGRAFIA I HISTÒRIA
C. de les Ramalleres
Carrer de Montalegre
CCCB CENTRE DE CULTURA CONTEMPORÀNIA DE BARCELONA
61
37
MACBA MUSEU D'ART CONTEMPORANI DE BARCELONA
9
51
Carrer d'Elisabets
42
C. del Dr Dou
38
Gran Via de les Corts Catalanes
URGELL
Ronda de Sant Antoni
75
C. de Valldonzella
C. del Tigre
Plaça dels Àngels
Carrer dels Àngels
39
URGELL
Gran Via de les Corts Catalanes
Carrer de Sepúlveda
Carrer del Comte d'Urgell
C. de la Paloma
C. del Lleó
C. de Ferlandina
C. de Joaquín Costa
Plaça de les Caramelles
INSTITUT D'ESTUDIS CATALANS
Pl. del Pes de la Palla
C. de St Erasme
C. de St Vicenç
C. de la Lluna
C. de Guifré
Carrer del Peu de la Creu
58
C. de Sant Gil
SANT ANTONI
Carrer de la Riera Alta
60
C. de la Riera Baixa
C. d'en Roig
57
Carrer del Carme
C. de Tamarit
Ronda de Sant Antoni
C. del Príncep de Viana
77
C. de la Cendra
C. del Bisbe Laguarda
Plaça del Pedró
Carrer de l'Hospital
Rambla del Raval
Carrer de Sepúlveda
DOMINICAL DE SANT ANTONI
SANT ANTONI
C. de Sant Antoni Abat
C. d'en St Climent
EL RAVAL
MERCAT DE ST ANTONI
C. de Vistalegre
1
C. de l'Aurora
SANT ANTONI
41
35
C. de la Cera
C. de St Pacià
C. de la Riereta
36
Carrer de Manso
Carrer del Comte Borrell
Ronda de Sant Pau
Carrer de la Reina Amàlia
Carrer de les Carretes
Av. de Mistral
Carrer de Tamarit
2
C. de Viladomat
Passatge de Pere Calders
Plaça de Josep Ma Folch i Torres
Carrer de Calàbria
C. del Marquès de Campo Sagrado
43
C. de les Flors
C. de Rocafort
C. del Parlament
C. d'Aldana
72
74
C. de Sant Pau
24
POBLE SEC
POBLE SEC
PARAL·LEL
Av. del Paral·lel
Avinguda del Paral·lel
Plaça de la Bella Dorita

Pauses (n°1 à 12)
- *9* Bar Central - *p.64* B2
- *6* Bar del Pi - *p.52* C2
- *3* Caelum - *p.51* C2
- *8* Cafè de l'Òpera - *p.65* C3
- *12* Conesa - *p.52* C2
- *7* Escribà - *p.65* C3
- *2* Federal - *p.66* B4
- *11* Granja La Pallaresa - *p.51* C2
- *1* Guixot - *p.65* B3
- *4* Planelles Donat - *p.51* C1
- *5* Salterio - *p.52* C2
- *10* Terraza La Isabela - *p.65* C2

Bars à tapas (n°20 à 24)
- *22* Cañete - *p.66* C3
- *20* La Pineda - *p.53* C2
- *21* Pinotxo Bar - *p.66* C3
- *24* Tickets - *p.66* A4

Restaurants (n°30 à 43)
- *30* Betawi - *p.53* C2
- *37* Ca L'Estevet - *p.68* B2
- *43* Ca l'Isidre - *p.68* B4
- *31* Can Culleretes - *p.54* C3
- *41* Can Lluís - *p.68* B4
- *36* Can Vilaró - *p.67* A4
- *42* Dos Palillos - *p.68* B2
- *38* Dos Pebrots - *p.67* B2
- *32* Els Quatre Gats - *p.54* C2
- *33* Flax & Kale - *p.67* B2
- *35* Las Fernández - *p.67* B4
- *39* Silenus - *p.68* B3
- *40* Suculent - *p.68* C4

Shopping (n°50 à 62)
- *54* Col·lectiu d'Artesans de l'Alimentació - *p.56* C2
- *55* El Ingenio - *p.56* C3
- *56* Empremtes de Catalunya - *p.56* C3
- *61* Fusta'm - *p.69* B2
- *52* Guantería y Complementos Alonso - *p.56* C2
- *59* Holala ! - *p.69* B2
- *57* Kilostore - *p.69* B3
- *53* L'Arca - *p.55* C2
- *50* La Capell - *p.55* C2
- *60* Lullaby - *p.69* B3
- *62* Sombrerería Obach - *p.55* C3
- *51* Teranyina - *p.69* B2
- *58* Wilde Store - *p.69* B3

Sorties (n°70 à 79)
- *76* Bar Marsella - *p.71* C4
- *73* Boadas Cocktails Bar - *p.70* C2
- *75* Fàbrica Moritz - *p.71* B2
- *70* Jamboree - *p.57* C3
- *77* JazzSí - *p.71* B3
- *74* La Confiteria - *p.71* B4
- *79* London Bar - *p.70* C4
- *72* Los Juanele - *p.71* B4
- *71* Los Tarantos - *p.56* C3
- *78* Moog - *p.71* C4

CINQ BONNES RAISONS...

... de se perdre dans la vieille ville, mix réussi entre églises médiévales, marchés couverts et bars festifs.

ON EN PREND PLEIN LES YEUX ET LES OREILLES Assister à un concert dans l'écrin moderniste du Palau de la Música Catalana (p.72) est un must !

ELLE NOUS TIRE VERS LE HAUT Du haut de la cathédrale (p.50), vous aurez une vue imprenable sur le Barri Gòtic !

C'EST FOOD ! À La Boqueria, on prend un cours de cuisine catalane (p.63) ou on s'installe au Pinotxo Bar (p.66).

ON ÉTIRE LE TEMPS En faussant compagnie au comptoir à tapas, au profit d'un brunch à rallonge au Granja Petitbo (p.107) et d'une sieste digestive au parc de la Ciutadella (p.77).

ON NE FAIT PAS DE CHICHI... On en déguste ! Ceux de Xurreria Dels Banys Nous (p.52) donneront du croustillant à votre flânerie sur les marchés du Barri Gòtic.

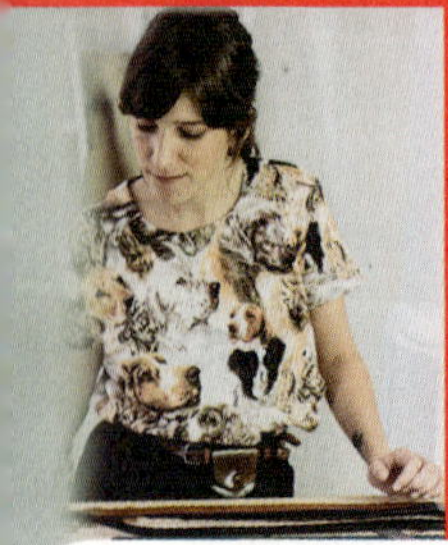

RENDEZ-VOUS AVEC...

C'est dans les ruelles médiévales d'El Born, quartier fétiche des jeunes créateurs de mode barcelonais, que **Carolina L. Iriarte** a tout naturellement choisi d'installer son showroom, où elle confectionne des sacs en cuir de manière artisanale. Elle nous livre ses adresses préférées.

Mon épicerie

A Casa Gispert

Le décor de cette épicerie n'a guère changé depuis son ouverture en 1851. Au fond de la boutique, on peut voir les employés torréfier différents fruits secs dans un antique four à bois. Les amandes grillées sont une merveille, mais j'ai aussi un faible pour les figues séchées de la variété *pajarero*.

C/ dels Sombreres, 23 ☎ 933 19 75 35 www.casagispert.com ⌚ Lun.-sam. 10h-20h30

Ma cantine

B Koku Kitchen Buns

C'est un petit restaurant asiatique où j'ai mes habitudes, parce qu'il est situé à 5 minutes à pied de mon showroom et que les plats sont plutôt bon marché. J'aime son décor industriel, les serveurs souriants, et surtout les délicieux *buns* (ou *bao*), de petites brioches farcies au porc, au bœuf ou aux calamars et cuites à la vapeur.

C/ del Comerç, 29 ☎ 932 69 65 36 www.kokukitchen.es ⌚ Tlj. 13h-16h et 19h30-23h30

Ma pâtisserie

C Pastelería Hofmann

Gâteaux, biscuits, viennoiseries... tout y est absolument divin. Mais mon péché mignon, ce sont les croissants fourrés à la confiture de framboise ou au mascarpone. Et je sais que je prends un risque en les recommandant à des Français... C'est dire à quel point ils sont bons !

C/ Flassaders, 44 ☎ 932 68 82 21 ⌚ Lun.-jeu. 9h-14h et 15h30-20h, ven.-sam. 9h-14h et 15h30-20h30, dim. 9h-14h30 Fermé en août

Ma boîte à bijoux

D Après Ski

C'est la boutique-atelier de Lucía Vergara, une talentueuse créatrice

SI EL BORN ÉTAIT...

Un animal Ce serait, sans aucun doute, un caméléon ! El Born a une capacité à se réinventer qui me fascine. C'est un quartier qui sait s'approprier les tendances tout en conservant son authenticité.

Casa Gispert

ENVIE DE FLÂNER ?

Éloignez-vous des grandes artères pour explorer le dédale de ruelles qui sépare la basilique Santa Maria del Mar du Carrer de la Princesa. C'est là que sont établis les jeunes créateurs et les artisans du quartier. Et pour se mettre au vert, le parc de la Ciutadella n'est qu'à deux pas !

de bijoux géométriques et colorés. Ses collections méritent vraiment le coup d'œil pour leur style si particulier, à mi-chemin entre le vintage et le Bauhaus.

C/ dels Vigatans, 11 670 34 56 12 www.apresski.es Lun.-sam. 11h-14h et 16h-20h

Mon concept-store

E Chandal

D'un côté, un espace de référence pour les amateurs de photographie instantanée, avec un grand choix d'appareils polaroid et de pellicules. De l'autre, une sélection de jouets rétro et d'objets design pour la maison. Bref, c'est une boutique assez inclassable, mais j'y fais toujours de belles trouvailles !

C/ d'en Tantarantana, 16 933 18 38 19 www.chandal.tv Lun.-sam. 11h-14h30 et 16h30-21h

Maroquinerie design

F Iriarte Iriarte

Une collection de sacs et accessoires en cuir de belle qualité, au design intemporel.

C/ Cotoners, 12 932 690 074 www.iriarteiriarte.com Mar.-ven. 11h30-14h30 et 16h-20h, sam. 16h-20h

BARRI GÒTIC ★

Dominé par la cathédrale, ce quartier forme un magnifique ensemble au cœur de la vieille ville. On se perd dans ses venelles médiévales pour le plaisir de découvrir, au détour d'une place pittoresque, un paisible cloître ou un palais gothique, un concert de rue, une *bodega* animée ou une boutique qui vient d'ouvrir…

ACCÈS ET INFOS

- Il n'y a aucune station de métro dans le périmètre médiéval du Barri Gòtic, qui tient dans un mouchoir de poche. La plupart des ruelles sont piétonnes.

À VOIR

Le Barri Gòtic doit son nom à son plan d'ensemble et à ses monuments médiévaux. Son patrimoine gothique est, en effet, l'un des plus importants d'Europe avec celui de Venise. Mais ce quartier recèle également quelques vestiges antiques. C'est là, en effet, sur les hauteurs du mont Tàber, que naquit la Barcino romaine au 1er s. av. J.-C.

AUTOUR DE LA CATHÉDRALE

La cathédrale de la Santa Creu s'élève sur la **Pla de la Seu**, vaste esplanade animée qui communique avec la petite **Plaça Nova**. Sur cette placette, des ruines antiques côtoient le nom romain de la ville, Barcino, dessiné par Joan Brossa en 1994. Les ruelles adjacentes, bordées de prestigieux édifices gothiques, sont particulièrement pittoresques.

Joyau gothique

Catedral de la Santa Creu i de Santa Eulàlia ★ (plan 1, A2-B2)

Sa construction dura de 1298 à 1450. La façade, dédiée à sainte Eulalie, patronne de la ville, ne fut achevée qu'à la fin du 19e s. par Josep Oriol Mestres et August Font, d'après les plans élaborés par un maître rouennais au début du 15e s. On doit aussi aux deux architectes modernistes les trois clochers aux flèches ciselées. L'illusion est parfaite pour l'œil non averti. Les lignes et motifs, inspirés du gothique flamboyant français, détonnent par leur exubérance avec le reste du quartier. À l'intérieur, notez l'élévation des trois nefs. À droite de l'entrée, la **Capella del Santíssim** abrite un crucifix particulièrement vénéré (il ornait la galère de don Juan d'Autriche à la bataille de Lépante, en 1571). L'intérieur de la cathédrale est encore plus spectaculaire quand la lumière matinale filtre à travers ses vitraux et irradie sa nef. Après avoir admiré les retables des autres chapelles ainsi que les stalles et la chaire ouvragées du chœur, empruntez l'escalier monumental qui descend à la **crypte**. Parmi ses reliques figure le sarcophage en albâtre qui renfermerait les restes de sainte Eulalie. Un élégant portail sépare la nef du paisible **cloître** aux voûtes enlevées et aux arcades massives. Dans l'angle nord-ouest de ce quadrilatère parfait se cache la Capella de Santa Llúcia, unique vestige de la cathédrale romane (1268).

À NE PAS MANQUER

- Catedral de la Santa Creu i de Santa Eulàlia
- Plaça del Rei
- MUHBA – Museu d'Història de Barcelona
- Museu Frederic Marès
- Basílica Santa Maria del Pi

Patio de la Casa de l'Ardiaca

IL ÉTAIT UNE FOIS
Selon une longue tradition, dans le cloître de la cathédrale caquettent treize oies au plumage immaculé. Treize comme le nombre d'années qu'avait sainte Eulalie quand elle fut martyrisée par les Romains, en l'an 304, parce qu'elle avait osé dénoncer les persécutions infligées aux chrétiens.

Au milieu du jardin planté de palmiers s'élève une belle fontaine dédiée à Sant Jordi, patron de la Catalogne. Depuis ses toits, vue imprenable sur la ville (p.50).

Pl. de la Seu 933 42 82 60 www.catedralbcn.org Entrée libre (sauf chœur 3€, terrasses 3€) lun.-ven. 8h-12h45 et 17h45-19h30, sam. 8h-12h45 et 17h15-20h, dim. 8h-13h45 et 17h15-20h Entrée payante (7€) lun.-sam. 13h-17h30, dim. 14h-17h

Pour son patio gothique

Casa de l'Ardiaca (plan 1, A2)

Au nord-ouest de la cathédrale (en face du cloître), la "maison de l'archidiacre" fut bâtie au 15e s. sur des vestiges romains constitués d'un pan de muraille et d'un aqueduc. Ce bel édifice gothique accueille les archives municipales. Remarquez son étonnante boîte aux lettres moderniste, dessinée par Lluís Domènech i Montaner. Son **patio** rafraîchi par une fontaine moussue mérite le coup d'œil.

C/ Santa Llúcia, 1 933 18 11 95 Lun.-ven. 9h-19h30, sam. 10h-19h30 Entrée libre

Sacrée collection

Museo Diocesà – Gaudí Exhibition Center (plan 1, B2)

Édifiée au 10e s. sur des ruines de l'enceinte romaine puis maintes fois remaniée, la Casa de la Pia Almoina (hospice des chanoines de Saint-Augustin) abrite le Musée diocésain et son intéressante collection de peintures, sculptures, pièces d'orfèvrerie et objets liturgiques du Moyen Âge au début du 20e s. Un vaste espace est réservé à Gaudí et à l'expression de sa foi dans son art.

Monument de la Pia Almoina Pl. Seu, 7 932 68 75 82 www.gaudiexhibitioncenter.com Nov.-fév. : tlj. 10h-18h ; mars, oct. : tlj. 10h-19h ; avr.-sept. : tlj. 10h-20h Fermé 25 déc. 15€

À L'EST DE LA CATHÉDRALE

Monumentale

Plaça del Rei (plan 1, B2)

L'un des ensembles architecturaux les plus spectaculaires de la ville ! Au fond, un bel escalier de pierres mène à l'élégant **Palau Reial Major**, qui fut la demeure des comtes de Barcelone à partir du 11e s., avant de devenir celle des rois d'Aragon. À gauche, le **Palau del Lloctinent**, aux gargouilles ricanantes, fut construit sous Charles Quint (15e s.) pour accueillir le vice-roi d'Aragon. À droite, la **Casa Clariana-Padellàs**, palais du 15e-16e s., abrite aujourd'hui le MUHBA – Museu d'Història de Barcelona. Depuis 1986, une sculpture abstraite au centre de la place complète cet ensemble monumental.

Casa de la Ciutat

Il était une fois Barcelone

MUHBA – Museu d'Història de Barcelona (plan 1, B2)

Le musée d'Histoire de Barcelone trône depuis 1943 sur la magnifique Plaça del Rei. Au sous-sol, parfaitement mis en valeur, on découvre des **vestiges romains et wisigoths** (1er s. av. J.-C.-7e s.) qui dormaient sous la place : une fabrique de *garum* (condiment à base de poisson) et des chais aux amphores bien préservées provenant du quartier artisanal de Barcino, une collection de stèles et de bustes ainsi que des restes du quartier épiscopal du 4e s. Les salles de l'entresol présentent des objets et documents relatifs à la Barcelone médiévale. Au rez-de-chaussée, on accède au Palau Reial Major, bâti à partir du 11e s. et agrandi au tournant des 13e et 14e s. Sa salle d'apparat aux immenses voûtes, le **Saló del Tinell**, est une prouesse du gothique catalan. Autre merveille, la **chapelle palatine** (14e s.) abrite le remarquable *Retable du connétable* (1465) du maître catalan Jaume

Huguet. La visite s'achève par l'ascension de la tour de guet. Du **Mirador del Rei Martí** (16e s.), vous bénéficierez d'une vue plongeante sur la vieille ville.

Pl. Rei ☎ 932 56 21 22 ajuntament.barcelona.cat/museuhistoria ⏲ Mar.-sam. 10h-19h, dim. 10h-20h € 7€, gratuit dim. à partir de 15h

Cabinet de curiosités

Museu Frederic Marès 👍 (plan 1, B2)

Dans cette superbe dépendance du **Palau Reial Major**, le sculpteur barcelonais Frederic Marès (1893-1991) a réuni un ensemble étonnant d'œuvres d'art et d'objets du quotidien, fruit d'une collectionnite aiguë et d'une grande connaissance de l'art et de l'artisanat. Du sous-sol au premier étage se déploie une magnifique collection de sculptures espagnoles de l'Antiquité au 19e s. Les étages supérieurs rassemblent une compilation unique en son genre d'accessoires de luxe : éventails et bijoux dans la Salle féminine, pipes et tabatières dans la Salle du fumeur, cannes et montres dans la Salle du gentilhomme, crucifix et missels dans la Salle de la foi, etc. Un témoignage exceptionnel des mœurs de la bonne société barcelonaise d'autrefois !

Pl. Sant Iu, 5 ☎ 932 56 35 00 www.museumares.bcn.cat ⏲ Mar.-sam. 10h-19h, dim. et j. fér. 11h-20h € 4,20€, gratuit dim. à partir de 15h et certains jours fériés

AU SUD DE LA CATHÉDRALE

Auguste surprise

Centre Excursionista de Catalunya (plan 1, B3)

Ce club fondé en 1876 par des nationalistes catalans se niche entre la cathédrale et la place Sant Jaume. Au fond de la cour vous attendent trois colonnes corinthiennes (1er s.), vestiges du principal **temple d'Auguste** de Barcino.

C/ Paradís, 10 ☎ 932 56 21 22 ⏲ Lun. 10h-14h, mar.-sam. 10h-19h, dim. 10h-20h Fermé 1er jan., 1er mai, 24 juin et 25 déc. € Entrée libre

Centrale depuis toujours

Plaça de Sant Jaume (plan 1, B3)

Aménagée en lieu et place du forum antique, elle forme l'épicentre institutionnel et politique de la métropole. S'y font face l'hôtel de ville et le siège officiel du gouvernement catalan. De la place partent deux grandes artères percées au 19e s., le Carrer de Jaume I, vers le nord-est, et le Carrer de Ferran, vers le sud-ouest. Cette dernière, rapidement devenue une rue commerçante des plus chics, est encore jalonnée de belles boutiques.

Casa de la Ciutat (plan 1, B3)

Elle abrite l'**Ajuntament** (hôtel de ville). Derrière sa façade néoclassique (1847), l'édifice s'organise autour de la belle salle gothique du 14e s. où le Consell de Cent présidait aux destinées de la cité médiévale. Dans le **Saló de les Cròniques**, admirez les fresques (1928) de Josep Maria Sert qui illustrent les faits marquants de l'histoire catalane.

Pl. Sant Jaume, 1 ☎ 934 02 70 00 ⏲ Dim. 10h-14h et pour Santa Eulàlia (12 fév.), Sant Jordi (23 avr.) et Fête-Dieu 10h-20h € Entrée libre

Café de la Plaça de Sant Just

Palau de la Generalitat (plan 1, B3)
C'est le siège du gouvernement de la Catalogne. Sa façade Renaissance (fin du 16e s.) masque quelques trésors du gothique flamboyant, dont la chapelle Sant Jordi et le Pati dels Tarongers (patio des Orangers).

Pl. Sant Jaume, 4 ☎ 934 02 46 00 presidencia.gencat.cat ⏲ 2e et 4e w.-e. du mois, 23 avr., 11 et 24 sept. 9h-14h30 € Entrée libre sur rés. en ligne

Au cœur du quartier juif

MUHBA El Call (plan 1, A3)
El Call – de l'hébreu *kahal*, "communauté" – désigne le périmètre à l'intérieur duquel les juifs furent regroupés au 13e s., par mesure de "protection", jusqu'à leur expulsion d'Espagne en 1424. De ce ghetto ne subsistent guère que les *carrers* del Call, Arc de Sant Ramon del Call et Sant Domènec del Call, où s'élevait la grande synagogue. Installé dans une ancienne maison de tisserand, le Centre del Call présente les traditions de la communauté juive et, plus largement, l'évolution du quartier de l'époque romaine au 19e s.

Pl. Manuel Ribé, 3 ☎ 932 56 21 22 ⏲ Mer. 11h-14h, sam.-dim. 11h-19h € 2€

Une synagogue exhumée de l'oubli

Antiga Sinagoga Shlomo Ben Adret (plan 1, A3)
Malgré son exiguïté, cette crypte médiévale passe pour le plus ancien lieu de culte hébraïque d'Europe et c'est le plus important de la ville. Redécouverte et

restaurée à la fin du 20e s., la Grande Synagogue a repris du service en 2006 et hérité du nom d'un rabbin et talmudiste renommé du 13e s., natif du Call.

C/ Marlet, 5 933 17 07 90 www.sinagogamayor.com Avr.-oct. : lun.-ven. 10h30-18h30, dim. 10h30-15h ; nov.-mars : lun.-ven. 10h30-14h30 et 15h45-18h30, dim. 10h30-15h Participation libre

Sous les pavés, l'Antiquité

MUHBA - Domus de Sant Honorat (plan 1, A3)

En 1999, les travaux de rénovation de la Casa Morell (1851) ont mis au jour un trésor archéologique. À deux pas de la Plaça de Sant Jaume (l'ancien forum), le sous-sol de cette demeure baroque a livré des pans de murs et mosaïques décoratives d'une luxueuse villa (*domus*) du 4e s. et de trois tavernes romaines, sur lesquels s'appuyaient les silos (*sitges*) à grains d'un négoce du 14e s.

C/ Fruita, 2 932 56 21 22 Dim. 10h-14h 2€

Dans les pas des peintres

Plaça de Sant Just et environs (plan 1, B3)

À l'est de la Plaça de Sant Jaume, cette esplanade paisible est rafraîchie par la fontaine gothique de l'église Sant Just. Alentour, admirez les porches imposants du **Carrer de Lledó** et les majestueuses façades du **Carrer Ample**. Le **Carrer d'Avinyó**, que prolonge le **Carrer dels Banys Nous** (p.51), est l'une des rues les plus plaisantes du quartier, avec ses bars populaires, ses antiquaires, ses bouquinistes et ses boutiques de mode. Le quartier était moins fréquentable au début du 20e s. Dans *Les Demoiselles d'Avignon* (1907), Picasso a immortalisé les pensionnaires d'une maison close de cette rue médiévale – il avait son atelier à proximité en 1899. Plus à l'ouest, dans le **Passatge del Crèdit**, une plaque signale la maison où naquit le peintre Joan Miró en 1893.

À L'OUEST DE LA CATHÉDRALE

Pause romantique

Plaça de Sant Felip Neri (plan 1, A3)

Cette place, dont les vénérables édifices portent encore la trace des bombardements italiens du printemps 1938, ne manque pas de charme avec ses pavés irréguliers et sa fontaine médiévale. C'est dans l'**Església de Sant Felip Neri** (1752) qui la domine que le pieux Gaudí venait se recueillir chaque soir.

Une géante gothique

Basílica de Santa Maria del Pi (plan 1, A3)

La basilique Sainte-Marie-du-Pin (14e s.) en impose ! Sa façade est percée d'une immense rosace (la plus grande de Catalogne) et sa nef unique, caractéristique du gothique catalan, est d'un volume hors du commun. Ses chapelles furent toutes saccagées au début de la guerre civile, à l'exception de celle consacrée à saint Michel, à droite en entrant. Sur la gauche s'ouvre une chapelle dédiée à Sant Josep Oriol (1650-1702), curé de cette paroisse auquel on prête de nombreuses guérisons miraculeuses. L'église donne sur la **Praça del Pi** et son pin, relique d'une pinède médiévale. À proximité s'étendent la **Plaça de Sant**

Josep Oriol et la **Placeta del Pi**, aussi charmante l'une que l'autre, et prises d'assaut par les peintres et musiciens de rue aux beaux jours.

Pl. Pi, 7 ou C/ Cardenal Casañas, 16 933 18 47 43 www.riostabarcelona.com Tlj. 9h30-20h30 Fermé 1er et 6 jan., 12 mai, 25-26 déc. 4€ (gratuit après 18h)

Pla de La Seu

À FAIRE

Saluez les danseurs

Pla de la Seu (plan 2, C2)

Sur la place de la cathédrale, le samedi à 18h et le dimanche en fin de matinée, se produisent des danseurs de sardane accompagnés de joueurs de hautbois, flûtes et tambourins (renseignements à l'office de tourisme, p.205).

Applaudissez les guitaristes

Maestros de la Guitarra Española

De grands maîtres de la guitare espagnole donnent des concerts dans des lieux choisis : la basilique Santa Maria del Pi (p.49), l'église Sant Jaume ou encore le palais de la Musique catalane (p.72). Entrée à partir de 23€ (réductions sur le site de l'office de tourisme, www.barcelonaturisme.co).

647 51 45 13 www.poemasl.es Concert à 21h ou 21h30

Regardez la vieille ville de haut

Catedral (plan 1, B2)

Dans la cathédrale (p.44), ne manquez pas de prendre l'ascenseur caché derrière le chœur pour grimper aux terrasses situées sur les toits. De là-haut, vue imprenable sur le Barri Gòtic !

Pl. de la Seu 933 42 82 60 ou 933 42 82 62 www.catedralbcn.org Entrée libre (sauf chœur 3€, terrasses 3€) lun.-ven. 8h-12h45 et 17h45-19h30, sam. 8h-12h45 et 17h15-20h, dim. 8h-13h45 et 17h15-20h Entrée payante (7€) lun.-sam. 13h-17h30, dim. 14h-17h

Découvrez la vieille ville en mode street-art

Joignez-vous à un circuit pédestre (gratuit) ou à vélo (23€) à travers El Raval, El Born et le Barri Gòtic pour dénicher les peintures murales, graffitis, stickers et autres expressions de l'art urbain qui fleurissent dans les rues de la Ciutat Vella.

www.barcelonastreetstyletour.com

Allez chiner

Carrer dels Banys Nous (plan 2, C2-C3)

Dans cette rue et son prolongement, le Carrer d'Avinyó, officient de nombreux antiquaires et bouquinistes, tout comme dans le Carrer de la Palla, près de la cathédrale. La Plaça Nova accueille une foire à la brocante la première semaine d'août et tous les jeudis de 9h à 20h-21h le reste de l'année (sauf sept.).

Partez sur les traces de la Barcelone antique

La visite du Barri Gòtic peut se muer en chasse aux vestiges de Barcino la Romaine : murailles de la cité antique et piliers du temple d'Auguste au sous-sol du MUHBA (p.46), reliques d'une luxueuse villa au sous-sol de la Casa Morell (p.49), etc. Pour les passionnés, la municipalité diffuse en ligne une carte répertoriant plus de 3 000 sites archéologiques (cartaarqueologica.bcn.cat) et le MUHBA, une carte historique (cartahistorica.muhba.cat).

NOS ADRESSES

PAUSES

Pause glacée

Planelles Donat

D'avril à septembre, dégustez une glace artisanale (vaste choix) et, toute l'année, savourez une *leche merengada* (lait à la meringue), une rafraîchissante *orxata* ou un *turrón*, spécialité de cette institution de Barcelone.

(plan 2, C1 n°4) Av. Portal de l'Àngel, 27
933 17 34 39 www.planellesdonat.com
Été : tlj. 10h-22h ; hiver : lun.-sam. 10h-20h30, dim. 10h30-14h30

Pour le petit déj' ou le goûter

Granja La Pallaresa

Une *granja* réputée depuis 1947 pour ses petits déjeuners et ses *berenars* (goûters) copieux. Pour vous régaler de *churros* croustillants à tremper dans un onctueux chocolat chaud, d'un flan ou d'une crème catalane avec une *orxata* (orgeat de souchet) fraîche en saison. Beaucoup de monde le week-end.

(plan 2, C2 n°11) C/ Petritxol, 11 933 02 20 36
Lun.-sam. 9h-13h et 16h-21h, dim. 9h-13h et 17h-21h Fermé en juil. Pas de CB

Péchez par gourmandise

Caelum

Le Caelum ("Ciel") vous propose un séduisant voyage dans l'univers des friandises de couvent ! *Yemas* (jaunes d'œuf, sucre et amandes), *turrón de la abuela* (nougatine et chocolat noir), cakes aux fruits, vin d'orange... Des délices d'un autre âge à déguster religieusement dans une ambiance de sacristie.

(plan 2, C2 n°3) C/ Palla, 8 933 02 69 93 Tlj. 10h-20h30 Sous-sol à partir de 15h

Churros !

Xurreria Dels Banys Nous

Depuis 1968, une petite échoppe qui se consacre à la vente de churros et de sachets de chips artisanales, soigneusement alignés derrière une large vitrine. On s'y arrête pour commander 100g de churros fraîchement frits, saupoudrés de sucre et servis dans un cornet en papier. Les plus hardis pourront tester l'épais churro fourré à la crème, au chocolat, à la fraise ou au *dulce de leche* (confiture de lait) !

(plan 1, A3 n°1) Carrer dels Banys Nous, 8 933 18 76 91 Lun.-mar. et jeu.-ven. 7h-13h30 et 15h30-20h15, sam.-dim. 7h-14h et 16h-20h30

Les meilleurs sandwichs

Conesa

De l'avis général, c'est ici que sont préparés les meilleurs sandwichs (4-6€ env.) de la ville ! Froids ou chauds, à la viande ou *vegetals*, avec ou sans gluten : le choix est vaste et la file d'attente parfois impressionnante... mais le service est *muy rapido* !

(plan 2, C2 n°12) C/ Llibreteria, 1 www.conesaentrepans.com Lun.-sam. 8h15-22h15

Bar del Pi

Café d'été

Cafè d'Estiu

L'été, une pause s'impose dans la paisible cour du Museu Frederic Marès. On profite de la beauté des façades gothiques tout en sirotant une boisson ou en grignotant l'un des petits plats de la carte.

(plan 1, B2 n°2) Pl. Sant Iu, 5 933 10 30 14 https://cafedestiu.com Mars-nov. : mar.-dim. 10h-22h

Salon de thé méditerranéen

Salterio

Entre les murs de pierres qui ont vu défiler les siècles, Fatima prépare un thé à la menthe et un café turc, comme dans les vieux salons des ports de Méditerranée. Excellente sélection de thés, d'infusions, de bières et de vins (env. 3-7,50€). Une petite faim ? Optez pour le *sardo*, une délicieuse pizza végétarienne à la mode orientale (9,80€).

(plan 2, C2 n°5) C/ Sant Domènec del Call, 4 933 02 50 28 Lun.-jeu. 10h-0h, ven. 10h-1h, sam. 13h-1h, dim. 13h-0h

Bar historique

Bar del Pi

Un incontournable autant qu'un lieu chargé de nostalgie, avec ses murs tapissés de dessins d'artistes locaux. C'est dans ce bar moderniste que fut fondé, en 1936, le PSUC (Parti socialiste unifié de Catalogne), qui joua un rôle déterminant lors de la guerre civile.

(plan 2, C2 n°6) Pl. Sant Josep Oriol, 1 933 02 21 23 www.bardelpi.com Mer.-ven. et dim.-lun. 9h-23h30, sam. 9h30-0h

BARS À TAPAS

Caverne d'Ali Baba
La Pineda

Une minuscule épicerie plus que centenaire où déguster d'exquises cochonnailles déclinées en tapas et sandwichs. À goûter : jambon, fromages, anchois marinés et un délicieux pain à la tomate. Assiette de charcuteries (20€) ou de fromages (16€), *ración* de jambon de Jabugo 23€.

(plan 2, C2 n°20) C/ del Pi, 16 933 02 43 93 Lun.-sam. 9h-22h, dim. 11h-16h

Típico
Bodega La Palma

Le cachet d'une *bodega*, le calme en plus ! À la carte, de généreuses tapas et des *platillos* dans l'air du temps : incontournables *patatas bravas* (5,50€), brandade de morue à la truffe (8,50€) ou fèves sautées aux calamars (16,50€). Menu du jour (lun.-ven.) à 13€. Carte des vins aussi fournie qu'abordable.

(plan 1, B3 n°10) C/ Palma de Sant Just, 7 933 15 06 56 www.bodegalapalma.com Lun.-sam. 12h-0h

La simplicité a du bon !
Bar La Plata

À la carte, seulement six options, savoureuses et économiques (2,50-6€) : salade de tomates et d'oignons, anchois (*ración* et pincho), friture de poissons, *botifarra* (saucisse) et pain à la tomate… Un incontournable !

(plan 1, B3 n°11) C/ Mercè, 28 933 15 10 09 www.barlaplata.com Lun.-sam. 10h-15h15 et 18h15-23h Fermé j. fér. et 10-31 août

RESTAURANTS

Pour les appétits de souris
Buenas Migas €

Dans un cadre charmant, des *focaccie* (la spécialité de la maison), des salades et des tartes du jour salées et sucrées (env. 3-5€), accompagnées d'une sélection de thés et de cafés (1,35-3,60€). Menus à midi à 6,95-8,95€ (sur place ou à emporter). Ambiance décontractée et nombreuses succursales en ville.

(plan 1, B2-B3 n°30) Baixada de Santa Clara, 2 933 19 13 80 www.buenasmigas.com Lun.-jeu. 8h-22h, ven. 8h-23h, sam. 9h-23h, dim. 9h-22h

Roboratif et bon marché
El Brusi €

Ne vous arrêtez pas au décor, tout ce qu'il y a de plus banal. Ici, on déguste les meilleures tortillas (3,50€) de la ville, préparées par la mère du patron ! Les gens du quartier apprécient également les sandwichs (3-4,50€) et les petits plats (1,85-6,50€) comme les tripes, signature de la maison (4,40€). Une adresse économique au cœur du quartier touristique.

(plan 1, B3 n°31) C/ Llibreteria, 23 933 15 05 59 Mar.-dim. 9h-21h30 Fermé 3 sem. en août

Pour changer des tapas
Betawi €

Offrez-vous une escapade gourmande en Indonésie. L'Asie du Sud-Est s'affiche dans la déco chaleureuse et dans les assiettes relevées d'épices, de noix de coco et de cacahuètes... Rouleau végétarien, *nasi goreng* (riz frit à la sauce soja, poulet, œuf et légumes), puis *ketan hitam* (riz gluant au lait de coco) pour moins de 26€. À midi, formule à 14€.

(plan 2, C2 n°30) C/ Montsió, 6 934 12 62 64 Lun. 13h-16h, mar.-jeu. 13h-16h et 20h30-23h, ven.-sam. 13h-16h et 20h30-23h30 Fermé août

Cocina vasca

Bidasoa €

Le goût de l'authentique à un rapport qualité-prix imbattable ! Ce restaurant discret sert une excellente cuisine basque depuis 1954, avec ce qu'il faut de tapas et de discussions débridées. Menu du jour à 10€ en semaine. Comptez 15-20€ à la carte.

(plan 1, B4 n°32) C/ Serra, 21 933 18 10 63 bidasoa.eltenedor.rest Sept.-juil. : mar.-sam. 13h30-16h et 20h30-23h, dim. 13h30-16h

Le doyen

Can Culleretes €€

Le plus ancien restaurant de Catalogne (fondé en 1786 !) et un classique de la cuisine locale. Tout y est réglé dans la plus pure tradition : accueil familial, serveurs en habit et plats impeccablement exécutés. Excellent cochon de lait à la catalane (17,50€). Menus à midi (mar.-ven.) de 14,50 à 16,50€, le soir de 24,50 à 32€ env.

(plan 2, C3 n°31) C/ Quintana, 5 933 17 30 22 culleretes.com Mar.-sam. 13h30-16h et 20h-22h45, dim. 13h30-16h Fermé 2e quinzaine de juil.

Un parfum de bohème

Els Quatre Gats €€

Pour le cadre avant tout ! Ouvert en 1897 par un ancien serveur du Chat noir de Montmartre, le cabaret "Les Quatre Chats" fut, jusqu'à sa fermeture en 1903, un temple de la bohème barcelonaise. Le jeune Picasso en dessina le menu et y donna sa première exposition. La façade moderniste a beaucoup d'allure, tout comme l'intérieur reconstitué, avec ses azulejos colorés. Menu du jour en sem. 19€.

(plan 2, C2 n°32) C/ Montsió, 3 933 02 41 40 https://4gats.com Tlj. 9h-0h

SHOPPING

Le Carrer de la Portaferrissa et l'Avinguda del Portal de l'Àngel sont des hauts lieux du shopping barcelonais. La partie sud du Barri Gòtic, autour du Carrer d'Avinyó, est un repaire de jeunes stylistes.

Azucar !

Papabubble

Des bonbons aussi beaux que bons, fabriqués artisanalement dans l'atelier adossé à la boutique.

(plan 1, B3 n°60) C/ Ample, 28 932 68 86 25 www.papabubble.com Lun.-ven. 10h-14h et 16h-20h30, sam. 10h-20h

Atelier Papabubble

La Manual Alpargatera

Belle coiffe !

Sombrerería Obach

Du panama au feutre, tous les *sombreros* de cette chapellerie du Barri Gòtic font la joie des élégants de la ville depuis 1924.

(plan 2, C3 n°62) C/ Call, 2 933 18 40 94 www.sombrereriaobach.com Lun.-ven. 10h-14h et 16h-20h, sam. 10h-14h et 16h30-20h Fermé sam. ap.-m. en août-sept.

Pour danser la sardane

La Manual Alpargatera

Des espadrilles faites main, en corde et coton, de toutes les couleurs et pour toutes les pointures dès le 18 !

(plan 1, B3 n°73) C/ Avinyó, 7 933 01 01 72 www.lamanualalpargatera.es Lun.-ven. 9h30-20h, sam. 10h-20h

100% design

La Capell

Lampes, bijoux, vases et mille autres objets du quotidien sont exposés dans cette boutique férue de design industriel. Vous découvrirez une sélection exhaustive de la création locale. Parmi ses best-sellers, le *setrill* Marquina (récipient pour l'huile d'olive), la lampe sans fil "Follow me" d'Inma Bermúdez ou le cendrier "Copenhagen" d'André Ricard. De quoi trouver une foule d'idées cadeaux !

(plan 2, C2 n°50) Plaça Nova, 5 932 24 39 32 www.lacapell.com Lun.-ven. 9h-19h, sam. 10h-14h

Falbalas *de época*

L'Arca

Cette charmante adresse propose un choix pertinent de vêtements et d'accessoires anciens, essentiellement des années 1920-1950. Précieuses dentelles, châles de Manille, mantilles et éventails, mais aussi quelques créations d'inspiration vintage.

(plan 2, C2 n°53) C/ Banys Nou, 20 933 02 15 98 www.larca.es Lun.-sam. 11h-14h et 16h30-20h30

Accessoires olé olé
Guantería y Complementos Alonso

Une boutique moderniste qui fournit, depuis 1905, les dames du quartier en éventails (13-400€ et certains à 5 000€ !), châles en soie (à partir de 180€), gants et castagnettes. Grand choix de produits artisanaux espagnols et bon rapport qualité-prix.

(plan 2, C2 n°52) C/ Santa Anna, 27 933 17 60 85 www.tiendacenter.com Lun.-ven. 10h-14h et 15h30-19h

Bijoux en stock
La Basílica Galería

Avis aux princes charmants : chaque princesse (quel que soit son style) est assurée de trouver là le bijou qui fera d'elle la plus belle en son miroir. Et comme cette perle rare se cache parmi les créations contemporaines de plus de 300 joailliers, la quête risque de durer un certain temps...

(plan 1, A2 n°69) Carrer de la Palla, 35 933 04 20 47 www.labasilicagaleria.com Tlj. 11h-20h30

Panier gourmand
Col·lectiu d'Artesans de l'Alimentació

Le dernier week-end de chaque mois, ce petit marché vous invite à faire provision de délices préparés par des artisans de la région : charcuteries, fromages, fruits secs, miel, herbes aromatiques, conserves diverses, vins...

(plan 2, C2 n°54) Pl. Pi 11h-21h : 1er ven.-dim. du mois (sauf août), 3e ven.-dim. du mois (sauf juil.), 2e ven.-dim. en oct-nov.

Tout pour le carnaval
El Ingenio

Entre des rayonnages colorés vous attendent masques, perruques, costumes et surtout les *gegants* (géants) et *capgrossos* (grosses têtes) en papier mâché des fêtes patronales, dont il est possible d'observer la fabrication dans l'atelier, ouvert au public.

(plan 2, C3 n°55) C/ Rauric, 6 931 56 77 03 elingeniobarcelona.com Jeu.-lun. 10h-21h, mar.-mer. 11h-20h

Made in Catalunya
Empremtes de Catalunya

Une sélection rigoureuse de bijoux, textiles, céramiques et autres créations de qualité vous attend dans ce magasin d'artisanat géré par la Generalitat. Une vitrine du talent régional !

(plan 2, C3 n°56) C/ Banys Nous, 11 936 53 72 14 bcncrafts.com Lun.-sam. 10h-20h, dim. et j. fér. 10h-14h

SORTIES

Musique au palais
Palau Dalmases

Un patio verdoyant, bien caché dans la cour du **Palau Dalmases**, un palais du 17e s., pour les mélomanes en quête d'ambiances intimes. Dans la douceur du soir, on se pâme sur des airs d'opéra ou de musique baroque, ou on vibre aux rythmes du jazz et du flamenco.

(plan 1, B2 n°80) C/ Montcada, 20 933 10 06 73 www.palaudalmases.com Tlj. 11h30-1h30 Spectacles Opéra jeu. soir à 23h (entrée 22€ avec boisson) et flamenco tlj. à 18h, 19h30 et 21h30 (entrée 27€ avec boisson, moins de 10 ans 17€)

Soirée flamenca
Los Tarantos

Le plus célèbre *tablao flamenco* de Barcelone. Le grand danseur Antonio Gades y aurait effectué ses premiers *taconeos* (martèlements des talons) en public. Tous les soirs, trois spectacles de 30min, chers et touristiques, mais de qualité.

(plan 2, C3 n°71) Pl. Reial, 17 933 19 17 89 www.tarantosbarcelona.com Tlj. 19h30, 20h30, 21h30 (et 22h30 été) Réserver, surtout pour le 1er spectacle Entrée 17€ (spectacle uniquement), 22€ (spectacle avec boisson), 37€ (spectacle avec dîner)

Du be-bop au hip-hop

Jamboree

Ce club de jazz a vu défiler les plus grands, de Chet Baker à Joshua Redman. À partir de 0h30, place à la danse sur des rythmes soul, hip-hop et R'n'B. Entrée 5-35€ selon le groupe programmé.

(plan 2, C3 n°70) Pl. Reial, 17 933 19 17 89 jamboreejazz.com Lun.-ven. 20h-5h, sam.-dim. 20h-6h Concerts chaque soir à 20h et 22h Discothèque tlj. à partir de 0h30

Concerts à gogo

Harlem Jazz Club

Une salle dont la réputation n'est plus à faire. Du jazz au swing, en passant par le blues et les musiques latino-américaines, concerts tous les soirs dans un climat jeune et décontracté. Entrée 8-15€ sans consommation.

(plan 1, B3 n°81) C/ Comtessa de Sobradiel, 8 933 10 07 55 www.harlemjazzclub.es Mar.-jeu. 20h-3h30, ven.-sam. 20h-5h

Jusqu'au bout de la *nit*

Macarena Club

Un club électro petit par la taille mais énorme par la programmation et l'ambiance ! Dans ce *tablao* recyclé palpite chaque soir le temple (sombre) des musiques électroniques (house, techno, minimale). DJ locaux et étrangers de renom attirent les clubbeurs lookés et avertis ! Excellents *afters*.

(plan 1, B3 n°82) C/ Nou de Sant Francesc, 5 macarenaclub.com Dim.-jeu. 0h-5h, ven.-sam. et j. fér. 0h-6h

Flamenco au Harlem Jazz Club

LA RAMBLA ET EL RAVAL

Axe emblématique de la métropole catalane, la Rambla (ou les Rambles) bruisse de vie à toute heure, déroulant un vrai spectacle de rue sur plus d'un kilomètre. On y flâne et on y discute, on admire ses statues vivantes, ses caricaturistes et ses stands en tout genre... À l'ouest de cette promenade populeuse se déploie El Raval, ou Barri Xino, quartier canaille et cosmopolite en pleine gentrification.

À VOIR

LA RAMBLA ★

Au 18e s., la Rambla n'était encore qu'une ruelle longeant un cours d'eau, au pied des murailles du Barri Gòtic. Son nom vient d'ailleurs de l'arabe *ramlah*, le "sable" de la rivière. C'est vers le milieu du 19e s. que l'avenue la plus célèbre de Barcelone prit son aspect actuel : une large promenade plantée, pourvue de kiosques en fer forgé et bordée de deux contre-allées carrossables. Jalonnée d'édifices remarquables, de commerces et d'attractions diverses, cette artère grouillante donne aujourd'hui comme hier le pouls de la métropole catalane.

Partie haute

Rambla de Canaletes (plan 1, A2)

Elle descend de la Plaça de Catalunya et doit son nom à sa fontaine du 19e s. alimentée par une source. La légende veut que quiconque boit à cette "fontaine des petits canaux" ne manquera pas de revenir à Barcelone. L'endroit est le point de ralliement des supporters du Barça les soirs de victoire. Les retraités se donnent aussi rendez-vous près des kiosques à journaux du terre-plein central pour commenter l'actualité.

Deuxième tronçon

Rambla dels Estudis (plan 1, A2-A3)

Son nom officiel lui vient de la première université de Barcelone (1402-1717), mais on l'appelle plus souvent Rambla dels Ocells ("oiseaux") parce qu'elle prêta pendant plus de 150 ans son cadre à un populaire marché aux oiseaux. Sur la droite, à l'angle du Carrer del Carme, s'élève la baroque **Església de Betlem** (1681-1722), dont l'intérieur fut ravagé par un incendie au début de la guerre civile.

Troisième tronçon

Rambla de Sant Josep (plan 1, A3)

Là, les oiseliers font place aux fleuristes, ce qui vaut à cette portion de la Rambla son surnom de Rambla de les Flors. Au n°83, admirez la façade moderniste de

À NE PAS MANQUER
- La Rambla
- Gran Teatre del Liceu
- Plaça Reial
- Palau Güell
- La Boqueria (Mercat de Sant Josep)

La Rambla avec vue sur la Plaça de Catalunya

la célèbre pâtisserie **Escribà** (p.65). Le bâtiment sis au n°77, lui aussi de facture moderniste, arbore une majestueuse arcade ornée du blason catalan. De l'autre côté de l'avenue, au n°82, levez les yeux vers celle de la **Casa Bruno Cuadros**, ornée d'ombrelles et d'éventails en fonte, et son dragon chinois en métal. Quand ce décor fut réalisé en 1883, le rez-de-chaussée hébergeait une boutique de parapluies. Au n°85-91 se déploie le célèbre marché couvert de **La Boqueria**, ou Mercat de Sant Josep (p.64). Sous la halle en fer forgé du début du 20e s., les badauds se pressent en quête des meilleurs produits alimentaires ou d'un comptoir où se régaler sur place.

Palau de la Virreina (plan 1, A3)

Cet édifice qui mêle les styles baroque et rococo fut construit dans les années 1770 pour le vice-roi du Pérou. Celui-ci mourut peu après, laissant sa veuve seule dans cette demeure un peu pompeuse. Le "palais de la Vice-Reine" abrite désormais la billetterie de l'**Institut de Cultura** (p.205) ainsi que le **Centre de la Imatge** qui organise régulièrement des expositions consacrées à la photographie, à la littérature ou à l'art contemporain.

La Rambla, 99 ☎ 933 16 10 00 ajuntament.barcelona.cat/lavirreina ◷ Mar.-dim. et j. fér. 11h-20h € Entrée libre

Quatrième tronçon

Rambla dels Caputxins (plan 1, A3-A4)

On appelle également cette portion la Rambla du centre. À la hauteur de la Pla de La Boqueria, on s'offre gaiement le luxe de fouler du pied une mosaïque dessinée par Joan Miró en 1976. À mi-chemin de l'avenue, c'est le point de rendez-vous par excellence. Marquez la pause devant le prestigieux Gran Teatre del Liceu avant de traverser la voie pour bifurquer vers la très animée Plaça Reial.

Gran Teatre del Liceu (plan 1, A3)

Inauguré en 1847, il s'imposa vite comme le temple de l'art lyrique en Espagne. Y ont été révélées de grandes voix catalanes comme la soprano Montserrat Caballé et le ténor José Carreras. À la fin du 19e s., les notables barcelonais se devaient d'y posséder une loge, et le Cercle du Liceu était le club le plus fermé de la ville. Dévasté par deux incendies, en 1944 et 1994, le Liceu a été relevé selon les plans d'origine et doté des équipements les plus modernes à la fin du 20e s. Ce magnifique opéra peut recevoir près de 2 300 spectateurs.

La Rambla, 51-59 934 85 99 00 (infos) ou 934 85 99 14 (visites) ou 902 53 33 53 (spectacles) www.liceubarcelona.cat Visites guidées 45min lun.-ven. 14h-18h, w.-e. 9h30-12h30 et 14h-18h (9€) et 30min tlj. à 13h30 (6€) ; visites guidées en français le matin (16€)

Un vivant ensemble néoclassique

Plaça Reial (plan 1, A3)

L'une des places les plus agréables et les plus animées de Barcelone. Aménagée sur le site d'un couvent de capucins, elle frappe par son unité architecturale. Autour de sa fontaine des Trois Grâces se dressent de hauts palmiers et deux réverbères conçus par le jeune Gaudí (1878). Ils confèrent à la Plaça Reial une touche tropicale, atténuant la rigueur de ses bâtiments néoclassiques – dessinés dans les années 1840 par l'architecte du marché de La Boqueria, Mas Vilà, pour loger de riches commerçants. Sous leurs arcades bourdonnent restaurants et *cerveserias* (brasseries).

À l'est de la Rambla, au bout du Carrer de Colom

Cinquième tronçon

Rambla de Santa Mònica (plan 1, B4)

Le dernier tronçon de la Rambla descend jusqu'au port. Il ne fut achevé qu'à l'occasion de l'Exposition universelle de 1888. Il est colonisé le jour par les portraitistes et caricaturistes, la nuit par les prostitué(e)s.

Rambla de Santa Mònica

Plaça Reial

Arts Santa Mònica (plan 1, A4)

L'ancien couvent Santa Mònica, sur la droite, prête son cadre à des expositions temporaires d'art contemporain.

La Rambla, 7 935 67 11 10 artssantamonica.gencat.cat Nov.-mars : mar.-sam. 10h-20h, dim. et j. fér. 11h-19h ; avr.-oct. : mar.-sam. 11h-21h, dim. et j. fér. 11h-19h Fermé 1er et 6 jan., Vendredi saint, 1er mai, 25-26 déc. Entrée libre

Museu de Cera (plan 1, B4)

Ce musée de cire, cousin du musée Grévin de Paris, se cache au fond d'un passage, de l'autre côté de la Rambla. Ne manquez pas de faire un crochet par sa cafétéria, dont la décoration évoque une forêt magique peuplée de fées, cf. Bosc de les Fades (p.65).

Passatge de la Banca, 7 933 17 26 49 www.museocerabcn.com Juil.-sept. : tlj. 10h-22h ; oct.-juin : lun.-ven. 10h-13h30 et 16h-19h30, w.-e. et j. fér. 11h-14h et 16h30-20h30 15€

EL RAVAL

Du côté ouest de la Rambla, El Raval et son passé ouvrier, sa réputation sulfureuse et ses adresses tendance attirent les touristes comme la bohème barcelonaise. De jour comme de nuit, tout ce petit monde se mêle à la population métissée du quartier pour fréquenter ses cantines de tous horizons, ses bars toujours plus branchés, ses galeries et ses deux musées d'art contemporain.

Perle de jeunesse

Palau Güell (plan 1, A4)

Ce chef-d'œuvre moderniste inscrit au patrimoine mondial par l'Unesco fut commandé au jeune Gaudí par le riche entrepreneur Eusebi Güell. Au départ, il s'agissait d'adjoindre un pavillon de réception à la résidence de ce fidèle mécène, sise sur la Rambla. Mais le projet (1886-1890) prit rapidement de l'ampleur et l'"annexe" se transforma en un palais où Güell vécut pendant seize ans. Sur la façade d'inspiration gothique, admirez le remarquable travail de ferronnerie et la forme enlevée des portails, signature de l'architecte. La visite débute par les caves, les écuries et le chenil, où des champignons de brique soutiennent les plafonds. Dans les étages, où prédomine le sombre marbre de Garraf, on apprécie les arcs paraboliques des fenêtres et la qualité des matériaux. Des dizaines d'essences de bois différents parent les plafonds, les baies et le mobilier conçus par Gaudí. Les arches paraboliques des fenêtres du deuxième étage sont d'une grande élégance, tout comme les luminaires à gaz dessinés par l'architecte. La pièce maîtresse est sans doute le vaste salon central réparti sur trois niveaux et son immense dôme d'inspiration mauresque. La visite s'achève sur le sublime toit-terrasse. On devine le plaisir avec lequel Gaudí travaillait les matières, parfois à des fins purement décoratives. Des formes ondulées du sol s'élève une forêt de cheminées et de bouches d'aération habillées de *trencadís*, cf. Drôle d'affaire (p.62), restaurées en 1992-1995.

C/ Nou de la Rambla, 3-5 934 72 57 75 ou 934 72 57 71 www.palauguell.cat Avr.-oct. : mar.-dim. et j. fér. 10h-20h ; nov.-mars : mar.-dim. et j. fér. 10h-17h30 12€ (avec audioguide), gratuit 1er dim. du mois, 23 avr., 18 mai et 24 sept. Réservation conseillée Visite guidée en français sur rés. en ligne

DRÔLE D'AFFAIRE

Volontiers utilisé par les modernistes catalans, le ***trencadís*** (de *trencar*, "briser") est un type de mosaïque constitué de tessons de céramique ou de verre coloré. Gaudí, qui aimait récupérer des matériaux afin de leur redonner vie et beauté, fut le premier à utiliser cette technique pour habiller des surfaces irrégulières.

La plus ancienne église de la ville

Església de Sant Pau del Camp (plan 2, C4)

Consacrée à la fin du 10ᵉ s., cette abbatiale bénédictine est l'un des rares édifices romans de Barcelone encore debout. Prenez le temps d'admirer les arcs trilobés et les colonnes géminées de son cloître (12ᵉ s.).

C/ Sant Pau, 101 📱 934 41 00 01 www.santpaudelcamp.info 🕒 Oct.-juin : lun.-ven. 10h-13h, sam. 10h-13h et 15h-18h ; juil.-sept. : lun.-sam. 10h-13h et 15h-18h, dim. 10h-13h € 5€

Pour son patio Renaissance

Antic Hospital de la Santa Creu (plan 2, C3)

Véritable havre de paix au cœur d'El Raval, ce remarquable ensemble gothique du début du 15ᵉ s. demeura jusqu'aux années 1920 le principal hôpital de la ville. C'est là que Gaudí mourut en 1926, après s'être fait renverser par un tramway alors qu'il revenait du chantier de la Sagrada Família. Sa cour centrale est nantie d'un café et de bancs ombragés qui offrent une vue exceptionnelle sur les hautes arches dominant d'élégants escaliers. La bibliothèque de Catalogne, dont l'accès est réservé aux chercheurs, occupe l'étage supérieur des trois corps de bâtiment. Dans l'angle sud-est du complexe, une belle chapelle romane, parfaitement restaurée, accueille des expositions. Si vous ressortez côté Carrer del Carme, jetez un coup d'œil au superbe patio Renaissance à double rangée d'arcades de l'Institut d'Estudis Catalans. Ce dernier organise la visite (sur rdv) d'une annexe de l'hôpital, la Casa de Convalescència, aux murs tapissés de céramique.

C/ Hospital, 56 📱 932 70 23 00 € Entrée libre Institut d'Estudis Catalans (plan 2, B3) C/ Carme, 47 📱 932 70 16 21 www.iec.cat lacapella.bcn.cat

Un vaisseau pour l'art contemporain

MACBA – Museu d'Art Contemporani de Barcelona (plan 2, B2)

S'il ne fait pas l'unanimité, ce musée inauguré en 1995 en impose. Dessiné par l'architecte américain Richard Meier, c'est un mastodonte d'un blanc éclatant, aux murs lisses percés de grandes baies vitrées. Dans cet édifice lumineux, on déambule entre les œuvres d'art, au risque de se perdre parfois. Sa collection d'art contemporain catalan et espagnol en décevra peut-être certains, mais sûrement pas ses grandes expositions temporaires et ses rétrospectives. Un espace vidéo en accès libre, une ancienne chapelle et une bibliothèque complètent les installations.

Pl. Àngels, 1 📱 934 12 08 10 www.macba.cat 🕒 Lun. et mer.-ven. 11h-19h30, sam. 10h-20h, dim. 10h-15h € 11€

Black Cloud **de Carlos Amorales au CCCB**

La création sous toutes ses formes

CCCB – Centre de Cultura Contemporània de Barcelona (plan 2, B2)

Logé dans un hospice du 19e s. remarquablement restauré, ce centre jongle avec les disciplines : art plastique, design, architecture, danse, musique, cinéma... S'y tiennent des conférences et de stimulantes expositions. L'occasion d'admirer la spectaculaire paroi de verre qui ferme l'un des quatre côtés de son patio néo-Renaissance.

C/ Montalegre, 5 ☎ 933 06 41 00 www.cccb.org ⌚ Mar.-dim. 11h-20h (dernière entrée 30min avant la fermeture) Fermé 1er jan., 24, 25 et 31 déc. € 6-8€

> **IL ÉTAIT UNE FOIS**
> C'est un journaliste local qui qualifie El Raval de ***barrio chino***, en 1925, parce que ses bars interlopes et ses ruelles mal éclairées, théâtre de trafics en tous genres, lui évoquent les bas-fonds d'une Shanghai fantasmée. Le surnom s'est institutionnalisé, mais ce quartier populaire est aujourd'hui en pleine mutation.

À FAIRE

Prenez un cours de cuisine

Bcn Kitchen (plan 1, A3)

Au cœur de La Boqueria, des cours de cuisine (en anglais) pour s'essayer à l'art délicat de la préparation d'une paella aux fruits de mer, d'une tortilla baveuse ou d'une crème catalane craquante et parfumée. Un rendez-vous qui s'accompagne d'une visite guidée du marché et d'une dégustation des mets concoctés.

Rambla, 91 - La Boqueria 932 68 12 53 www.bcnkitchen.com Consulter le calendrier en ligne Adulte 70€, enfant 50€

Flânez sur les marchés

La Boqueria (Mercat de Sant Josep) ★ (plan 1, A3)

Le temple de la gastronomie barcelonaise s'abrite sous une magnifique verrière à armature métallique du 19e s. Ses stands colorés – un régal pour les yeux ! – regorgent des meilleurs produits : charcuteries, épices, fruits, légumes... Au centre, des éventaires de poissons décorés de mosaïques bariolées. Prenez le temps de vous accouder à l'un de ses comptoirs pour grignoter des tapas, un sandwich ou un petit plat.

La Rambla, 91 933 18 20 17 www.boqueria.barcelona Lun.-sam. 8h-20h30 (point infos ouvert mar.-jeu. 8h-15h et ven.-sam. 8h-17h)

Fira Nova Artesania (plan 1, B4)

Le week-end, un marché artisanal anime la Rambla de Santa Mònica : vêtements, accessoires, jouets, créations artistiques...

Rambla de Santa Mònica Juin-sept. : ven.-dim. et j. fér. 10h-22h ; oct.-mai : w.-e. et j. fér. 10h-22h

Mercat de Sant Antoni (plan 2, A3)

Guirlandes de tomates en grappes, étals de fruits de mer ou de charcuteries, sous une charpente de métal de style moderniste. Ce marché couvert installé depuis 1882 à la lisière occidentale d'El Raval, au bout du Carrer de la Riera Alta, demeure le plus grand de la ville (5 200m^2). Il a rouvert en 2018, après neuf ans de travaux, la découverte de pans entiers du rempart romain de l'antique Barcelone – visibles au sous-sol – ayant fait durer le chantier.

C/ Comte d'Urgell, 1 934 26 35 21 Marché alimentaire Ouvert lun.-sam. 8h-20h30 Marché alimentaire lun.-sam. 8h-20h Encants (vêtements) lun., mer., ven.-sam. 10h-20h30 Bouquinistes dim. 8h-14h30

Dominical de Sant Antoni (plan 2, A3)

Le dimanche, à l'angle des *carrers* del Comte d'Urgell et de Tamarit se tient un marché réunissant bouquinistes (photos, revues, affiches et livres anciens), disquaires, vendeurs de cartes postales et de timbres... Tout autour, les collectionneurs échangent BD et mangas, jeux vidéo ou cartes à jouer.

Mercat de Sant Antoni www.dominicaldesantantoni.com Dim. 8h30-14h30

NOS ADRESSES

PAUSES

Jardin secret

Bar Central

Fontaine, palmiers et orangers nichés dans un délicieux patio plantent un décor de calme et de fraîcheur où échapper au tumulte des Ramblas. Voici le bar-cafétéria idéal pour prendre un petit-déjeuner, boire un *vermut*, grignoter un sandwich (au rosbif, de préférence) ou tester les sorbets réputés de Nata's.

EL RAVAL (plan 2, B2 n°9) C/ Elisabets, 6
653 19 00 83 Été : tlj. 10h-22h ; reste de l'année : 10h-21h

VIP...âtisserie

Escribà

La plus célèbre pâtisserie de la ville. Les mosaïques, ferronneries et vitraux de la devanture sont un véritable manifeste moderniste dessiné par Antoni Ros i Güell (1906). L'intérieur est tout aussi réussi, des étagères aux frises murales et aux plafonds colorés. Sans oublier les délices catalans, tel le gâteau Rambla (orange et chocolat).

LA RAMBLA (plan 2, C3 n°7) La Rambla, 83
933 01 60 27 www.escriba.es Tlj. 9h-21h

Une pause sans la pose

Cafè de l'Òpera

Installé en face du Liceu depuis 1929, ce café a des airs Belle Époque avec ses fresques enjôleuses et ses serveurs en tenue. Mais c'est un lieu plutôt décontracté, où se mêlent touristes et habitués. Pour le goûter, chocolat chaud onctueux à déguster avec une tarte du comptoir à pâtisseries.

LA RAMBLA (plan 2, C3 n°8) La Rambla, 74
933 17 75 85 www.cafeoperabcn.com Tlj. 8h30-2h30

Avec les elfes

Bosc de les Fades

Fans de décors spectaculaires et d'ambiances magiques, la cafétéria du Museu de Cera (p.61) vous entraîne aux portes du réel... Dans la pénombre de ce "bois des Fées" dont les arbres parlent, toutes les 40min le noir se fait, les éclairs fusent et le tonnerre gronde... Mais rassurez-vous, il ne pleuvra pas !

Escribà

LA RAMBLA (plan 1, B4 n°3) Museu de Cera, Passatge de la Banca, 5 933 17 26 49 www.museocerabcn.com/ca/bosc.html Lun.-jeu. 10h-1h, ven. 10h-2h, sam. 11h-2h, dim. 11h-1h

Apéritif aérien

Terraza La Isabela

L'élégante terrasse de cet hôtel de 1898 domine la Rambla et offre de belles vues sur la vieille ville et les montagnes en toile de fond. Quelques tapas, un cocktail (10-15€), et déjà le soleil se couche et la ville s'illumine. Un must !

LA RAMBLA (plan 2, C2 n°10) La Rambla, 109
935 52 95 52 www.hotel1898.com/terraza-la-isabela Nov.-fév. : tlj. 11h-18h ; juin-sept. : tlj. 11h-2h ; reste de l'année : tlj. 11h-22h

Pour un petit creux

Guixot

Cette grande salle animée constitue un bon point de chute. À midi, pour son délicieux menu à 11,50€ (large choix) et le soir, pour ses grosses salades (7-9€), sandwichs (env. 6€), hamburgers (8,20-10,50€), crêpes salées (4,50-6€) et gaufres (3,50€)...

EL RAVAL (plan 2, B3 n°1) C/ Riereta, 8
933 29 95 53 Lun.-mar. 13h30-16h, mer.-jeu. 13h30-16h et 20h-0h, ven.-sam. 13h30-16h et 20h-1h

Havre bohème
Federal

Un café avenant dans un quartier qui en manque cruellement. Des coussins confortables au rez-de-chaussée, un 1er étage calme où se régaler d'un *carrot cake* (4,50€) et une insoupçonnable terrasse verdoyante au 2e pour bruncher ou déjeuner d'une salade (6,50-7,90€) ou d'un hamburger (9,80-10,50€).

EL RAVAL (plan 2, B4 n°2) C/ Parlament, 39 ☎ 931 87 36 07 www.federalcafe.es ⏲ Lun.-jeu. 8h-23h, ven. 8h-1h, sam. 9h-1h, dim. 9h-17h30

BARS À TAPAS

Incontournable
Pinotxo Bar

Un grand classique depuis 1940, dont le comptoir est pris d'assaut à l'heure du déjeuner. On dévore des yeux les tapas du jour, préparées avec des produits du marché, sous l'œil bienveillant du patron, Juanito, célébrité locale. Fruits de mer et poissons grillés, ragoût du jour, croquettes… tout est bon. Repas à partir de 15€. Pas de CB.

LA RAMBLA (plan 2, C3 n°21) La Rambla, 91 (La Boqueria) ☎ 933 17 17 31 pinotxobar.com ⏲ Sept.-juil. : lun.-sam. 6h30-16h

Tickets

Tout l'art du *tapeo*
Cañete

Derrière le bar, les cuisiniers s'affairent à la vue de tous. Les gourmets ne sont jamais déçus par les tapas de tous les horizons (5€-26€), à consommer au bar selon la tradition ! Belle carte des vins au verre et desserts affriolants (env. 6€) dans la vitrine de l'entrée.

LA RAMBLA (plan 2, C3 n°22) C/ Unió, 17 ☎ 932 70 34 58 www.barcanete.com ⏲ Lun.-sam. 13h-0h

Forcément sublime !
Tickets

Un temple de la tapa créative et drôle imaginé par le pape de la cuisine moléculaire, Ferran Adrià, et son frère Albert. *Ventresca de tonyina* (une ventrèche de thon rouge ici confite avec de la graisse de *jamón ibérico*), tartare de cèpes, raviolis au *payoyo*, fromage de chèvre. Le résultat est… divin ! Comptez 80-100€ pour un repas (tapas 4-25€). Réservation en ligne indispensable.

SANT ANTONI (plan 2, A4 n°24) Av. Paral·lel, 164 ☎ 606 225 545 (rés. dernière minute) www.elbarri.com ⏲ Mar.-ven. 19h-22h30, sam. 13h-15h et 19h-22h30 Fermé 1 sem. à Pâques, 2 sem. en août et 3 sem. à Noël

RESTAURANTS

Cuisine du marché...

Kiosko Universal ♥€€

Dans l'effervescence bigarrée du marché de La Boqueria, on s'attable au comptoir qui fait le tour du bar pour savourer le meilleur de la mer : moules (8€), palourdes (12€), crevettes à l'ail ou couteaux de Galice (16€) ultra-frais !

LA RAMBLA (plan 1, A3 n°33) La Rambla, 91 (La Boqueria, 691-692) 933 02 28 03 Lun.-sam. 9h-17h

... au marché !

El Quim de la Boqueria ♥€€

El Quim, figure du marché, concocte des recettes de saison à base de poisson frais (env. 18€), de *rabo de toro* (queue de taureau en sauce), d'*albondigas* (boulettes de viande à la sauce tomate, env. 12€) ou de créations originales (champignons sautés au foie caramélisé, 24€).

LA RAMBLA (plan 1, A3 n°34) La Rambla, 91 (La Boqueria, 584-585/606-609) 933 01 98 10 elquimdelaboqueria.com Lun. et mer. 12h-16h, mar. et jeu. 8h-16h, ven.-sam. 8h-17h

Menu ouvrier

Can Vilaró €

À côté du marché Sant Antoni, une goûteuse cuisine familiale, servie dans une ambiance conviviale. Délicieuses *cap i pota amb salsa* (tête et pied de veau à la tomate) et morue à la *llauna* (avec des haricots blancs). En dessert, optez pour un rafraîchissant *mel i mató*. Les mets sont d'une qualité irréprochable, les prix très doux (plats 4,50-8€, env. 20€ le repas), et le service est aussi décontracté qu'efficace.

EL RAVAL (plan 2, A4 n°36) C/ Comte Borrell, 61 933 25 05 78 Sept.-juil. : lun.-sam. 8h-19h (cuisine jusqu'à 16h)

Végétarien... mais pas que !

Flax & Kale €

Ce restaurant occupe un magnifique espace avec terrasse et recoins intimes. Au menu, une cuisine saine qui fait la part belle aux légumes : chips de kale au curcuma, salades composées enrichies de graines (11-14€)... Et quelques recettes de poisson, comme le pavé de saumon grillé.

EL RAVAL (plan 2, B2 n°33) C/ Tallers, 74b 933 17 56 64 http://teresacarles.com Lun.-ven. 9h-23h30, sam.-dim. 9h30-23h30

D'El Raval et d'ailleurs

Las Fernández €€

Dans une rue sombre d'El Raval, les trois sœurs Fernández font vivre ce joyeux restaurant apprécié des bourgeois bohèmes. Mieux vaut donc réserver pour pouvoir se délecter de *papas don't preach* (pommes de terre rôties à l'huile de roquette et basilic, 6,50€), de *cecina de León* (bœuf séché et fumé, 11€) ou d'un plat d'influence asiatique (11-17€).

EL RAVAL (plan 2, B4 n°35) C/ Carretes, 11 934 43 20 43 www.lasfernandez.com Mar.-jeu. et dim. 20h30-2h, ven.-sam. 20h30-3h (2e service à 23h) Réservez le w.-e.

Pour remonter le temps

Dos Pebrots €€

Dans ce néo-bistrot voisin du Dos Pallilos (p.68), le chef étoilé Albert Raurich revisite des recettes antiques ou médiévales, de l'Andalousie à la Perse, sous forme de *platillos* (5,80-19€). Résultat ? Des associations de saveurs et des plats parfois surprenants.

EL RAVAL (plan 2, B2 n°38) C/ Doctor Dou, 19 938 53 95 98 www.dospebrots.com Mer.-jeu. 20h-23h30, ven.-dim. 13h30-16h et 20h-23h30 Fermé 3 sem. à Noël

Valeur sûre

Ca L'Estevet ♥€€

Carte savoureuse et renouvelée au gré des saisons dans un décor rustique, avec azulejos et photos dédicacées de célébrités aux murs. Le menu du jour complet à 24,50€ (lun.-ven. à midi) est parfait : boulettes de viande, poisson frit et *arròs negre*. En dessert, *crema catalana* à se pâmer.

EL RAVAL (plan 2, B2 n°37) C/ Valldonzella, 46 933 02 41 86 www.restaurantestevet.com Lun.-sam. 13h-15h30 et 19h-22h45, dim. et j. fér. 13h-15h30

Méditerranéen inspiré

Silenus €€

Ses hauts plafonds et ses murs clairs, émaillés d'œuvres d'artistes locaux, font du Silenus une oasis reposante. La carte, inventive (*pastel* au poulet, miel et fruits secs ; pâtes fraîches aux sardines et origan, hamburger "méditerranéen" avec son pain aux olives), varie selon la saison et l'inspiration du chef. Menu midi 14€ ; plats 6,50-18€.

EL RAVAL (plan 2, B3 n°39) C/ Àngels, 8 933 02 26 80 www.restaurantsilenus.com Lun.-sam. 9h30-1h

Historique

Can Lluís €€

Cette auberge ouverte depuis 1929 fut la première du quartier à proposer une carte en catalan sous Franco... Dans la salle décorée de vieilles affiches, serveurs en livrée et clientèle bohème venue goûter des recettes éprouvées : morue à l'ancienne, pied de porc, filet de veau à la moutarde, etc. Menus de 25 à 45€ et une formule à 11,50€ le midi.

EL RAVAL (plan 2, B4 n°41) C/ Cera, 49 ou Reina Amàlia, 1 934 41 11 87 www.restaurantcanlluis.cat Lun.-sam. 13h-16h et 20h30-23h

Le bien nommé

Suculent €€

Ce bistrot gastronomique installé dans une ancienne bodega mérite bien son nom ! Au menu, des recettes catalanes mêlant produits de qualité et préparations raffinées, dans un dialogue constant entre tradition et innovation. Terrasse sur la Rambla del Raval. Plats 10,50-17,50€.

EL RAVAL (plan 2, C4 n°40) Rambla del Raval, 45 934 43 65 79 www.suculent.com Mer.-dim. 13h-16h et 20h-23h30

Gastronomie fusion

Dos Palillos €€€

Un lieu original et tout en contrastes, tenu par Albert Raurich, cf. Dos Pebrots (p.67). À l'entrée, où sont servies d'excellentes tapas (4-20€), on se croirait presque dans un bar de quartier. Mais derrière s'ouvre un espace sophistiqué et chaleureux avec son comptoir noir qui fait le tour d'une cuisine étincelante. Là, les assiettes allient la philosophie des tapas et celle de la gastronomie japonaise. Menus dégustation 90-110€. Comptez 50-55€ à la carte.

EL RAVAL (plan 2, B2 n°42) C/ Elisabets, 9 933 04 05 13 www.dospalillos.com Mar.-mer. 19h30-23h30, jeu.-sam. 13h30-15h30 et 19h30-23h30

Le charme discret...

Ca l'Isidre €€€

Cette vénérable mais discrète maison est l'un des rendez-vous huppés de Barcelone. Les assiettes, soigneusement dressées, fleurent bon le terroir catalan. Plats 18-60€, menu du jour (lun.-ven. uniquement le midi) à 35€ (une aubaine !). Réservation recommandée.

EL RAVAL (plan 2, B4 n°43) C/ Flors, 12 934 41 11 39 www.calisidre.com Lun.-sam. 13h30-16h et 20h30-23h

SHOPPING

Shopping alternatif

Carrer de la Riera Baixa

En quête d'une robe sixties, d'un pantalon pattes d'éph', d'un bijou rétro ? Fan des années 1920 et de Coco Chanel ou des années 1980 et de Jean-Paul Gaultier ? Rendez-vous Carrer de la Riera Baixa, entre l'Antic Hospital et la Rambla del Raval, pour profiter de la sélection de **Kilostore**, l'une des meilleures friperies de la ville. Déambulez aussi Carrer de Joaquín Costa (**Wilde Store** pour les lunettes de soleil) et faites un tour chez **Holala !**, Carrer dels Tallers.

EL RAVAL **Kilostore** (plan 2, B3 n°57) C/ Riera Baixa, 11 934 41 99 94 www.holala-ibiza.com Lun.-sam. 11h-21h **Wilde Store** (plan 2, B3 n°58) C/ Joaquín Costa, 2 654 45 50 57 www.wildesunglasses.com Lun.-sam. 12h-15h et 16h-21h **Holala !** (plan 2, B2 n°59) C/ Tallers, 73 934 12 23 07 Lun.-sam. 11h-21h, dim. 12h-20h

Boutique du Carrer de la Riera Baixa

Encore du vintage...

Lullaby

Deux étages croulant sous les vêtements et accessoires (essentiellement féminins) des années 1940 à 1980 ! Des sapes à l'esprit naïf ou audacieux, mais toujours avec un style rétro authentique. Hormis ceux des accessoires griffés qui trônent dans la vitrine, les prix sont généralement abordables.

EL RAVAL (plan 2, B3 n°60) C/ Riera Baixa, 22 934 43 08 02 Lun.-ven. 11h-20h30, sam. 11h-21h

... Jusqu'au décor

Fusta'm

Chacun des meubles et objets exposés dans cet ancien magasin de chaussures y a trouvé sa place comme dans l'appartement d'une vieille tante dont on viendrait d'hériter. Vous y dénicherez surtout des pièces des années 1930 à 1970, des grands classiques du design aux petits ustensiles de la vie courante, parfaitement restaurés. Inspiré et inspirant !

EL RAVAL (plan 2, B2 n°61) C/ Joaquín Costa, 62 931 65 10 22 www.fustam.cat Lun.-ven. 10h-14h et 16h-20h30, sam. 11h-14h et 16h-20h30

Étoffes *made in* Raval

Teranyina

De magnifiques dessus-de-lit, tapisseries, châles, foulards et autres textiles de style contemporain, mais tissés comme jadis, avec des fibres et colorants naturels. Cours de tissage, de *kumihimo* (tressage à la japonaise), de tapisserie de haute-lisse...

EL RAVAL (plan 2, B2 n°51) C/ Notariat, 10 933 17 94 36 www.textilteranyina.com Lun.-ven. 11h-15h et 17h-20h

LA RECETTE

MOULES À LA CATALANE

Pour 4 pers.
4 l moules
4 tomates
2 poivrons
1 gros oignon
3 gousses d'ail
10cl de vin blanc sec
1 citron
Bouquet garni
Huile d'olive
Sel et poivre

Nettoyez les moules et versez-les dans un grand faitout. Le temps qu'elles s'ouvrent, faites revenir l'oignon haché dans l'huile. Ajoutez les poivrons émincés ainsi que les tomates pelées, épépinées et concassées. Salez, poivrez et laissez mijoter à feu doux 10min. Versez cette sauce sur les moules, ajoutez le bouquet garni, l'ail écrasé, le jus du citron et le vin blanc. Remuez, couvrez et faites cuire à feu vif 5-6min en remuant une ou deux fois. Rectifiez si besoin l'assaisonnement avant de dresser dans des assiettes creuses les moules nappées de la sauce de cuisson.

SORTIES

Comme dans une roulotte
London Bar

Fondé en 1910, ce bar emblématique de la bohème du défunt Barri Xino propose une programmation éclectique (blues, jazz, etc.) et continue d'attirer la foule. On peut aussi aller y boire un verre en début de soirée, rien que pour admirer l'intérieur moderniste, recréant le décor d'une roulotte de cirque.

LA RAMBLA (plan 2, C4 n°79) C/ Nou de la Rambla, 34 938 08 21 87 Dim.-jeu. 17h-2h30, ven.-sam. 17h-3h

Le nec plus ultra du *còctel*
Boadas Cocktails Bar ♥

Dans ce bistrot de poche ouvert en 1933 par le Cubain Miguel Boadas, on admire les prouesses des serveurs à l'élégance imperturbable et l'on se mêle à une clientèle de plus en plus joyeuse, pour siroter un mojito, un Dry Martini ou le cocktail du jour. Comptez 9-15€ le verre.

LA RAMBLA (plan 2, C2 n°73) C/ Tallers, 1 933 18 95 92 boadascocktails.com Lun.-jeu. 12h-2h, ven.-sam. 12h-3h

Passage obligé

Fàbrica Moritz

Cette brasserie centenaire est devenue un vaste centre polyvalent incontournable, réunissant une microbrasserie high-tech – la "Moritz Beer Lab" –, des salles pouvant accueillir concerts, expositions et conférences, et un petit "temple" de la gastronomie.

EL RAVAL (plan 2, B2 n°75) Ronda de Sant Antoni, 41 ☐934 26 00 50 www.moritz.com ◷Dim.-jeu. 8h30-1h30, ven.-sam. 8h30-2h

Le bar des artistes

La Confiteria

Cette confiserie 1900, avec fresque romantique, lustres de cristal et boiseries patinées, a été reconvertie en un café élégant où l'on peut siroter, entre autres breuvages, du *vermut* maison et d'excellents cocktails. Plutôt calme en début de soirée, mais animé quand s'y retrouvent les comédiens et le public des théâtres voisins.

EL RAVAL (plan 2, B4 n°74) C/ Sant Pau, 128 (angle Ronda de Sant Pau) ☐931 40 54 35 ◷Lun.-jeu. 19h-2h, ven.-sam. 18h-3h, dim. 17h-2h

Pour une absinthe

Bar Marsella

Suspensions en cristal couvertes de toiles d'araignées, vieux miroirs ternis, carreaux de céramique décolorés... il flotte sur ce vétéran du Barri Xino un parfum de bohème un peu canaille, comme au temps où Jean Genet allait y boire son absinthe. Depuis 1820, la fameuse "fée verte" y est servie pure, avec un morceau de sucre dans une cuiller, sur laquelle il convient de verser de l'eau.

EL RAVAL (plan 2, C4 n°76) C/ Sant Pau, 65 ☐934 42 72 63 ◷Tlj. 18h-2h Pas de CB

Pour un concert

JazzSí

Une excellente petite scène qui reçoit le gratin international du jazz et du blues, mais à la programmation éclectique : pop, rock, blues ou jazz le lundi et le mardi, jam-session le mercredi et le dimanche, musique cubaine le jeudi, flamenco le vendredi et le samedi à partir de 18h30 (horaires variables). Entrée payante selon les soirées, consommation comprise.

EL RAVAL (plan 2, B3 n°77) C/ Requesens, 2 ☐934 43 43 46 www.tallerdemusics.com/jazzsi-club ◷Lun.-jeu. 9h-22h, ven. 9h-23h, sam. 20h-23h, dim. 18h30-22h (jeu.-dim. seulement en août)

Sets technos

Moog

Ce petit club au public looké vaut le détour pour sa déco minimaliste postindustrielle et la qualité de la musique house et électronique dispensée par des DJ talentueux. Chaque mercredi, le Moog accueille de grandes pointures internationales (Jeff Mills, Laurent Garnier y ont officié). Mieux vaut arriver tôt ! À l'étage, un petit chill-out pour reprendre son souffle sur de la musique pop et disco. Entrée à partir de 5€.

LA RAMBLA (plan 2, C4 n°78) C/ Arc del Teatre, 3 ☐933 19 17 89 www.masimas.com/moog ◷Tlj. 0h-5h (à partir de 1h30 dans la salle Villarosa)

Olé !

Los Juanele

On commence par des tapas et un petit verre, et on finit sur la piste en claquant des talons et des mains pour danser la *sevillana*. Le jeudi, on laisse sa timidité au placard pour apprendre cette danse traditionnelle.

SANT ANTONI (plan 2, B4 n°72) C/ Aldana, 4 ☐616 29 44 52 ◷Jeu.-sam. 21h-3h

LA RIBERA

Longtemps le centre du négoce barcelonais, le quartier de la Ribera a fait l'objet d'importantes campagnes de rénovation depuis les années 1980. On flâne avec bonheur dans ses ruelles où bars à vins, boutiques et restaurants chics, galeries d'art et musées occupent des palais gothiques ou de vénérables entrepôts.

À VOIR

Du 13e au 18e s., la Ribera fut le fief des marchands, artisans et armateurs du port, et le quartier le plus peuplé de Barcelone. Certaines de ses rues perpétuent d'ailleurs le souvenir de ses puissantes corporations médiévales : orfèvrerie (*argenteria*), couteliers (*escudellers*), etc. Si la construction de la Ciutadella au 18e s., puis le percement de la Vía Layetana au 19e s. ont bouleversé son tissu urbain, le quartier abrite encore quelques palais du Moyen Âge et de vieux entrepôts.

SANT PERE ET SANTA CATARINA

Venelles sinueuses et places agréables : la partie nord de la Ribera, qui doit son nom à deux couvents médiévaux, a tout pour séduire. Secteur des drapiers de l'époque, envahi au 19e s. par les fabriques de textiles, ce quartier ouvrier a fait l'objet d'éminents travaux de sauvegarde depuis les années 1980. Une multitude de restaurants et de boutiques branchées s'ajoutent désormais à ses échoppes surannées et à ses vieux ateliers.

Le modernisme à son zénith

Palau de la Música Catalana ★ (plan 1, A1-A2)

Chef-d'œuvre du modernisme, le palais de la Musique catalane est inscrit au patrimoine mondial de l'Unesco. Il fut commandé en 1905 au grand architecte Lluís Domènech i Montaner par l'Orfeó Català, organisme œuvrant à la promotion de la musique populaire régionale. La façade de ce somptueux palais de brique, de pierre et de verre est à elle seule un morceau de bravoure. Des piliers massifs soutiennent l'architecture élancée des étages, aux colonnettes revêtues de mosaïques et aux arcades d'inspiration mauresque. Chacun des quatre balcons du 2e étage porte le buste d'un grand compositeur : Bach, Beethoven, Wagner et Palestrina. À l'angle de la rue, admirez le groupe sculpté célébrant la musique populaire : un paysan, un pêcheur, des vieillards et des enfants y côtoient une nymphe, sous la protection de Sant Jordi. Au sommet, sous la coupole revêtue des couleurs catalanes, une mosaïque murale allégorique met en scène les hommes et femmes de l'Orfeó. L'intérieur est tout aussi éblouissant ! Si les mosaïques et plafonds

À NE PAS MANQUER

- Palau de la Música Catalana
- Museu Picasso
- Basílica de Santa Maria del Mar
- Parc de la Ciutadella

Palau de la Música Catalana

du hall et du foyer impressionnent, la salle de concert demeure le clou de la visite. De grandes baies vitrées et une luxuriante coupole inversée en verre polychrome l'inondent de lumière naturelle. Le temps d'un spectacle ou, à défaut, d'une visite guidée, on admire tous les détails de ce joyau : hauts-reliefs en stuc (dont une extraordinaire *Chevauchée des Walkyries*), vitraux aériens à motifs floraux encadrant les grandes orgues, fond de scène rythmé par des bustes de muses s'échappant des marqueteries de céramique... Une étourdissante exubérance !

C/ Palau de la Música, 4-6 📱 932 95 72 00 ou 902 47 54 85 (visites guidées) www.palaumusica.cat € Visites guidées tlj. 10h-15h30 (Sem. sainte et juil.-août jusqu'à 18h)

DRÔLE D'HISTOIRE

Le **Palau de la Música Catalana** fut inauguré en grande pompe en février 1908, avec une absence remarquée : celle de Lluís Domènech i Montaner. L'Orfeó Català, commanditaire de l'édifice, n'avait toujours pas payé l'architecte après trois ans de travail.

Nourrir son corps... et son esprit

Mercat de Santa Caterina (plan 1, B2)

Ce marché inauguré en 1848 a été entièrement restauré au début des années 2000. Vous ne pourrez pas le manquer : il est coiffé d'un toit ondulé en céramique de 67 couleurs différentes, représentant des fruits et des légumes. À l'intérieur, les vitres d'un centre d'interprétation protègent les vestiges d'un couvent dominicain du 15e s. exhumés lors des travaux de rénovation.

Av. Francesc Cambó, 16 **MUHBA – Centre d'Interpretació Espai Santa Caterina** 📱 932 56 21 22 www.museuhistoria.bcn.cat 🕒 Lun.-sam. 7h30-15h30 € Entrée libre

PICASSO EN JEUNE HOMME

C'est en 1895, à la veille de ses 14 ans, que Pablo Ruiz Picasso s'installe avec sa famille à Barcelone. Son père a obtenu un poste de professeur de dessin à l'école des Beaux-Arts, où le jeune homme est lui-même brillamment reçu. Avide de nouvelles expériences picturales, il partage dès l'année suivante un atelier avec Manuel Pallarès, qui lui fait connaître les bastringues du Barrio Chino. À partir de 1897, il fréquente le cabaret Els Quatre Gats (p.54), qui accueillera sa première exposition publique en 1900. En 1899, il emménage dans le Barri Gòtic, et ce sont les pensionnaires d'une maison close voisine de son atelier qui lui inspireront ses légendaires *Demoiselles d'Avignon*, cf. Plaça de Sant Just et environs (p.49). Outre l'avant-garde barcelonaise, Picasso approche les peintres montmartrois lors de séjours répétés à Paris. Son style personnel s'affirme au cours de la "période bleue" (1901-1904), particulièrement mélancolique. À 23 ans, en 1904, il quitte Barcelone pour Paris, mais il gardera toujours une tendresse particulière pour la ville qui a vu éclore son génie. En témoignent les nombreuses œuvres de jeunesse qu'il lui a léguées, à admirer au Museu Picasso (p.75).

L'entrée du musée Picasso

Pause chocolat

Centre Civic Convent Sant Agustí (plan 1, B1-B2)

Ce couvent médiéval, transformé en caserne au 18e s., a été savamment restauré pour accueillir les **archives photographiques** de la ville (expos temporaires) et un alléchant **musée du Chocolat** ! L'occasion de se documenter sur l'histoire de cet aliment originaire d'Amérique centrale et de son implantation en Europe, tout en salivant devant des sculptures... en chocolat. Créé à l'initiative de la Fédération des pâtissiers catalans, le musée propose un large panel d'activités et d'ateliers pédagogiques sur réservation.

C/ Comerç, 36 ☎ 932 56 50 00 www.conventagusti.com ⏲ Lun.-ven. 9h-22h, sam. 10h-14h et 16h-21h **Arxiu Fotogràfic de Barcelona – AFB** Pl. de Pons i Clerch, 2 (2e étage) ☎ 932 56 34 20 www.arxiufotografic.bcn.cat ⏲ Lun.-sam. 10h-19h (salle d'expositions) € Visite guidée gratuite, uniquement sur rdv **Museu de la Xocolata** C/ Comerç, 36 ☎ 932 68 78 78 www.museuxocolata.cat ⏲ Juin-sept. : lun.-sam. 10h-20h, dim. 10h-15h ; oct.-mai : lun.-sam. 10h-19h, dim. et j. fér. 10h-15h € 6€

AUTOUR DU CARRER DE MONTCADA

Cet axe rectiligne (plan 1, B2), qui relie Santa Caterina à El Born, est jalonné d'hôtels particuliers des 14e-16e s., témoins d'un commerce fructueux avec l'Italie et les Baléares comme avec les Échelles du Levant (Égypte et Syrie actuelles). Ces opulents palais de négociants et d'armateurs sont souvent pourvus d'une tour de guet d'où leur propriétaire pouvait observer les mouvements des navires. Au n°25 s'élève la **Casa Cervelló-Giudice** (17e s.), dont la façade à loggia évoque les palais florentins ; au n°17, le **Palau Finestres**, l'une des plus anciennes demeures de la ville, fait aujourd'hui partie du musée Picasso ; au n°20, le splendide **Palau Dalmases** (p.56) a été amplement remanié au 17e s.

À la découverte des cultures du monde

Museu de Cultures del Món (plan 1, B2)

Installé depuis 2015 dans deux magnifiques palais gothiques restaurés pour l'occasion (la Casa del Marquès de Llió et la Casa Nadal), ce musée révèle le patrimoine artistique de différentes cultures d'Asie, d'Afrique, d'Amérique et d'Océanie. L'occasion de découvrir de beaux objets usuels et rituels. Des expositions temporaires thématiques et un centre de recherche complètent les lieux, qui valent que l'on s'y arrête.

C/ Montcada, 12 ☎ 932 56 23 00 ⏲ Mar.-sam. 10h-19h, dim. et j. fér. 10h-20h € 5€

Pleins feux sur un jeune prodige

Museu Picasso ★ (plan 1, B2)

La plus importante collection d'œuvres de jeunesse de Picasso, léguées par son secrétaire et ami Jaume Sabartés, et par le peintre lui-même, à ne manquer sous aucun prétexte ! Dans cinq somptueux palais médiévaux du Carrer de Montcada, on (re)découvre les années d'apprentissage de l'artiste, en grande partie passées à Barcelone. On peut voir la façon dont il tira profit des leçons des grands maîtres et de l'influence de l'avant-garde barcelonaise pour les dépasser et forger son propre style. Les périodes dites "rose" et "bleue" sont bien représentées (*Desemparados* pour l'une, le célèbre *Arlequin* pour l'autre). La collection couvre cependant toute la carrière de l'artiste, et son fleuron demeure la série des *Ménines*, qui déconstruit et réinterprète en 44 toiles le chef-d'œuvre de Vélasquez. Autre point fort, les quelque 1 500 gravures et lithographies et les 40 céramiques qui permettent d'apprécier d'autres facettes du talent protéiforme de Picasso.

C/ Montcada, 15-23 932 56 30 00 Mi-mars-oct. : lun. 10h-17h, mar.-mer. et ven.-dim. 9h-20h30, jeu. 9h-21h30 ; nov.-mi-mars : mar.-mer. et ven.-dim. 9h-19h, jeu. 9h-21h30 (5 jan. 9h-17h) Fermé 1er jan., 1er mai, 24 juin et 25 déc. Expositions temporaires 6,50€, coll. permanente 11€ Gratuit 1er dim. du mois, autres dim. à partir de 15h, 12 fév., 18 mai et 24 sept.

Plongée dans l'art figuratif moderne et contemporain

MEAM – Museu Europeu d'Art Modern (plan 1, B2)

À quelques pas du précédent, ce musée est installé dans le singulier **Palau Gomis**, hôtel particulier de 1791 auquel une habile restauration a préservé la patine du temps. Les œuvres exposées, du 19e s. à nos jours, relèvent toutes du figuratif, du réalisme et de l'hyperréalisme, habituellement sous-représentés dans les musées d'art contemporain. Trois thèmes donnent lieu à un tour d'horizon des artistes et des styles : la sculpture moderne, les figures chryséléphantines (en or et ivoire) Art déco et la peinture contemporaine. Surprenant !

C/ Barra de Ferro, 5 933 19 56 93 www.meam.es Mar.-dim. 11h-19h Fermé 1er jan., 25-26 déc. 9€

EL BORN

La partie méridionale de la Ribera, au sud du Carrer de la Princesa, fourmille de bars, de restaurants animés et de boutiques de mode. Au Moyen Âge, son esplanade centrale, le charmant **Passeig del Born** ("tournoi" en catalan) offrait une scène aux fêtes populaires, mais aussi aux autodafés de l'Inquisition. La proximité du port en faisait également le principal marché de Barcelone.

La mémoire d'un quartier

El Born Centre de Cultura i Memòria (plan 1, C2)

Cette majestueuse halle à armature métallique, qui abrita de 1876 à 1971 le plus grand marché de la ville, est devenue un lieu de mémoire sans cesser d'être un lieu de vie. Autour de vestiges archéologiques antérieurs à 1714 – année où le site fut arasé pour laisser place au chantier de la citadelle voisine – a été montée une exposition permanente sur la vie quotidienne à Barcelone au 18e s. Le vaste complexe héberge également une grande librairie, un café-restaurant et diverses manifestations.

Pl. Comercial, 12 932 56 68 51 elbornculturaimemoria.barcelona.cat Mars-oct. : mar.-dim. 10h-20h ; nov.-fév. : mar.-sam. 10h-19h, dim. 10h-20h Tarif 4,50€

Un chef-d'œuvre du gothique catalan

Basílica de Santa Maria del Mar (plan 1, B2-B3)

Perle du gothique barcelonais, cette église dédiée à la patronne des marins fut édifiée au 14e s. en 55 ans – un temps record à l'époque, qui explique sa

El Born Centre de Cultura i Memòria

remarquable homogénéité architecturale ! Financée par les riches bourgeois de la ville, elle témoigne de la puissance politique et commerciale d'une cité médiévale ouverte sur la mer. Commencez par faire le tour de cet édifice aux murs nus, solides mais graciles. Puis détaillez les ornements de la façade principale, flanquée de deux clochers élancés, et son sobre portail gothique surmonté d'une splendide rosace. À l'intérieur, particulièrement mis en valeur par la lumière matinale, l'impression d'espace est extraordinaire : une sobriété et un art des volumes inspirés par l'architecture cistercienne. Les trois nefs, d'une hauteur presque identique, sont soutenues par de gigantesques piliers d'une grande simplicité. Toute leur ornementation baroque et néoclassique a disparu dans un incendie en 1936. Seul élément atténuant l'austérité de l'ensemble : les magnifiques vitraux colorés et la rose illustrant le couronnement de la Vierge (1458).

Pl. Santa Maria, 1 933 10 23 90 www.santamariadelmarbarcelona.org Lun.-sam. 9h-13h et 17h-20h30, dim. 10h-14h et 17h-20h Entrée libre

LE PARC DE LA CIUTADELLA

Le poumon vert de la vieille ville

Parc de la Ciutadella (plan 1, C1-C2)

Cette oasis de verdure de 17ha a remplacé une citadelle érigée au début du 18e s. et démantelée en 1868 à la grande joie des Barcelonais. Elle est le siège du Parlement de Catalogne et invite à la promenade avec ses longues allées tranquilles, ses serres et son plan d'eau doté d'une magistrale cascade enjolivée de sculptures un peu pompeuses. Son monumental **Arc de Triomf** aux allures mauresques marquait l'entrée principale de l'Exposition universelle de 1888 – un succès populaire avec ses deux millions de visiteurs, mais un gouffre pour la municipalité ! Signée Lluís Domènech i Montaner, la surprenante construction moyenâgeuse en brique rouge qui se dresse dans le nord-ouest du parc devait servir de restaurant à l'Expo, mais elle ne fut pas achevée à temps. Ce **Castell dels Tres Dragons** en impose encore avec ses tours crénelées et son donjon de verre et d'acier.

Passeig Picasso, 21 ⏲ Tlj. 10h-22h30

Parc de la Ciutadella

Au cœur de la vie politique catalane

Parlament de Catalunya (plan 1, C1)

L'ancien arsenal de la Ciutadella, remanié à la fin du 19e s. dans le style moderniste, accueille les sessions du Parlement de Catalogne depuis 1980 et se visite certains jours. C'est une opportunité de découvrir son splendide Saló de Sessions (tout en bois, marbre, cristal et velours rouge), le hall d'honneur, ou Saló dels Canelobres, avec ses candélabres en bronze et son plafond en trompe-l'œil, la salle des pas perdus ainsi que l'escalier d'honneur et son énorme verrière zénithale.

933 04 65 00 www.parlament.cat ⏲ Visite guidée et gratuite le lundi, le mardi et le vendredi, uniquement sur rdv

À FAIRE

Choisissez votre concert

Palau de la Música Catalana (plan 1, A1-A2)

De nombreux concerts classiques, de jazz et de flamenco, et des spectacles alliant opéra et flamenco y sont donnés toute l'année. Mais l'auditorium remplit encore sa fonction première : promouvoir la musique populaire catalane. Des chanteurs accompagnés de *cobles* (orchestres traditionnels catalans) s'y produisent chaque semaine, à des prix plus abordables : 20-25€ env.

C/ Palau de la Música, 4-6 932 95 72 00 ou 902 44 28 82 (rés.) www.palaumusica.cat ⏲ Billetterie Ouvert lun.-sam. 9h30-21h, dim. et j. fér. 10h-15h et 2h avant le spectacle

Distrayez les enfants

Zoo de Barcelona (plan 1, C2)

Il occupe toute la partie sud du parc de la Citadelle et compte près de 7 000 pensionnaires. À l'occasion d'une sortie en famille, ne manquez pas d'aller observer les varans de Komodo de la Tierra de Dragons et les singes de la Galeria de Titís, avant d'emmener vos bambins s'amuser avec les animaux de la ferme à La Granja... Admirez au passage la célèbre **Dama del Paraigua**, sculpture emblématique du parc représentant une gracieuse jeune femme en costume Belle Époque.

Parc de la Ciutadella 937 065 656 www.zoobarcelona.cat Avr.-mai, mi-sept.-oct. : tlj. 10h-19h ; juin-mi-sept. : tlj. 10h-20h ; nov.-mars : tlj. 10h-17h30 € 21,40€

COULEUR LOCALE

Jusqu'en 2003, le parc zoologique de Barcelone eut pour mascotte un impressionnant gorille albinos, cas unique au monde. Ce primate au pelage blanc-crème arrivé en 1996 fut baptisé Copito de Nieve (Flocon de Neige, **Floquet de Neu** en catalan). Mort à 39 ans d'une infection de la peau, il demeure une figure distinctive de la ville.

Ramez en famille

Parc de la Ciutadella (plan 1, C1)

Quand les enfants traînent des pieds, proposez-leur un tour en barque sur le lac du parc de la Citadelle (p.77). Rassérénant...

Passeig Picasso, 21

Fabriquez un objet à la Gaudí !

Mosaiccos (plan 1, B2)

Dans cet atelier de céramique, chacun peut s'essayer à l'art du *trencadís* (du verbe *trencar*, "briser") : une technique de mosaïque chère à Gaudí, réalisée à partir de morceaux cassés de faïence ou de verre, cf. Drôle d'affaire (p.62). Muni d'une pince, d'un pinceau et de lunettes de protection, vous fabriquerez un souvenir un peu kitsch (cadre, cœur, animal) lors d'un atelier de 2h environ. Excellente idée d'activité pour les familles.

C/ Assaonadors, 10 93 295 57 17 www.mosaiccos.com Ateliers disponibles lun.-ven. 10h, 12h30, 15h et 17h ; sam. 10h et 14h € Adulte 40€, enfant 25€

NOS ADRESSES

PAUSES

Plaisirs givrés

Gocce di Latte

Ce glacier nous fait tourner la boule avec ses glaces onctueuses sculptées à la spatule. Matteo et Rita, tout droit venus de Rome, sont l'âme des lieux. Leurs parfums vedettes : le chocolat noir à l'huile d'olive et fleur de sel, et le rafraîchissant sorbet de curcuma, mandarine et romarin. À deux pas, une petite annexe réservée aux glaces vegan (C/ de l'Espaseria, 14).

EL BORN (plan 1, B3 n°4) Pla de Palau, 4 617 98 61 86 Tlj. 12h-0h

Voir aussi **Pastelería Hofman** (p.42).

BARS À TAPAS

Simple mais original
El Bitxo

Quelques tables et un comptoir dans une salle rustique. On commande charcuterie, fromage de brebis et confiture d'olives noires (10€) ou tapas plus originales de morue marinée au thé, saumon mariné au café (16€), millefeuille à l'avocat (11€), chili con carne (8,50€)... Pour prendre des forces avant de visiter le palais de la Musique catalane. Venez tôt ou réservez.

SANT PERE (plan 1, A2 n°12) C/ Verdaguer i Callís, 9 932 68 17 08 www.elbitxo.es Tlj. 13h-1h Rés. conseillée

Convivial
Bar del Pla

À ses succulentes tapas traditionnelles s'ajoutent de savoureux plats préparés à partir d'ingrédients de saison. Accompagnez votre verre de *vermut* de bœuf croustillant au foie ou de croquettes de calamar à l'encre (1,70-5,90€). Choisissez une *ración* pour un repas plus consistant : œufs brouillés ou plat du jour (8-16,50€). Repas complet de 20 à 35€.

SANTA CATERINA (plan 1, B2 n°13) C/ Montcada, 2 932 68 30 03 www.bardelpla.cat Lun.-jeu. 12h-23h, ven.-sam. 12h-0h

Dans son jus
El Xampanyet

Ce bar ouvert en 1929 – les anciens du quartier le connaissent encore sous le nom de Ca l'Esteve – affiche une décoration très couleur locale : tonneaux, dictons d'un autre âge au mur... En début de soirée, dans une ambiance joviale, on déguste debout un verre de cava (2-3€) en grignotant des tapas (5-14€ la portion).

EL BORN (plan 1, B2 n°14) C/ Montcada, 22 933 19 70 03 Mar.-sam. 12h-15h30 et 19h-23h, dim. et j. fér. 12h-15h30

Façon basquaise
Euskal Etxea Taberna

Ce centre culturel basque a lancé à Barcelone la mode des *pintxos* : des canapés à la morue, aux poivrons, aux œufs, etc., maintenus par des sortes de longs cure-dents (2-2,50€). On grappille au comptoir tout en sirotant du txakoli, un vin blanc basque légèrement pétillant. Pour payer, à la fin, c'est le nombre de cure-dents qui fait foi ! Le restaurant attenant sert d'excellents plats (12-26€).

EL BORN (plan 1, B2 n°15) Pl. Montcada, 1-3 933 10 21 85 gruposagardi.com/restaurante/euskal-etxea-taberna Bar lun.-jeu. 10h-0h30, ven.-dim. 10h-1h

Bar del Pla

Réputation justifiée

Cal Pep

Un comptoir où une rangée de fidèles se lèchent les doigts devant des fritures de supions, de légendaires gambas à la plancha, des clovisses ou des petits poivrons... Il faut alors attendre, un verre à la main, qu'une place se libère ! Prix à la hauteur de la réputation : 30-40€ au bar, 50-60€ au restaurant adjacent.

EL BORN (plan 1, C2 n°16) Pl. Olles, 8 933 10 79 61 www.calpep.com Lun. 19h30-23h30, mar.-ven. 13h-15h45 et 19h30-23h30, sam. 13h15-15h45 et 19h30-23h30

Gastronomique

Llamber

Une taverne gastronomique dont le chef, originaire des Asturies, sert des tapas et *raciones* de haute volée : fondue de parmesan aux crevettes et asperges, morue au curry et caviar de coco... Ambiance décontractée autour des tables hautes et du bar, plus chic dans la partie restaurant. Comptez 30-45€.

EL BORN (plan 1, B2 n°17) C/ Fusina, 5 933 19 62 50 www.llamber.com Dim.-mer. 9h-0h, jeu.-sam. 9h-0h30

RESTAURANTS

Tour du monde au marché

Cuines Santa Caterina €

Au cœur du Mercat de Santa Caterina, un cadre chaleureux pour des plats qui font le tour du globe : spécialités catalanes, moussaka, sushis... cuisinés avec les produits du marché. De l'espace et un service rapide, à table ou au comptoir. Plats 8-26€.

SANTA CATERINA (plan 1, B2 n°35) Mercat de Santa Caterina Av. Francesc Cambó, 16 932 68 99 18 Tlj. 13h-16h et 19h30-23h (jusqu'à 23h30 ven.-sam.)

À la bonne franquette

Mundial Bar €€

Une adresse comme il n'en existe plus guère, conviviale et sans chichis. À midi, employés en costume-cravate et habitués s'attablent sous les photos de boxeurs pour avaler un menu à 10€. Les *raciones* (moules 13€, palourdes 15€) sont très appréciées, tout comme la gargantuesque *parrillada*, assortiment de poissons et de fruits de mer grillés (60€ pour 2 pers.).

SANTA CATERINA (plan 1, B2 n°36) Pl. Sant Agustí Vell, 1 933 19 90 56 Mer.-dim. 13h-16h et 20h-0h Rés. conseillée le w.-e.

Envie d'un hamburger ?

Bacoa €

La viande est fraîche, les sauces sont maison et les *buns* artisanaux. Selon ses goûts, on craque pour la version *cheese* au manchego, la version *japonesa* à la sauce teriyaki et mayonnaise japonaise, ou pour l'impressionnant burger Bacoa (avec deux steaks). Hamburgers 6,25-9,50€.

SANTA CATERINA (plan 1, B2 n°37) C/ Colomines, 2 932 68 95 48 www.bacoaburger.com Mer.-jeu. 13h-17h et 19h-23h, ven. 13h-17h et 19h-0h, sam. 13h-0h, dim. 13h-23h

De l'étal à l'assiette

La Paradeta €€

Une chaîne de *marisquerias* (restaurants de fruits de mer) où l'on paie au poids après avoir fait son choix parmi les étals, comme au marché. On patiente ensuite en attendant sa commande. Économique : comptez 25-30€ avec le vin. D'autres adresses en ville, notamment près de la Sagrada Família (Passatge Simó, 18).

EL BORN (plan 1, C2 n°40) C/ Comercial, 7 932 68 19 39 www.laparadeta.com Mar.-jeu. 13h-16h et 20h-23h30, ven.-dim. 13h-16h et 20h-0h

Viva México !

Tlaxcal €€

Dans ce restaurant mexicain qui fait fi des clichés, point de chili con carne mais des spécialités mitonnées avec passion. Soupes et consommés de saison (7-11€), *aguachile* (crevettes dans une sauce piment et citron vert, 16€), *enchiladas* de poulet (9,50€), etc. Menu du jour en semaine à midi 12€ ; le soir, comptez 25-30€.

EL BORN (plan 1, C2 n°43) C/ Comerç, 27 932 68 41 34 www.tlaxcal.com Lun.-ven. 13h-16h et 20h-0h, sam.-dim. 13h-0h

Classique élégant

Senyor Parellada €€

Une *fonda* (auberge) à l'ancienne, installée dans une somptueuse demeure du 18e s., qui sert une cuisine régionale de qualité à des prix raisonnables : *cargols sofregits a la llauna* (escargots sautés, 12,50€), *bacallà a la catalana* (morue et ratatouille, env. 20€), paella, poisson et viande au four ou en ragoût, avec une mention spéciale pour l'agneau de lait aux gousses d'ail.

EL BORN (plan 1, B2 n°42) C/ Argenteria, 37 933 10 50 94 www.senyorparellada.com Tlj. 13h-16h et 20h-23h30

Au firmament

La Estrella €€

Coup de cœur pour cette étoile-là, au secret d'une ruelle calme, à deux pas de la Estació de França. Au menu, une cuisine méditerranéenne de qualité avec carpaccios de renne, de morue ou de pied de porc (12-15€), couteaux du delta de l'Èbre dans une sauce aux fruits secs (19€), plusieurs plats de poisson (env. 17€) et des glaces maison (wasabi, violette, fromage de chèvre... 5-7€). Petit, chaleureux et délicieux !

EL BORN (plan 1, C3 n°44) C/ Ocata, 6 933 10 27 68 www.rst-laestrella.com Mar.-sam. 13h30-16h et 20h30-23h

Du poulet, rien que du poulet !

Els Pollos de Llull €

En salade, frit sous forme de *croquettas*, ou grillé aux herbes, avec des *patatas bravas* ou *fritas*... Le poulet de Llull remporte un franc succès auprès des familles de retour de la plage ou du zoo. Menu midi (lun.-ven. 12-17h) 8,25€ ; plats 6,50-8,95€.

PARC DE LA CIUTADELLA (plan 1, C1 n°45) C/ Ramon Turró, 13 932 21 32 06 www.elspollos.com Dim.-mer. 12h-23h, jeu.-sam. 12h-0h

Pour les becs sucrés

Essence (EspaiSucre) €€€

À l'"Espace Sucre", on ne déguste que des desserts : cheesecake de fromage de chèvre aux framboises, gingembre et piments rouges, glace à la banane nappée d'une crème au chocolat et noix de muscade. "Petit menu de desserts" avec trois spécialités (35€), *gran menú* avec cinq spécialités (45€), menus dégustation 50-55€. Pour les irréductibles, quelques plats salés. Réservez !

SANT PERE (plan 1, B1 n°46) C/ Sant Pere Més Alt, 72 933 15 10 22 www.essence-espaisucre.com Mar.-jeu. 21h-0h, ven.-sam. 20h30-0h

Créatif et raffiné

Montiel €€€

À l'écart des hordes de touristes, on déguste des produits ibériques d'excellence : huile d'olive, jambon, miel, fromage, ail confit, conserves fines... Les recettes – végétariennes

LA RECETTE

CREMA CATALANA

Pour 6-8 ramequins
6 jaunes d'œuf
1l de lait
1 bâton de cannelle
Zeste d'un citron non traité
40g de Maïzena
200g de sucre
3-4 c. à s. de cassonade

Diluez la fécule de maïs dans un demi-verre de lait. Dans un saladier, fouettez les jaunes d'œuf avec le sucre jusqu'à ce que le mélange blanchisse. Dans une casserole, faites chauffer à feu doux le lait restant avec la cannelle et le zeste de citron. Quand le mélange arrive à ébullition, retirez le zeste et baissez à feu doux. Sans cesser de fouetter, incorporez les jaunes et le sucre battus, puis la fécule diluée. Remuez jusqu'à ce que le mélange jaunisse et épaississe. Versez dans des ramequins individuels et laissez refroidir. Avant de servir, saupoudrez de cassonade et faites caraméliser au chalumeau ou au gril.

pour certaines – sont inventives, et les assiettes soignées pour mettre tous ces délices en valeur ! Menu dégustation 72€. Env. 50€ à la carte.

EL BORN (plan 1, B2 n°47) C/ Flassaders, 19
932 68 37 29 www.grupmontiel.com
Mer. 19h-23h, jeu.-lun. 13h-15h et 19h-23h

Brasserie sélecte
Set Portes €€€

Un grand classique ouvert depuis 1836, qui propose une impeccable cuisine catalane. Des plaques aux murs rappellent les célébrités qui ont fréquenté cette belle brasserie. Les plats à base de riz, en particulier l'*arròs Parellada* (25€) et la paella *Manolete* (21€), restent des valeurs sûres, tout comme l'*escalivada*. Plats 14-45€. Comptez 40-45€.

EL BORN (plan 1, C3 n°48) Passeig d'Isabel II, 14
933 19 30 33 7portes.com Tlj. 13h-1h

Voir aussi **Koku Kitchen Buns** (p.42).

SHOPPING

Made in Barcelona
OMG BCN

Un cabinet de curiosités chargé de trésors : les objets de papeterie et de déco (vases, illustrations giclées de haute qualité, lampes design, “trophées” de chasse en tissu et en bois) y côtoient vêtements et accessoires vitaminés (bijoux, lunettes de soleil, tee-shirts sérigraphiés...) conçus par des artistes locaux.

SANTA CATERINA (plan 1, B2 n°71) C/ Corders, 7 931 52 61 85 http://omgbcn.com
Lun.-sam. 11h30-21h, dim. 12h-20h30

Toit du Mercat de Santa Caterina

Le haut du panier

Mercat de Santa Caterina

Sous un incroyable toit ondulé (p.84), on fait son marché bien sûr, mais dans une ambiance chic et tendance. Nombreux services, dont le restaurant **Cuines Santa Caterina**, où l'on pourra faire une pause gourmande.

SANTA CATERINA (plan 1, B2 n°62) Av. Francesc Cambó, 16 933 19 57 40 www.mercatsantacaterina.com Lun., mer. et sam. 7h30-15h30, mar. et jeu.-ven. 7h30-20h30

Artisanat local

Niu d'Art

Cette échoppe du marché de Santa Caterina diffuse les créations d'artisans catalans en mettant à l'honneur la céramique traditionnelle : assiettes, pots, cassolettes...

SANTA CATERINA (plan 1, B2 n°68) Mercat de Santa Caterina, Parada 178-179 933 19 35 59 Lun.-sam. 9h30-20h30

Épicerie fine

Casa Gispert

Depuis 1851, cette maison est renommée pour ses produits de la plus haute qualité : fruits secs, huiles, vinaigres, confitures, miels de pays, thés, infusions, conserves, jus de fruits... Et surtout, un excellent café torréfié sur place.

EL BORN (plan 1, B2 n°63) C/ Sombrerers, 23 933 19 75 35 www.casagispert.com Lun.-sam. 10h-14h et 16h-20h

Cochonnailles

La Botifarreria de Santa Maria

Aux champignons, au fromage ou à la truffe, la *botifarra* (saucisse catalane à manger crue ou cuite) est la star de cette charcuterie reconnue.

Également des terrines, *soubressades* et autres "secs" (saucissons ou jambons) de fabrication artisanale.

EL BORN (plan 1, B3 n°64) C/ Santa Maria, 4
933 19 91 23 www.labotifarreria.com
Sept.-juil. : lun.-sam. 9h30-21h

Vi ou cava ?

Vila Viniteca

Cette épatante cave à vins familiale foisonne de quelque 7 500 références de vins et spiritueux. Laissez-vous guider dans votre choix par le personnel – qualifié –, dégustez le cava de Penedès et découvrez les cuvées exclusives de la maison.

EL BORN (plan 1, B3 n°65) C/ Agullers, 7 et 9
902 32 77 77 www.vilaviniteca.es
Lun.-sam. 8h30-20h30

Souvenirs à croquer

Demasié

Des biscuits salés ou sucrés (rolls à la cannelle, cookies, cupcakes...), vendus dans des boîtes design, et une kyrielle de gourmandises chocolatées !

EL BORN (plan 1, B2 n°66) C/ Princesa, 28
932 69 11 80 www.demasie.es Lun.-jeu. 8h-21h, ven.-dim. 8h-22h

C'est de famille !

La Tercera

La boutique féminine de deux Catalanes passionnées de mode durable, qui s'efforcent d'allier beauté des coupes et qualité des matières, issues autant que possible d'une production locale. Une tradition familiale pour Clara : ses deux grands-mères étaient couturières et l'un de ses grands-pères possédait une usine textile.

EL BORN (plan 1, B2 n°67) C/ Brosolí, 4
625 30 17 96 www.latercerashop.com
Lun. 16h-20h30, mar.-sam. 11h-20h

Voir aussi **Casa Gispert** et **Après Ski** (p.42), **Iriarte Iriarte** et **Chandal** (p.43).

SORTIES

Vins fins

La Vinya del Senyor

À la carte, le meilleur des cavas et des vins régionaux, avec en vedette penedès et priorat, mais aussi le fin du fin des autres crus espagnols. La sélection de la quinzaine offre un bon choix de vins au verre. Pour les fringales, La Vinya del Senyor propose aussi des "petites bouffes" (4-12€ env.). Terrasse très agréable.

EL BORN (plan 1, B3 n°84) Pl. Santa Maria, 5
933 10 33 79 Lun.-jeu. 12h-1h, ven.-sam. 12h-2h, dim. 12h-0h

Délicieux mojitos

El Copetín

Un de nos bars préférés du Passeig del Born. Ambiance tropicale simple et décontractée, ce qui n'est pas si fréquent à Barcelone. La salle du fond, si vous arrivez à vous frayer un chemin jusqu'à elle, compte quelques tables. Sinon, compressé entre comptoir et mur, vous siroterez les délicieux mojitos de la maison en profitant de l'animation qui règne dans le bar.

EL BORN (plan 1, B2 n°83) Passeig d'El Born, 19
687 49 96 38 Dim.-jeu. 17h-2h30, ven.-sam. 17h-3h

À l'ouest de la vieille ville, l'Eixample collectionne les joyaux Art nouveau, des opulentes résidences du Passeig de Gràcia à la Sagrada Família, l'étourdissante basilique conçue par Gaudí. Plus loin et plus haut vous attendent les placettes villageoises du quartier de Gràcia, les bosquets et ouvrages poétiques du parc Güell, la vénérable grande roue du mont Tibidabo et ses vues fabuleuses sur la ville.

De l'Eixample au Tibidabo

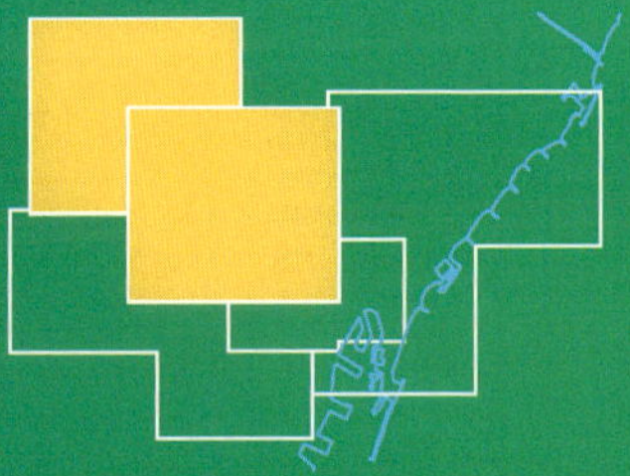

Mosaïque de la Casa Lleó i Morera

Plan 3
Plan 4
Plan 5
Plan 6
Pauses (n°1 à 9)
6 Alaire Terrace Bar - p.104 .... C3
2 Cacao Sampaka - p.103 ...... C3
7 Cup & Cake - p.104 .... B3
4 DelaCrem - p.104 .... C4
1 Laie Llibreria Cafè - p.103 .... C3
9 Les Tres a la Cuina - p.116 ..... B1
3 Mauri - p.104 .... B3
5 Monvínic - p.104 .... C4
8 Parallelo - p.117 .... B2
Bars à tapas (n°10 à 20)
17 Bar Mut - p.106 .... B2
12 Bar Velódromo - p.105 .... B3
16 Bodega del Poblet - p.106 ... C2
15 Bodegueta Provença - p.106 B3
14 Casa Alfonso - p.106 .... C3
19 Casa Mariol - p.105 .... C1
13 La Bodegueta - p.105 .... B3
18 La Pepita - p.117 .... B2
10 Morro Fi - p.105 .... B4
11 Paco Meralgo - p.105 .... B3
20 Perelló 1898 - p.104 .... B4
Restaurants (n°30 à 46)
42 Bodega Manolo - p.118 .... B1
40 Cal Boter - p.117 .... C2
38 Caldeni - p.108 .... C2
31 Can Boneta - p.107 .... B3
Pl. de J. F. Kennedy
AV. TIBIDABO
JARDINS DE MENÉNDEZ Y PELAYO
Travessera de Dalt
JARDINS DEL MESTRE BALCELLS
Pl. de Lesseps
LESSEPS
Plaça del Nord
C. de la Legalitat
C. del Torrent de les Flors
GRÀCIA
C. Gran de Gràcia
C. del Torrent d'en Vidalet
Plaça de la Virreina
C. de les Carolines
CASA VICENS
FONTANA
Av. del Príncep d'Astúries
Plaça de la Revolució
Plaça del Sol
PL. MOLINA
SANT GERVASI
Via Augusta
GRÀCIA
MERCAT DE LA LLIBERTAT
Carrer Gran de Gràcia
Plaça de la Vila de Gràcia Nabucco Tiramisù
Carrer de Balmes
C. de Bonavista
C. de Còrsega
C. de Santaló
C. de Marià Cubí
C. de Ganduxer
C. de Calvet
Pl. de St Gregori Taumaturg
TURÓ PARK & GARDENS
C. del Mestre Nicolau
FRANCESC MACIÀ
Plaça de Francesc Macià
Avinguda Diagonal
Av. de Sarrià
Avinguda de Sarrià
L'ILLA
DIAGONAL
P. de Gràcia
Rambla de Catalunya
C. de Casanova
Carrer de Muntaner
C. d'Enric Granados
C. d'Aribau
C. del Rosselló
C. de Provença
PROVENÇA
L'ESQUERRA DE L'EIXAMPLE
HOSPITAL CLÍNIC
Plaça del Doctor Letamendi
Travessera de les Corts
DE MONTJUÏC À PEDRALBES
Av. de Josep Tarradellas
Carrer del Comte d'Urgell
C. del Rosselló
Carrer de València
Carrer de Muntaner
ENTENÇA
C. de Calàbria
Avinguda de Roma
Carrer d'Aragó
C. del Consell de Cent
ESGLÉSIA DE SANT JOSEP ORIOL
Gran Via de les Corts Catalanes
URGELL
Carrer de Numància
N
0 200 m
A
B
1
2
3
4

30 Can Vallés - *p.107* B4
45 Casa Paloma - *p.126* A3
46 Coure - *p.127* B3
34 Crosmas - *p.108* B3
37 Granja Petitbo - *p.107* C2
32 Gresca - *p.107* B3
39 Gut - *p.117* B2
36 La Taverna del Clínic - *p.108*. B4
44 San Kil - *p.119* B1
33 Taverna Hofmann - *p.107*.... C2
41 Teòric Taverna Gastronòmica - *p.107* C2

Shopping (n°60 à 81)

62 Adolfo Domínguez - *p.108* ... C3
61 Be Diagonal - *p.128* A3
73 Boo - *p.120* B2
68 Bulevard dels Antiquaris - *p.108* C3
60 Camper - *p.108* C4
70 Cristina Castañer - *p.111* B3
76 Malahierba - *p.120* B2
74 Mushi Mushi - *p.120* B2
66 Nice Things - *p.109* B3
81 Oriol Balaguer - *p.129* A3
71 Otranto - *p.109* C2
67 Outlet Nice Things - *p.109* ... C3
65 Purificación García - *p.109*... B3
77 Ramón Monegal - *p.127* A3
63 Regia - *p.109* C3
75 Rock 01 - *p.120* B2
80 Semon - *p.128* A3
79 Sita Murt - *p.127* A3
78 TCN - *p.128* A3
64 Tiny Cottons - *p.119* B2
72 Vicens - *p.110* C3

Sorties (n°91 à 98)

96 Bar Elephanta - *p.121* B1
97 Berlin - *p.129* B3
93 Dry Martini - *p.111* B3
95 La Cervesera Artesana - *p.120* B2
92 La Terraza del Claris - *p.111* .. C3
94 La Virreina - *p.120* B1
91 Les Gens que j'aime - *p.111*... C3
98 Luz de Gas - *p.129* B3

RENDEZ-VOUS AVEC...

Les adresses de Paula Bonet

Pauses

A Pastisseria Ideal - *p.94* B2

Restaurants

B Café Godot - *p.94* B2

Shopping

C Verdejade - *p.94* B2

Sorties

E Bar Vinilo - *p.95* B2
D Viblioteca - *p.94* B2

Plan 4
4
PARC D'ATRACCIONS TIBIDABO
EL TIBIDABO 512 M.
TEMPLE EXPIATORI DEL SAGRAT COR
PARC DE COLLSEROLA
Carretera de l'Arrabassada
FUNICULAR DEL TIBIDABO
Ctra. de Vallvidrera al Tibidabo
TORRE DE COLLSEROLA
FUNICULAR DEL TIBIDABO
Plaça del Dr. Andreu
62
PENITENTS
Plaça d'Alfonso Comín
C. d'Esteve
B-20
Av. del Tibidabo
COSMOCAIXA
B-20
Carrer de la Infanta Isabel
23
Plaça de John F. Kennedy
AV. TIBIDABO
TORRE BELLESGUARD
B-20
SARRIÀ-SANT GERVASI
Carrer de Balmes
C-16
Plaça de la Bonanova
Passeig de la Bonanova
Carrer de Muntaner
EL PUTXET
C-16
B-20
PARC DE JOAN REVENTÓS
SANT GERVASI
PARQUE DE MONTEROLS 127 M.
Plaça d'Adrià
22
C. Major de Sarrià
Via Augusta
Carrer del Dr. Carulla
COL.LEGI DE LES TERESIANES
Ronda del General Mitre
REINA ELISENDA
P. de la Reina Elisenda de Montcada
SARRIÀ
Carrer del Milanesat
21
JARDÍ DE LES TRES TORRES
46
11
LES TRES TORRES
LA BONANOVA
Via Augusta
N
0
200 m
A
B
C. de J. S. Bach
45
1
2
3
4

Plan 6

Pauses (n°1 et 4)

1 Crustó - *p.125* C4

4 Les Terrasses - *p.125* A1

Bars à tapas (n°10 à 12)

10 Bar Roure - *p.117* C4

12 Dalt de Tot - *p.125* C3

11 El Tomás de Sarrià - *p.126* ... A4

Restaurants (n°20 à 27)

21 Acontraluz - *p.127* B4

20 Agreste de Fabio & Roser - *p.118* C1

27 Botafumeiro - *p.119* C4

26 Flash Flash - *p.126* C4

23 La Balsa - *p.127* B2

25 La Pubilla - *p.119* C4

24 Nomo - *p.119* C4

22 Vivanda - *p.127* A4

Shopping (n°40 à 46)

40 Antique Boutique - *p.120* C4

46 Foix de Sarrià - *p.129* A4

45 Lafuente - *p.129* B4

42 Olokuti - *p.120* C3

43 Suit Beibi - *p.128* C4

Sorties (n°60 à 62)

61 Café del Sol - *p.121* C4

60 Gimlet - *p.121* C4

62 Mirablau - *p.129* B2

CINQ BONNES RAISONS...

... de se balader dans l'Eixample, Gràcia et le nord de Barcelone.

ON SE MET AU VERT Pimentez votre pique-nique en allant cueillir votre *lunch box* ultra-fraîche chez Les Tres a la Cuina (p.116) puis filez la déguster sur les bancs du Parc Güell (p.113).

ON PREND UN BAIN DE LUMIÈRE
Laissez-vous étourdir par les vitraux et les voûtes de la Sagrada Família (p.100).

ON FAIT BAISSER LA TEMPÉRATURE
En sacrifiant au rituel quotidien d'une folie glacée chez Parallelo (p.117).

ON TRAQUE LES JOYAUX MODERNISTES Au long du Passeig de Gràcia (p.96), bancs carrelés, réverbères ouvragés et édifices classés se côtoient dans un joyeux manifeste de la folie moderniste de Barcelone !

ON ONDULE ! La Casa Batlló et la Casa Milà / La Pedrera (p.103), tout en sinuosités, arabesques et courbes harmonieuses, prennent un aspect fantasmagorique à la nuit tombée... et un verre de cava à la main !

RENDEZ-VOUS AVEC...

Auteure et illustratrice, **Paula Bonet** (paulabonet.com) façonne son univers poétique à La Portería, l'atelier qui occupe l'ancienne loge de concierge de son immeuble, à Gràcia. Rencontre avec une amoureuse des livres et des lieux authentiques.

Ma pâtisserie

A Pastisseria Ideal

Cet établissement fondé en 1919 est un peu ma deuxième maison ! J'apprécie autant ses réalisations que la gentillesse de Miquel et Lluís, représentants de la troisième génération de cette famille de pâtissiers. Leur *turrón* artisanal est une merveille, mais il faut aussi goûter le *braç de gitano* ("bras de gitan"), une génoise roulée et fourrée de crème catalane.

C/ Gran de Gràcia, 207 932 17 64 35 www.pastisseriaideal.com Lun.-ven. 8h-14h30 et 17h-20h, sam.-dim. 8h30-14h30

Ma cantine

B Café Godot

Un restaurant caché dans une petite rue à l'angle de la Plaça de la Vila de Gràcia, le cœur battant du quartier. J'aime ses murs en pierre et sa cuisine méditerranéenne, égayée par de petites touches exotiques. Mes valeurs sûres : les calamars à la mayonnaise de wasabi, les huîtres et le taboulé de boulgour.

C/ Sant Domènec, 19 933 68 20 36 www.cafegodot.com Lun.-ven. 10h-1h, sam.-dim. 11h-2h Brunch w.-e. 12h-19h30

Mon bar à vins

D Viblioteca

C'est un endroit intimiste, aux étagères chargées de vins espagnols et catalans, que l'on peut déguster au

SI GRÀCIA ÉTAIT...

Un livre Ce serait assurément une anthologie de poèmes. Toutes les étapes artistiques et émotionnelles de son auteur réunies dans un tome épais. L'amour, le désamour, le temps qui passe et le besoin de capter l'instant : c'est tout cela mon quartier.

verre. En accompagnement sont notamment proposés de délicieux plateaux de fromages, tartares et carpaccios.

C/ de Vallfogona, 12 932 84 42 02 viblioteca.com Tlj. 19h-1h

Mon concept-store

C Verdejade

Ce petit concept-store propose une bien jolie sélection d'objets décoratifs, d'accessoires confectionnés à la main, de jouets et de vaisselle pour les enfants. C'est également une

***Braç de gitano* à la Pastisseria Ideal**

adresse en or pour tous ceux qui aiment l'illustration et souhaitent découvrir le travail des créatifs locaux. D'ailleurs, vous pourrez y voir certains de mes dessins !

C/ Ramón y Cajal, 11 932 10 61 64 verdejade.es Mar.-ven. 12h-14h et 17h-21h, sam. 11h-14h et 17h-21h

ENVIE DE FLÂNER ?

Gràcia est un quartier où il faut se perdre pour en apprécier le charme. J'aime beaucoup me balader entre les étals de ses marchés alimentaires, même quand je n'ai rien de spécial à acheter. J'y puise beaucoup d'inspiration pour mon travail.

Mon bar musical

E Bar Vinilo

Un autre endroit que je considère comme ma deuxième maison ! Mais celui-là, je le fréquente le soir, pour boire un verre dans une ambiance plutôt sombre et très authentique. Le patron est le leader d'Inspira, un groupe culte de la scène barcelonaise, alors évidemment son bar est un repaire de musiciens.

C/ de Matilde, 2 669 17 79 45 Lun.-jeu. 21h-0h30, ven.-sam. 21h-3h

L'EIXAMPLE

Cette extension (*eixample* en catalan) de Barcelone fut conçue dans les années 1860 sur un plan aéré strictement quadrillé. Au cœur de ce vaste quartier, les édifices modernistes les plus exubérants jalonnent des rues élégantes. Place à l'émerveillement devant les plus folles créations de Gaudí et de ses pairs... et au shopping haut de gamme.

À VOIR

ACCÈS ET INFOS

- On distingue le quartier de la *Dreta* – partie située au nord-est du Passeig de Gracià – de l'*Esquerra* de l'Eixample, le secteur qui s'étend au sud-ouest de l'avenue.

L'Eixample sort de terre dans les années 1860, après la démolition des murailles de la cité, dans son prolongement nord-est. Son plan en damier conçu par Ildefons Cerdà (1815-1876) répond à des impératifs de salubrité avec ses îlots de bâtiments (*illes*) et ses avenues plantées, tandis que les noms de rue affirment les idéaux du catalanisme. À partir des années 1880, s'y multiplient les édifices signés des chefs de file du modernisme ou de leurs disciples. Le quartier recèle ainsi une foule de bijoux Art nouveau. Vous n'aurez qu'à lever les yeux.

AUTOUR DU PASSEIG DE GRÀCIA

Un lieu de rassemblement

Plaça de Catalunya (plan 3, C4)

Centre névralgique de Barcelone, cette esplanade de 5ha fut créée à la fin du 19e s. pour faire le trait d'union entre la vieille ville et l'Eixample naissant. Josep Puig i Cadafalch en dessina les plans, mais le projet ne fut achevé qu'en 1925. Dominée par des immeubles commerciaux et des banques, bordée de cafés animés, la place est ornée de sculptures à la gloire de la Catalogne éternelle et de ses héros.

La promenade des élégances

Passeig de Gràcia (plan 3, B3-C4)

Percée en 1827 pour relier Barcelone au village de Gràcia, cette voie devint par la suite l'artère centrale de l'Eixample et la vitrine de la haute bourgeoisie industrielle, en contrepoint de la Rambla. L'avenue est célèbre pour occuper le centre du Quadrat d'or – “Carré d'or” rassemblant des joyaux du modernisme... Elle compte une vingtaine d'édifices classés, mais aussi des restaurants et boutiques chics. Remarquez les bancs et réverbères dessinés par Pere Falqués i Urpí (1900), signe de l'importance des arts décoratifs dans le modernisme, ainsi que les dallages (plus récents) reproduisant par endroits ceux de la Casa Mila (p.99).

À NE PAS MANQUER

- Passeig de Gràcia
- Mansana de la Discòrdia
- Casa Batlló
- Fundació Antoni Tàpies
- Casa Milà / La Pedrera
- Sagrada Família
- Hospital de la Santa Creu i Sant Pau (Recinte Modernista)

Casa Batlló

Le combat des chefs

Mansana de la Discòrdia (plan 3, C3)

Cet îlot (*ille* en catalan, *manzana* en castillan) réunit trois réalisations contrastées des maîtres du modernisme. Au n°35, la **Casa Lleó i Morera**, imaginée par Domènech i Montaner en 1906, se distingue par l'immense fenêtre en saillie du premier étage et la galerie du troisième, coiffée d'une tourelle (ne se visite pas). Les motifs de la façade – le lion (*lleó*) et la feuille de mûrier (*morera*) honorent le propriétaire. Au n°41 s'élève la **Casa Amatller**, version fantaisiste d'une demeure flamande bâtie par Puig i Cadafalch en 1900. La façade néogothique mérite tous les éloges, avec ses colonnes torses, ses gargouilles et son pignon crénelé. Elle jouxte l'un des chefs-d'œuvre de Gaudí, la **Casa Batlló**, qui dépasse de plusieurs mètres les bâtiments voisins.

Casa Amatller Passeig de Gràcia, 41 932 16 01 75 ou 934 61 74 60 https://amatller.org
Tlj. 10h-18h € Visite vidéo-guidée (40min 19€) ou guidée (1h 24€)

Gaudí à son zénith

Casa Batlló ★ (plan 3, C3)

Cette merveille moderniste (1904) fut conçue par Gaudí pour le magnat du textile Josep Batlló i Casanovas. La façade illustre la légende de saint Georges, le saint patron de Barcelone, terrassant le dragon. On est ébloui devant la myriade d'éclats de céramique, les balcons empruntant aux flexuosités de la nature, le toit évoquant le dos arqué d'un reptile épineux et les tuiles ses écailles, enfin l'audacieuse tourelle représentant la lance du héros. La forme organique des balustrades et des colonnes des balcons valurent à la demeure le surnom de "maison des os"... Les illuminations nocturnes renforcent son aspect fantasmagorique. L'intérieur prolonge cet univers onirique avec ses puits de lumière, vitraux scintillants et faux plafonds tourbillonnant. On peut aussi visiter les toits hérissés de cheminées polychromes.

Passeig de Gràcia, 43 932 16 03 06 www.casabatllo.es Tlj. 9h-21h Dernière entrée 1h avant la fermeture 29€ (guichet) ou 24,50€ (en ligne, conseillé)

Sur le toit de la Casa Milà (La Pedrera)

Ode au modernisme

MMBCN – Museu del Modernisme de Barcelona (plan 3, C4)

Le premier musée consacré au modernisme catalan sous toutes ses formes a ouvert ses portes en 2010 dans un ancien entrepôt textile. Le fonds, rassemblé par les antiquaires Fernando Pinós et María Guirao, compte quelque 400 œuvres et s'enrichit chaque année. Au rez-de-chaussée sont exposés des meubles et objets décoratifs dessinés par Gaudí, Joan Busquets et Francesc Vidali. Au sous-sol, on déambule parmi les sculptures, peintures et vitraux signés Josep Llimona, Joaquim Mir ou Joan Brull.

C/ Balmes, 48 932 72 28 96 www.mmbcn.cat Lun.-ven. 10h30-14h et 16h-18h, sam. 10h30-14h Fermé août 10€

Tout Tàpies !

Fundació Antoni Tàpies (plan 3, C3)

Elle a été créée en 1984 par le grand peintre et sculpteur barcelonais Antoni Tàpies (1923-2012) afin de promouvoir l'art moderne et contemporain. Elle occupe un élégant édifice en brique imaginé par Domènech i Montaner en 1879 pour abriter la maison d'édition de son père. Sur la façade ouvragée veille une étonnante sculpture de Tàpies, *Núvol i cadira* ("Nuage et chaise"). À l'intérieur, les œuvres du maître catalan côtoient, à l'occasion d'expositions temporaires, celles d'autres plasticiens d'aujourd'hui. Grands formats, coups de pinceau sauvages et matières brutes interpellent et réveillent les esprits.

C/ Aragó, 255 📱 934 87 03 15 www.fundaciotapies.org 🕒 Mar.-jeu. et sam. 10h-19h, ven. 10h-21h, dim. 10h-15h € 7€

Trésors de l'Égypte ancienne

Museu Egipci (plan 3, C3)

Ce musée présente l'une des collections privées d'antiquités égyptiennes les plus importantes d'Europe, avec plus d'un millier d'objets. Sarcophages (dont une magnifique tête d'Osiris en or), momies (dont celle de la Dame de Kemet), masques funéraires, papyrus, statues, vases, bijoux et amulettes illustrent la vie quotidienne et les coutumes de la civilisation pharaonique.

C/ València, 284 📱 934 88 01 88 www.museuegipci.com 🕒 Lun.-ven. 10h-14h et 16h-20h, sam. 10h-20h, dim. 10h-14h ; Semaine sainte, été et vac. de Noël : lun.-sam. 10h-20h, dim. 10h-14h € 11€

DRÔLE D'AFFAIRE

Une fois achevée, la **Casa Milà** se révéla bien plus imposante que prévu. La municipalité commença par exiger de Milà qu'il démolisse le dernier étage, sous peine d'une lourde amende ! Celui-ci n'ayant pas les moyens de payer, la ville finit par céder et attribua à l'immeuble le statut d'œuvre d'art pour la soustraire aux normes de construction.

L'art d'arrondir les angles

Casa Milà / La Pedrera ★ (plan 3, C3)

Ce chef-d'œuvre de Gaudí doit son surnom de *la pedrera* ("carrière de pierre") à sa façade qui semble taillée à même le roc. Quand le promoteur Pere Milà i Camps lui passe commande d'un hôtel particulier en 1906, l'architecte est au sommet de son art. L'originalité de cet édifice tout en sinuosités tient à la structure de briques et de poutres métalliques qui libère la façade de toute contrainte. On admire les arabesques en fer forgé des balcons et l'ondulation de l'ensemble, censé évoquer l'habitat troglodytique des premiers Catalans. Décriée par ses contemporains, la Casa Milà est désormais reconnue pour sa conception visionnaire – Gaudí la dota même d'un parking souterrain. L'Espai Gaudí, dans les combles, détaille l'histoire du projet et reconstitue l'un des spacieux appartements d'origine. Autres merveilles : le toit et ses trente cheminées et bouches d'aération suggérant des chevaliers en armure. Un vrai jardin de sculptures !

C/ Provença, 261-265 📱 www.lapedrera.com 🕒 Mars-oct., 26 déc.-début jan. : tlj. 9h-20h30 ; fin jan.- fév., nov.-24 déc. : tlj. 9h-18h30 € 22€ Réservation en ligne conseillée

AVINGUDA DIAGONAL

Sur cette avenue (plan 3, A3-C2) qui traverse tout Barcelone en diagonale, admirez d'autres édifices modernistes et profitez des jardins centenaires du **Palau Robert** (Passeig de Gràcia, 107).

Modernisme tendance gothique

Palau Baró de Quadras (plan 3, B3-C3)

Ce palais fut édifié par Josep Puig i Cadafalch de 1904 à 1906, à la demande du baron de Quadras. Sur un espace relativement restreint, entre deux grands axes de l'Eixample, l'architecte imagina deux façades distinctes : celle de l'Avinguda Diagonal, résolument néogothique, et celle du Carrer de Rosselló, d'un style moderniste inspiré par la Sécession viennoise. La splendide porte en fer forgé s'ouvre sur un intérieur raffiné d'influence mauresque : patio, céramiques vernissées, boiseries polychromes...

Av. Diagonal, 373 www.llull.cat/monografics/palaubaroquadras Lun.-ven. 9h-19h 10€ Visite guidée les mer. et sam. en anglais (11h), catalan (12h) et espagnol (13h) 14€

Château de conte de fées

Casa Terrades – Casa de les Punxes (plan 3, C2)

Sur l'Avinguda Diagonal, impossible d'ignorer la silhouette de cette "maison des Pointes" construite par Josep Puig i Cadafalch de 1903 à 1905. Cette résidence, qui réunit trois immeubles de logements, a des airs de château médiéval avec ses tours rondes parachevées de flèches – *punxes* – et sa légion de tribunes et de miradors néogothiques. L'impressionnante façade en pierres et en briques est parée de panneaux de céramique aux motifs patriotiques. Le plus grand représente saint Georges, *Sant Patró de Catalunya, torneu-nos la llibertat* ("Saint patron de Catalogne, rendez-nous la liberté").

Av. Diagonal, 420 930 16 01 28 https://casadelespunxes.com Tlj. 10h-19h Fermé 25 déc. Visite audioguidée (en français) 13,50€

AUTOUR DE LA SAGRADA FAMÍLIA

De loin la plus folle des églises barcelonaises, la Sagrada Família est le monument le plus célèbre de Catalogne. En remontant l'avenue Gaudí, qui file tout droit vers le nord, on parvient à un autre chef-d'œuvre moderniste, l'Hospital de la Santa Creu i Sant Pau.

Le monument le plus visité d'Espagne

Sagrada Família ★ (plan 3, C2)

En chantier depuis plus de 130 ans, cette basilique aux clochers vertigineux est devenue l'icône de Barcelone. Le génial Gaudí y travailla de 1883 à sa mort, en 1926. Il supervisa ainsi la réalisation de la **façade de la Nativité** (côté est), dont la riche ornementation est difficile à déchiffrer. Le génial Gaudí y travailla pendant plus de quarante ans, de 1883 à sa mort, en 1926. On reconnaît la fuite en Égypte en bas à gauche, la naissance du Christ au-dessus du portail. Autres traits marquants, les pasteurs de Terre sainte adorant la Vierge ou, plus

LES TRAVAUX ET LES JOURS

Le projet d'un temple expiatoire de la "Sainte Famille" (Sagrada Família) date des années 1870. Il est financé, dès le départ, par les dons de particuliers, d'entreprises et, aujourd'hui, par les millions de curieux qui visitent la basilique chaque année. Les travaux progressent donc en fonction des rentrées d'argent. Inauguré en 1882 par Francisco del Villar, le chantier est repris l'année suivante par Gaudí, alors âgé de 31 ans. Récusant le plan néogothique de son confrère, le jeune architecte conçoit une cathédrale immense "pour le peuple", dotée de six tours et douze clochers. Ce fervent catholique trouve là le projet d'une vie et donne une portée symbolique de plus en plus complexe à ses différents éléments. Au début de la guerre civile, les plans et maquettes sont détruits. Le chantier reprend en 1952, suscitant la polémique, car certains préféreraient qu'il demeure en l'état. Difficile en effet de se représenter l'allure que le maître aurait souhaité donner à ce qui reste à bâtir. D'autres renvoient au temps des cathédrales gothiques, édifiées sur des générations et intégrant les styles imposés par leurs maîtres d'œuvre successifs. La basilique a été consacrée par le pape Benoît XVI en 2010. Le chantier devrait s'achever en 2026, cent ans après la mort de Gaudí.

Le chantier de la Sagrada Família

BON À SAVOIR
Pour apprécier tous les détails des façades de la **Sagrada Família** (p.100), évitez le soleil de la mi-journée qui écrase les reliefs et dilue les couleurs. C'est en fin d'après-midi que l'église et la vue du haut de ses tours sont les plus belles. Sous les feux des projecteurs nocturnes, la façade de la **Casa Milà** (p.99) est un pur enchantement, et celle de la **Casa Battló** (p.97) prend un aspect fantasmagorique.

surprenant, un anarchiste une bombe à la main ! Tout en haut, un cyprès en céramique peuplé de colombes symbolise l'*Arbre de Vie*. Une fois à l'**intérieur**, si vous avez réservé votre accès au sommet des tours, prenez l'ascenseur pour bénéficier d'une vue panoramique sur le site et la ville. Redescendez dans la nef pour admirer les vitraux de couleurs vives, la profusion de colonnes inclinées et leurs arcs paraboliques qui rendent plus étourdissante encore la hauteur des voûtes étoilées (de 30 à 75m). Au sous-sol vous attendent la crypte où repose Gaudí et un passionnant musée (maquettes, dessins, plans, etc.). La **façade de la Passion** (côté ouest) est un ajout confié en 1989 à Josep Maria Subirachs. Les personnages schématiques, aux traits anguleux, de la composition contrastent avec les courbes chères à Gaudí.

C/ Mallorca, 401 (entrée Carrer de Sardenya) 932 08 04 14 www.sagradafamilia.org
Mars, oct. : tlj. 9h-19h ; avr.-sept. : tlj. 9h-20h ; nov.-fév. : tlj. 9h-18h ; 1er et 6 jan., 25-26 déc. : 9h-14h 17€ ; 32€ Sagrada + accès à la tour Réservation en ligne conseillée

L'alliance du beau et de l'utile

Hospital de la Santa Creu i Sant Pau (Recinte Modernista) (plan 3, C1)

Pavillon Sant Salvador, Hospital de la Santa Creu

L'un des plus vastes ensembles modernistes d'Europe, bâti de 1902 à 1930 par le talentueux Domènech i Montaner, puis par son fils, pour remplacer l'hôpital principal de la Barcelone médiévale (p.62). Tout en respectant les normes hygiénistes de l'époque, le complexe hospitalier est conçu comme une cité-jardin : dans un parc, de part et d'autre du bâtiment central et de ses blocs opératoires s'alignent deux rangées de quatre pavillons reliés par des souterrains, facilitant ainsi l'isolement des malades contagieux. En résulte un chef-d'œuvre architectural, tout en murs rougeoyants, mosaïques raffinées, tours élégantes et vitraux colorés. Désormais désaffecté et classé au patrimoine de l'humanité, le complexe fait l'objet d'une minutieuse réhabilitation depuis 2009, mais reste ouvert à la visite. Le **pavillon Sant Salvador** accueille un espace d'exposition. L'occasion de découvrir l'histoire détaillée du site et le travail de Lluís Domènech i Montaner.

C/ Sant Antoni Maria Claret, 167 935 53 78 01 www.santpaubarcelona.org Avr.-oct. : lun.-sam. 9h30-19h, dim. et j. fér. 9h30-15h ; nov.-mars : lun.-sam. 9h30-17h30, dim. et j. fér. 9h30-15h Dernier accès 30 min. avant la fermeture 14€, gratuit 1er dim. du mois et certains j. fér.

À FAIRE

Participez à un banquet égyptien

Museu Egipci (plan 3, C3)

Pour changer un peu de l'Art nouveau, cap sur l'Égypte du temps des pharaons ! Au Museu Egipci (p.99), une visite guidée propose de découvrir les traditions culinaires de cette prestigieuse civilisation. Le parcours s'achève par un "banquet éternel", la dégustation de quelques mets de l'époque. Bon appétit !

C/ València, 284

Débutez la soirée dans une villa moderniste

Visitez la Casa Milà / La Pedrera (p.99) ou la Casa Batlló (p.97) au coucher du soleil, un verre de cava à la main, et contemplez la ville illuminée. L'été, des concerts sont donnés certains soirs dans ces deux villas modernistes.

Casa Milà / Pedrera (plan 3, C3) Passeig de Gràcia, 92 932 14 25 76 www.lapedrera.com
Casa Batlló (plan 3, C3) Passeig de Gràcia, 43 www.casabatllo.es 1er juin-1er oct. : tlj. à partir de 20h

NOS ADRESSES

PAUSES

Café littéraire

Laie Llibreria Cafè

Au-dessus de l'une des librairies les plus agréables de la ville (dotée d'une minuscule section francophone), ce café avenant propose sandwichs, tartes salées, thé et café. Petit déjeuner et menu du jour à midi (env. 14,80€). Tranquille en journée, l'endroit se remplit vers 18h30.

(plan 3, C3 n°1) C/ Pau Claris, 85 933 02 73 10 www.laie.es Lun.-ven. 9h-21h, sam. 10h-21h

Pause sucrée

Cacao Sampaka

Le salon de thé de cette chocolaterie artisanale renommée sert d'excellents petits déjeuners, des chocolats chauds accompagnés de *churros*, des pâtisseries et de délicieux en-cas. Bel assortiment de thés et de liqueurs pour les accompagner.

(plan 3, C3 n°2) C/ Consell de Cent, 292
932 72 08 33 www.cacaosampaka.com
Lun.-sam. 9h-21h (cafétéria jusqu'à 20h30)

Goûter sur la Rambla

Mauri

La traditionnelle halte pour le goûter sur la Rambla de Catalunya depuis 1929 ! Parmi les douceurs : pâtisseries, viennoiseries, mousses, truffes et bonbons à emporter, ou à déguster en terrasse ou dans l'un des salons de cette belle boutique moderniste.

(plan 3, B3 n°3) Rambla de Catalunya, 102
932 15 10 20 www.pasteleriasmauri.com
Lun.-ven. 8h-0h (hiver jusqu'à 22h), sam. 9h-0h (hiver jusqu'à 22h), dim. et j. fér. 9h-16h

Gâteaux de fées...

Cup & Cake

Ce minuscule salon séduira petits et grands avec son ambiance chaleureusement rétro et ses *fairy cakes* (gâteaux de fées) aussi beaux que délicieux. Ces petits gâteaux ronds individuels, dont le glaçage permet toutes les fantaisies, s'avalent en deux exquises bouchées au détour de la conversation devant un café bio.

(plan 3, B3 n°7) C/ Enric Granados, 145
932 00 28 72 www.cupcakesbarcelona.com
Tlj. 10h-21h

La crème de la glace

DelaCrem

Des glaces italiennes sans gluten, des sorbets maison aux parfums de saison et des pâtisseries légères... Voilà qui ravira les gourmands soucieux de conserver la ligne et de préserver la planète ! Env. 2,50€ la boule de glace.

(plan 3, C4 n°4) C/ Enric Granados, 15
930 04 10 93 www.delacrem.cat
Tlj. 9h30-21h30

Expérience œnologique

Monvínic

Un lieu atypique, à la fois bar à vins, restaurant et centre culturel, qui propose les 3 000 meilleurs vins du monde ! On fait son choix sur une tablette en fonction de ses goûts et de ses envies. On peut y déguster chaque jour une sélection de 50 nectars à des prix raisonnables, avec du fromage, de la charcuterie ou de délicieuses tapas (en supp.).

(plan 3, C4 n°5) C/ Diputació, 249
932 72 61 87 www.monvinic.com
Mar.-ven. 13h-23h, lun. et sam. 19h-23h

Roof au top

Alaire Terrace Bar

Face à La Pedrera, avec la Sagrada Família en toile de fond... Installé sur des coussins moelleux, regardez le soleil se coucher et trinquez ! Parfait pour un rendez-vous amoureux.

(plan 3, C3 n°6) Hotel Condes de Barcelona Passeig de Gràcia, 73-75 934 45 32 26 www.condesdebarcelona.com Juin-sept. : tlj. 12h-2h ; oct.-mai : mar.-sam. 18h-2h

BARS À TAPAS

Maison centenaire

Perelló 1898

Le Mercat del Ninot perpétue l'ambiance des grands marchés couverts à l'espagnole, combinant petits stands de produits alimentaires et restauration sur le pouce. Au comptoir n°18-20, la maison Perelló régale les amateurs de morue : en omelette garnie de piments (6,50€), sous forme de beignets à l'aïoli (5,50€) ou accompagnée de *samfaina* (10,50€), une préparation à base d'aubergines et de courgettes.

(plan 3, B4 n°20) Mercat del Ninot C/ Mallorca, 135 ⏱ Lun.-jeu. et sam. 9h-18h, ven. 9h-20h

Convivial
Morro Fi ♥

Une *vermuteria* créée par trois jeunes Barcelonais fans de tapas dans un local grand comme une boîte à chaussures. Résultat : on se presse pour apprécier *le mojama* (thon en salaison) et les *boquerones en vinagre* (anchois au vinaigre) naturellement escortés de *vermut* maison. Attention, l'endroit se remplit vite et il est peu probable d'y dénicher une place assise ensuite (tapas 1,50-6,90€).

(plan 3, B4 n°10) C/ Consell de Cent, 171 📱www.morrofi.cat ⏱ Tlj. 12h-16h et 18h-23h Fermé quelques jours en août

Paco Meralgo

Gourmand
Paco Meralgo

Le repaire des chefs restaurateurs du quartier les jours de relâche. Dans cette grande salle animée, on se régale de *bacallà esqueixat* (morue aux olives de Kalamata, 13,85€), de *gambas al ajillo* (crevettes à l'ail, 21,95€) ou de *navalles a la planxa* (couteaux de mer, 13,55€). Plats du jour 5,90-20,90€. Réservez !

(plan 3, B3 n°11) C/ Muntaner, 171 📱934 30 90 27 www.pacomeralgo.com ⏱ Tlj. 13h-0h

Historique
Bar Velódromo

Cet ancien bastion anarchiste à la décoration moderniste d'origine propose à toute heure des tapas créatives, notamment les *bikinis* (jambon, mozzarella et truffe, 6,90€) et les *huevos estrellados con chistorra* (œufs brouillés avec pomme de terre garnie de chistorra, 7,90€). Plats 10-22€.

(plan 3, B3 n°12) C/ Muntaner, 213 📱934 30 60 22 ⏱ Lun.-ven. 7h-2h, sam.-dim. 6h-3h Cuisine jusqu'à 1h

Vins et tapas
Casa Mariol

Si les *bodegas* ont retrouvé leur lustre d'antan et que le vermouth, l'apéritif préféré des grands-mères, est devenu celui de la jeunesse urbaine branchée, c'est un peu (beaucoup) grâce à la maison Mariol. Ce producteur de Batea, dans le sud de la Catalogne rurale, propose, outre du vin en vrac, des tapas de jambon, fromage, charcuterie et autres (à partir de 4€) pour accompagner son fameux vermouth, son grenache et son surprenant *verdejo*.

(plan 3, C1 n°19) C/ Rosselló, 442 📱934 36 76 28 www.casamariol.com ⏱ Lun.-sam. 10h-15h et 17h-22h, dim. 11h-15h

Classique
La Bodegueta ♥

Les Barcelonais connaissent bien le délicieux *pa amb tomàquet* et les petits vins de ce bar en sous-sol. Ses tapas (5-20€ env.) et sandwichs en font un lieu de rendez-vous idéal à l'heure de l'apéritif. Bon menu du jour à midi du lun. au ven. (env. 14€).

(plan 3, B3 n°13) Rambla de Catalunya, 100
932 15 48 94 www.labodegueta.cat
Lun.-sam. 8h-1h, dim. 18h-1h

Sacré
Casa Alfonso

Une institution qui vend depuis 1934 d'excellents jambons ibériques et autres productions charcutières de qualité. On peut aussi s'installer au magnifique comptoir pour accompagner de tapas un verre de rioja (env. 2€) : croquettes de morue (1,55€/pièce), boulettes de viande (7,95€), *coca de havaneras* (pain au coulis de tomates, 2,95€). Pour les appétits et les budgets plus consistants, viandes à la braise, salades et plats du jour midi et soir (6,95-15,95€).

(plan 3, C3 n°14) C/ Roger de Llúria, 6
933 01 97 83 www.casaalfonso.com
Lun.-sam. 8h30-1h

Glamour
Bodegueta Provença

Voici la petite sœur glamour de La Bodegueta (p.105). Un cadre élégant, un personnel aimable, plus de 200 références de vins et d'excellentes tapas, tels les *ous estrellats* (œufs brouillés aux garnitures variées, du jambon au foie gras, 11-15€).

(plan 3, B3 n°15) C/ Provença, 233
932 15 17 25 www.provenca.labodegueta.cat
Lun.-ven. 7h-1h45, sam. 8h-1h45, dim. et j. fér. 13h-0h45 (cuisine 13h-16h et 17h-0h)

Popu
Bodega del Poblet ♥

Accoudez-vous au comptoir pour boire une bière ou un *vermut* en picorant des anchois (spécialité de la maison) et des tapas (1,50-6€). Envie d'un plat plus nourrissant ? Essayez les coques, les beignets de morue, les calamars à la romaine ou les couteaux à la plancha. Ambiance survoltée pendant les rencontres du Barça !

(plan 3, C2 n°16) C/ Sardenya, 302
Mar.-ven. 9h-15h et 18h-22h, sam. 10h-15h et 18h-22h, dim. 10h-15h

Bar Mut

Chic
Bar Mut

Cuisine soignée et vins de qualité dans ce bar à tapas des beaux quartiers. On se met en appétit avec le *montadillo* au foie gras et le *txangurro* (araignée de mer en salade) au caviar. On poursuit avec un croustillant *cochinillo* (cochon de lait rôti) ou un sublime *carpaccio de huevos fritos*. Comptez 40-50€ sans le vin... et réservez.

(plan 3, B2 n°17) C/ Pau Claris, 192
932 17 43 38 www.barmut.com Tlj. 13h-0h

RESTAURANTS

Mini-prix

Teòric Taverna Gastronòmica €

Dans cette taverne des temps modernes, vous vivrez une expérience gastronomique à moindres frais. La carte, succincte, assure un bel équilibre entre recettes traditionnelles *mar i muntanya* (poisson et viande) et petits plats inventifs de saison. À tester, le sashimi de chinchard (6€), la coca de légumes (2,50€) et l'excellent *trinxat* de poulpe et ventrèche (9€).

(plan 3, C2 n°41) C/ Bailèn, 117 932 00 25 52 www.teoric.cat Mar.-sam. 13h30-15h30 et 20h30-23h Fermé 1 sem. à Noël, 2 sem. en avr. et 2 sem. en août

Brunch new-yorkais

Granja Petitbo €

Un petit air new-yorkais, avec ses grandes verrières, ses vieux fauteuils en cuir et son ambiance cafétéria lounge. À la carte, délicieuses salades de quinoa, œufs Benedict et desserts *yankee* (carrot cake, pancakes, etc.) élaborés avec des produits de qualité. Comptez 20€.

(plan 3, C2 n°37) Passeig Sant Joan, 82 932 65 65 03 www.granjapetitbo.com Lun.-mer. 9h-23h30, jeu.-ven. 9h-0h, sam. 10h-0h, dim. 10h-23h30

Bistrot gastro

Can Boneta €€

Un joli bistrot mené par un ex-architecte reconverti en chef cuisinier ! À midi, savourez un menu (13€) qui compte parmi les meilleurs de la ville. Le soir, découvrez des classiques de la cuisine catalane twistés avec beaucoup d'imagination : poulpe à la crème de pommes de terre, cannellonis au confit de canard et, en dessert, le divin chocolat à l'huile d'olive et fleur de sel. Comptez 25€. Réservation recommandée.

(plan 3, B3 n°31) C/ Balmes, 139 932 18 31 93 www.canboneta.com Lun.-ven. 13h-15h45 et 20h30-23h

Excellent et original

Taverna Hofmann €€

Cette néo-taverne à l'esprit informel vous régalera d'un trio de bonbons au gaspacho (10€) ou de *churros* de pommes de terre au boudin piquant (7,50€). Mention spéciale pour les *arroces* (plats à base de riz autour de 17€) et, en dessert, l'incontournable Cactus (8€) à la crème de chocolat blanc et mousse de tequila.

(plan 3, C2 n°33) C/ Girona, 145 936 24 17 62 www.hofmann-bcn.com Lun.-sam. 13h-16h et 20h-23h30

Gourmet

Can Vallés €€

Ce restaurant au décor minimaliste n'a rien à envier aux tables les plus distinguées. La carte combine plats traditionnels et contemporains : carpaccio de cerf (15,50€), délicieuse perdrix à la vinaigrette (27,50€), carpaccio de crevettes et de cèpes (15,50€), morue à la crème d'ail (19,50€). Ingrédients de première qualité et addition plutôt élevée. Réservez.

(plan 3, B4 n°30) C/ Aragó, 95 932 26 06 67 Lun.-ven. 13h30-16h et 21h-23h, sam. 13h30-16h

Gastronomique

Gresca €€

Ce petit restaurant discret vous réserve une véritable expérience gastronomique ! On se régale d'un œuf soufflé sur un lit de crème de pommes de terre, de gambas aux artichauts frits sauce curcuma ou d'un pigeon au gingembre. Menu du midi en semaine à 22,50€, menus dégustation 45-70€.

(plan 3, B3 n°32) C/ Provença, 230 934 51 61 93 Lun.-ven. 13h30-16h et 20h30-23h Rés. conseillée

Efficace

Crosmas €€

Avec sa paisible terrasse, ses trois salles, sa cave bien fournie, ses fabuleux *pintxos*, ses petits plats créatifs (20-30€ le repas à la carte) et son service souriant, voici l'adresse idéale pour déjeuner entre le Passeig de Gràcia et la Rambla de Catalunya ! Menu 13,95€ le midi en semaine, 18,95€ le samedi (dont une version hypocalorique).

(plan 3, B3 n°34) C/ Còrsega, 300 932 37 57 31 www.crosmas.cat Lun.-ven. 8h-0h, sam. 11h-0h

Avant-gardiste

La Taverna del Clínic €€€

Derrière l'hôpital universitaire, une "taverne" gastronomique qui renouvelle notamment les *patatas bravas*. Ces cylindres de pommes de terre garnis d'un savant *filling* et saupoudrés de paprika et de graines de sésames blond et noir sont un vrai plaisir pour les yeux comme pour les papilles. Comptez 45-50€ à la carte sans les vins. Menus dégustation 30-110€.

(plan 3, B4 n°36) C/ Rosselló, 155 934 10 42 21 www.latavernadelclinic.com Lun.-sam. 13h30-16h et 20h-23h30 Fermé 1er jan., 24-25 déc., et 31 déc. au soir

Viandard

Caldeni €€€

À l'ombre de la Sagrada Família, cette table étoilée fait le bonheur des amateurs de viande avec son steak tartare (22€) et son filet de veau (Angus Nebraska, 28€). La cuisine traditionnelle, ultrafine, est agrémentée de touches de modernité et les assiettes sont un régal pour le regard. Comptez 50€ à la carte. Rés. recommandée.

(plan 3, C2 n°38) C/ València, 452 932 32 58 11 www.caldeni.com Lun.-ven. 13h30-15h et 20h30-22h15

SHOPPING

On campe devant !

Camper

La fameuse marque barcelonaise de chaussures et de mode propose là ses derniers modèles, introuvables ailleurs.

(plan 3, C4 n°60) Passeig de Gràcia, 2 935 21 62 50 www.camper.com Lun.-sam. 10h-21h

Pour chiner chic

Bulevard dels Antiquaris

Cette grande galerie de Barcelone rassemble des marchands d'art et antiquaires haut de gamme.

(plan 3, C3 n°68) Passeig de Gràcia, 55-57 932 15 44 99 www.bulevarddels antiquaris.com Lun.-ven. 10h-20h30, sam. 10h30-20h30

Vêtements griffés

Adolfo Domínguez

Ce grand couturier originaire de Galice a révolutionné la mode espagnole dans les années 1970-1980 avec ses créations allurées et citadines qui l'ont fait connaître à l'étranger. Un incontournable du Passeig de Gràcia, épicentre du shopping chic dans la métropole catalane.

Passeig de Gràcia

(plan 3, C3 n°62) Passeig de Gràcia, 32 934 87 41 70 www.adolfodominguez.com Lun.-sam. 10h-21h

Senteurs barcelonaises

Regia

La plus célèbre des parfumeries de Barcelone, ouverte en 1929, abrite dans sa boutique du Passeig de Gràcia un intéressant **musée du Parfum**, riche en flacons vintage et pièces d'artisanat.

(plan 3, C3 n°63) Passeig de Gràcia, 39 932 16 01 21 www.regia.es Lun.-ven. 10h-21h, sam. 10h30-21h

Mode espagnole

Purificación García

Si elle a séduit les Barcelonais avec ses pulls à col en V déclinés dans toutes les couleurs, cette styliste galicienne conçoit désormais aussi bien des lignes de prêt-à-porter masculin et féminin que des parfums et accessoires.

(plan 3, B3 n°65) C/ Provença, 292 934 96 13 36 www.purificaciongarcia.com Lun.-sam. 10h-20h30

Pour *chicas* et *chiquititas*

Nice Things

Une marque fondée en 1995 par Paloma Santaolalla et aujourd'hui bien connue des filles dans le vent de Barcelone et d'ailleurs. Une mode féminine pimpante, relevée d'imprimés et de petits détails charmants. Boutique pour fillettes au n°254 et magasin d'usine Carrer de Girona.

(plan 3, B3 n°66) C/ València, 235 www.nicethingspalomas.com Lun.-sam. 10h-20h30 **Outlet Nice Things** (plan 3, C3 n°67) C/ Girona, 38 932 47 26 78 Lun.-sam. 10h-20h30

Envie d'une déco moderniste ?

Otranto

Si vous projetez de rénover votre intérieur dans le style moderniste, vous trouverez là des trésors récupérés sur les chantiers de rénovation du quartier : carreaux de céramique, rambardes en fer forgé, baignoires et lavabos 1900...

(plan 3, C2 n°71) Passeig de Sant Joan, 142 ☎ 932 07 26 97 www.otranto.es ⏲ Lun.-sam. 10h-14h et 16h-20h

Un *torró* et puis s'en va

Vicens

Depuis 1775, la famille Vicens entretient consciencieusement la tradition du *torró* ("nougat" en catalan). En vedette, le *torró* dur d'Agramunt, aux amandes entières. Également des chocolats, du massepain, des *yemas* (bouchées au jaune d'œuf et au sucre), etc.

(plan 3, C3 n°72) C/ Provença, 265 (au rdc du musée de la Pedrera) ☎ 934 88 17 64 www.vicens.com ⏲ Lun.-sam. 9h30-21h

LA RECETTE

PANELLETS

Ces biscuits se dégustent traditionnellement à la Toussaint.

2 œufs
200g de poudre d'amande
150g de sucre
1 c. à c. de vanille liquide
100g de patate douce ou de pomme de terre en purée
200g de pignons de pin

Préchauffez le four à 210° (th. 7 chaleur traditionnelle). Mélangez la purée de féculents, le sucre, la vanille et un blanc d'œuf. Ajoutez la poudre d'amandes en trois fois. Malaxez bien, mais la pâte doit rester un peu élastique. Laissez reposer 24h. Battez l'œuf restant et mélangez-le aux pignons. Prélevez des billes de pâte de la taille d'une petite prune. Roulez-les dans les pignons à l'œuf puis disposez-les sur une grille garnie de papier sulfurisé. Enfournez vos *panellets* 6-10min, jusqu'à ce que les pignons soient légèrement dorés.

Espadrilles glamour
Cristina Castañer

Consacrée dans les années 1960, quand Yves Saint Laurent la choisit pour ses défilés, c'est l'espadrille la plus célèbre de la planète ! Cousue par plusieurs générations de Castañer depuis 1927, la fameuse *alpargata* continue de séduire grands couturiers et *people*, tout en faisant l'unanimité à Barcelone !

(plan 3, B3 n°70) C/ Rosselló, 230
934 14 24 28 www.castaner.com
Lun.-sam. 10h30-20h30

SORTIES

Romanesque
Les Gens que j'aime

Lampes chinoises, portraits de Raspoutine et de Dalí, cadres de grand-mère, statuettes Belle Époque, musique douce et alcôves propices aux rêveries amoureuses... On choisit dans la longue liste des cocktails à base de rhum ou de cava (env. 8€), ou l'on se fait tirer les tarots par une cartomancienne débonnaire (30€ les 30min, tlj. à partir de 20h, sur rés.) !

(plan 3, C3 n°91) C/ València, 286
932 15 68 79 www.lesgensquejaime.com
Dim.-jeu. 18h-2h30, ven.-sam. 19h-3h

Pour danser toute la nuit
Slow

Un lieu dans l'air du temps qui allie élégance classique et dernières tendances. Au rez-de-chaussée, un bar à cocktails, avec lumière tamisée, long comptoir rutilant et décoration vintage comme dans les vieux bars new-yorkais... À l'étage (ouvert ven.-sam. à partir de minuit), place aux décibels lors des soirées house, disco et électro.

C/ Paris, 186 933 68 14 55
www.slowbarcelona.es Lun.-jeu. 19h-5h, ven.-sam. 19h-6h

So chic !
La Terraza del Claris

Sur le toit-terrasse 5 étoiles du Claris, voilà un repaire sélect où se détendre été comme hiver ! Du jeudi au samedi, un DJ donne le rythme à partir de 21h. Une flûte de champagne ou un cocktail à la main, on profite de la vue sur l'Eixample illuminé...

(plan 3, C3 n°92) C/ Pau Claris, 150 934 87 62 62 www.hotelclaris.com Tlj. 11h-0h

Rétro
Dry Martini

Le cocktail favori d'Ernest Hemingway a donné son nom à ce bar dont l'élégance a le parfum des années 1920. Sur les étagères dort une improbable collection de flacons d'un autre âge. Dans la salle, on sirote l'un des "meilleurs cocktails du monde" lové dans un fauteuil en cuir.

(plan 3, B3 n°93) C/ Aribau, 162-66
932 17 50 72 Lun.-jeu. 13h-2h30, ven. 13h-3h, sam. 18h30-3h, dim. 18h30-2h30

GRÀCIA

Ce quartier aux allures de village ne renferme guère de monuments ni de musées prestigieux, mais ses ruelles bordées de petits immeubles, ses places paisibles animées de cafés bohèmes et de boutiques vintage incitent à la flânerie. Gràcia, qui cultive une tradition de liberté et d'indépendance, est aussi l'un des rendez-vous festifs de Barcelone, et ses fêtes patronales, à la mi-août, sont particulièrement spectaculaires.

À VOIR

LE QUARTIER DE GRÀCIA

Bastion du républicanisme, des revendications ouvrières et du catalanisme au 19e s., le village de Gràcia ne fut incorporé à l'agglomération de Barcelone qu'en 1897. Prolongement du Passeig de Gràcia, sa rue principale, le **Carrer Gran de Gràcia** (plan 3, B1-B2) , est bordée d'échoppes et de bars. À mi-parcours, elle dessert la **Plaça de la Llibertat** (plan 3, B2) et son marché couvert, très vivant le matin. Dans la partie orientale du quartier s'égrènent des places pittoresques, aux terrasses ensoleillées en journée et très fréquentées le soir : **Plaça del Sol** (plan 3, B2), bien connue des fêtards ; **Plaça de la Vila de Gràcia** (plan 3, B2), où s'élèvent la mairie et une impressionnante tour d'horloge de 1864 ; **Plaça de la Virreina** (plan 3, B1)...

Une résidence d'été signée Gaudí

Casa Vicens (plan 3, B2)

C'est la première commande importante (1883-1885) faite à Gaudí : offrir au fabricant de carrelages Manuel Vicens i Montaner une résidence d'été en assurant simultanément sa publicité. Pari réussi ! À la différence des réalisations ultérieures de l'architecte, la façade de style mauresque est tout en angles, lignes droites et motifs géométriques. Mais pour les ferronneries du portail et des balcons comme pour les dessins de certains carreaux de faïence, Gaudí s'inspire déjà de la nature. Agrandie dans les années 1920, classée en 2005 au patrimoine mondial, cette immense demeure (près de 700m^2 tout de même !) et ses magnifiques décors mêlant les styles historiciste, mauresque, indien et

C'EST DANS L'AIR

Écolo avant l'heure, Gaudí a imaginé au **parc Güell** un génial système de récupération des eaux de pluie ! Les colonnes doriques du marché couvert renferment, en effet, des canalisations qui conduisent le précieux liquide jusqu'à des citernes souterraines. Celles-ci alimentent à leur tour la fontaine du Dragon et permettent d'arroser gratuitement les jardins.

À NE PAS MANQUER
- Casa Vicens
- Parc Güell

Des hauteurs du Parc Güell...

japonisant ont été soigneusement restaurés en 2017. Au rez-de-chaussée se visitent un fumoir, la salle à manger meublée par Gaudí et une gloriette ; au premier étage, deux chambres et un boudoir, tandis que le deuxième étage est réservé aux expositions. On peut aussi monter sur le toit-terrasse, profiter de la boutique-librairie du sous-sol et du café Hofmann niché au fond du jardin.

C/ Carolines, 20-26 www.casavicens.org Tlj. 10h-20h 16€

LE PARC GÜELL ★

Ce parc de 17ha (plan 4, C2) est né d'un projet avorté de cité-jardin, commandé en 1900 à Gaudí par son fidèle mécène, l'entrepreneur Eusebi Güell. En 1914, seuls trois des 60 pavillons prévus ainsi que les installations en plein air étaient sortis de terre. De l'entrée, de majestueux escaliers rafraîchis par la célèbre **Font del Drac** (fontaine du Dragon) grimpent jusqu'à la **salle des Cent Colonnes** (86 en réalité). Au-dessus s'étend la grand-place et son fameux **banc ondulant**, long de 110m et tapissé de *trencadís*, cf. Drôle d'affaire (p.62). Sur les hauteurs du parc, un promontoire hérissé de trois croix, le **Turó de les Tres Creus**, signale le lieu où devait être érigée une chapelle.

C/ Olot (4km au nord de la Plaça de Catalunya, métro L3, arrêt Lesseps à 1,5km, bus n°24 de la Plaça de Catalunya, ou "bus Güell" depuis le métro L4, arrêt Alfons X) 902 20 03 02 www.parkguell.barcelona Mai-août : tlj. 8h-21h30 ; avr., sept.-oct. : tlj. 8h-20h ; nov.-mars : tlj. 8h30-18h15 Tarif Zona Monumental (avec accès à la Casa del Guarda) 8,50€ Réservation en ligne conseillée

Façade façon pain d'épices

Casa del Guarda (plan 4, C2)

Deux maisonnettes de conte merveilleux encadrent l'entrée principale du parc. Selon certains spécialistes, Gaudí aurait été inspiré dans ses plans par l'opéra

Casa Museu Gaudí

de Humperdinck *Hansel et Gretel*, représenté au Liceu. Le pavillon de droite (1903) devait loger le gardien de la cité-jardin. Sa façade foisonnante cache un intérieur simple mais fonctionnel. Il accueille une exposition évoquant le modernisme par le biais de maquettes, photos et vidéos.

932 56 21 22 ajuntament.barcelona.cat/museuhistoria Mêmes horaires que le parc Güell Entrée payante (comprise dans la Zona Regulada)

Maison-témoin

Casa Museu Gaudí (plan 4, C2)

Le troisième et dernier pavillon fut bâti en 1904 par Francesc Berenguer au cœur du parc, à l'est de la grand-place. La maison-témoin du projet de lotissement devint la résidence de Gaudí en 1906, et l'architecte y mena une vie quasi monacale jusqu'à sa mort en 1926. Y sont exposés des meubles de sa conception, des maquettes et croquis de ses œuvres ainsi que quelques objets personnels. Dans le jardin s'admirent des reproductions de magnifiques ferronneries, l'une des passions du maître.

Parc Güell (dans le parc mais à l'extérieur de la Zona Monumental) https://sagradafamilia.org/casa-museu-gaudi Avr.-sept. : tlj. 9h-20h ; oct.-mars : tlj. 10h-18h ; 1er et 6 jan., 25-26 déc. 10h-14h 5,50€, 24€ avec la Sagrada Família

AU NORD-OUEST DU PARC GÜELL

De l'air, du vert et de l'eau

Parc de la Creueta del Coll (plan 4, C1-C2)

Sur les hauteurs de la ville, l'ancienne carrière de la Pedrera del Coll a été convertie en un agréable parc planté de palmiers, de bananiers, de cyprès et d'arbres de Judée... Idéal pour les après-midi en famille, avec ses aires de jeux et de pique-nique, ses tables de ping-pong, ses terrains de pétanque et son immense plan d'eau qui se transforme en piscine l'été ! Une œuvre d'Eduardo Chillida, *L'Elogi de l'Aigua*, est suspendue par quatre câbles au-dessus du lac. Malgré ses 50t, cette sculpture en béton paraît étonnamment légère.

Passeig de la Mare de Déu del Coll et C/ Castellterçol Avr.-oct. : tlj. 10h-21h ; nov.-mars : tlj. 10h-19h Piscine Fin juin-début sep. : tlj. 10h-20h30 Entrée libre (piscine 2,35€)

Embarquement pour Cythère

Parc del Laberint d'Horta (hors plan 4 par C1)

Ce magnifique parc néoclassique (1792), étagé sur trois terrasses, est l'un des plus anciens de la ville. Il tire son nom du labyrinthe de cyprès aménagé dans sa partie basse. On s'y perd avec délectation sous le regard encourageant

LE MODERNISME AU CINÉMA

En 1975, Antonioni filmait Jack Nicholson et Maria Schneider en train de jouer au chat et à la souris sur le toit de la Casa Milà / La Pedrera (p.103) dans son film *Profession : reporter.* Trente ans plus tard, Scarlett Johansson y interprète une touriste dans *Vicky Cristina Barcelona* (2008), crinière blonde au vent et appareil photo en main. Le film de Woody Allen est un véritable catalogue du modernisme catalan : on s'y balade, au gré des aventures de ses héros, du restaurant Els Quatre Gats (p.54) signé Puig i Cadafalch aux salons cossus de l'hôtel Casa Fuster (Passeig de Gràcia, 132), œuvre de Domènech i Montaner, jusqu'au très cinématographique Parc Güell (p.113) de Gaudí. Même décor choisi par Cédric Klapisch dans *L'Auberge espagnole* (2002) pour envoyer Judith Godrèche dans les bras de Romain Duris, son célèbre banc de *trencadís* en toile de fond. Almodóvar préféra quant à lui l'extravagant décor du Palau de la Música Catalana (p.72) pour servir d'arrière-plan à l'appartement d'Agrado dans *Tout sur ma mère* (1999).

Els Quatre Gats

Laberint d'Horta

d'Éros. Tout autour, fontaines, canaux, arbres taillés en arches et petite "Illa de l'Amor" invitent à une promenade romantique main dans la main !

À 3 km au nord du Parc Güell Passeig dels Castanyers, 1 (3km au nord du parc Güell) Métro L3 arrêt Mundet, bus 27, 60, 76 et H4 🕒 Avr.-oct. : tlj. 10h-20h ; nov.-mars : w.-e. 10h-18h € 2,23€, mer. et dim. gratuit

À FAIRE

Swinguez le dimanche
Plaça de la Virreina

Le dernier dimanche matin du mois, on peut danser le rock ou swinguer sur la Plaça de la Virreina (p.112), au cœur du quartier de Gràcia. Ambiance joyeuse et bon enfant. Tout le monde est bienvenu !

NOS ADRESSES

PAUSES

À emporter
Les Tres a la Cuina

Paqui et ses deux enfants sont les trois mousquetaires aux commandes de ce petit resto-traiteur de quartier, mettant chaque jour les légumes de saison à l'honneur. Le midi, les adeptes de cuisine *healthy* s'y délectent d'assiettes saines et colorées. Les plus malins emportent leur *lunch box* vers des contrées plus vertes, pour un déjeuner sur l'herbe ou sur un banc au soleil ! Menu 10,50€.

(plan 3, B1 n°9) Carrer de Sant Lluís, 35 637 99 00 78 www.lestresalacuina.com Lun.-ven. 13h-16h

Tout droit d'Italie

Parallelo

Dans l'une des rues les plus *hype* de Gràcia, un glacier gourmet mené par un trio de *ragazzi* venus de San Remo. Dans leur chariot à glaces, Marco, Francesco et Matteo présentent des parfums classiques – intense vanille de Madagascar, chocolat noir bio – et quelques raretés disponibles au gré des saisons : sésame noir, tzatziki, potiron-biscuits Amaretti, pêche-cava...

(plan 3, B2 n°8) Carrer de Sèneca, 18 645 74 69 03 parallelogelato.com Lun.-jeu. 13h30-21h, ven.-sam. 12h-23h, dim. 12h-21h

Voir aussi **Pastisseria Ideal** (p.94).

BARS À TAPAS

Typique

Bar Roure

Une institution du quartier où l'on peut picorer à toute heure. Sur le comptoir, c'est un festival de tapas : *patatas bravas*, *callos* (tripes en sauce), *boquerones* (anchois marinés), *rovellones* (champignons sautés), etc. Comptez 3,75-6€ la portion, à accompagner d'un verre de *vermut con sifón*. Menu du jour 12€.

(plan 4, C4 n°10) C/ Luís Antúnez, 7 932 18 73 87 Lun.-sam. 8h-1h

Miam, Pepita !

La Pepita

Il y a toujours foule au bar comme dans la salle, meublée de quelques tables. Il faut dire que l'accueil est chaleureux et que les tapas sont bonnes. À tester, les *pepitas*, de petits sandwichs inventifs et joliment présentés.

(plan 3, B2 n°18) C/ Còrsega, 343 932 38 48 93 www.lapepitabcn.com Tlj. 13h-0h Bar ouvert jusqu'à 1h30

RESTAURANTS

Bio et bon

Gut €

Du hamburger de tofu au magret de canard, tout est bio ou local ! Assiettes classiques ou plus exotiques (poulet au curry, *gyozas*), avec de nombreuses suggestions végétariennes. Demi-portions possibles. Menu 13,50€, plats 11,70-16,50€.

(plan 3, B2 n°39) C/ Perill, 13 931 86 63 60 www.restaurantgut.com Lun.-jeu. 13h-16h et 19h-23h30, ven.-sam. 13h-16h et 19h-0h

Spécial carnivores

Cal Boter €

Littéralement, “Chez le boucher”... Les appétits d'ogre y dévoreront de la viande *a la brasa* servie généreusement, et tous les gourmands apprécieront l'excellente cuisine catalane. Vaste, animé et convivial. Menu midi à 12,50€. Plats 7,50-24€.

(plan 3, C2 n°40) C/ Tordera, 62 934 58 84 62 www.restaurantcalboter.com Mar.-sam. 9h-0h, dim.-lun. 13h-16h

À l'ancienne

Bodega Manolo €

Une *bodega* de quartier, avec son comptoir usé par des générations de fidèles et ses quelques tables. Des plats copieux et de bonnes tapas, tels que la morue gratinée à l'aïoli ou les asperges vertes grillées aux harengs ou au chèvre fondu. Menu à 11€ au déjeuner en semaine, 26€ le soir. Le samedi midi, menu très complet à 14€.

(plan 3, B1 n°42) C/ Torrent de les Flors, 101
932 84 43 77 Mar.-mer. 12h30-17h, jeu.-sam. 12h30-17h et 20h30-23h
Fermé Semaine sainte et août

Escale ritale créative

Agreste de Fabio & Roser €€

Une pittoresque maison perchée dans les hauteurs du parc Güell

LA RECETTE

ESCALIVADA

Pour 4 pers.
3 aubergines
3 poivrons rouges
3 oignons
4 tomates
2 gousses d'ail
Huile d'olive
1 c. à s. de vinaigre de Xérès
Basilic, sel et poivre

Lavez les légumes. Coupez aubergines et poivrons en deux dans le sens de la longueur et épépinez les seconds. Pelez les oignons et coupez les tomates en deux. Disposez l'ensemble (sans tasser) sur une plaque de four huilée et badigeonnez d'huile. Passez sous le gril env. 45min, en retournant plusieurs fois. Sortez la plaque du four (le temps de cuisson peut varier d'un légume à un autre), disposez les légumes dans un grand plat, couvrez et laissez refroidir. Ôtez la peau des poivrons et des aubergines, coupez tous les légumes en lanières ou en dés. Arrosez généreusement d'huile d'olive et de vinaigre de Xérès, salez, poivrez, ajoutez l'ail écrasé et le basilic ciselé, puis mélangez. Servez chaud ou tiède, ou laissez mariner 12h à 24h au frais pour déguster froid, en salade ou en tapas.

(15min à pied, près du parc de la Creueta del Coll). L'endroit, géré par le chef milanais Fabio Gambirasi et sa compagne, Roser Asensio, propose une cuisine d'influence italienne, agrémentée de fleurs et d'herbes aromatiques que madame – formée en naturopathie – fait pousser sur le toit ! Joli décor et menu à prix modique (15€). À la carte, env. 30€.

(plan 4, C1 n°20) C/ Funoses-Llussà, 2 932 13 50 05 www.agreste.cat Mer.-sam. 13h-15h30 et 20h-22h30, dim. 13h-15h30

Japonais

Nomo €€

Une bonne adresse pour les amateurs de sushis et autres spécialités nippones ! Laissez-vous tenter par un tataki de thon à la crème d'avocat (13€), puis partagez la *bandeja especial Nomo* (bel assortiment de sushis et de sashimis, 49,80€).

(plan 4, C4 n°24) C/ Gran de Gràcia, 13 934 15 96 22 www.gruponomo.com Tlj. 13h30-0h

Généreux

La Pubilla €€

Dans ce petit restaurant d'habitués, la cuisine du marché se déguste à midi sous forme d'un menu copieux (16€ lun.-ven., 27€ sam.). Les plats, goûteux et inventifs, changent tous les jours. Menu uniquement en catalan, trois services (13h, 14h et 15h), mais réservation impérative.

(plan 4, C4 n°25) Pl. Llibertat, 23 932 18 29 94 Lun.-sam. 8h30-23h30 Fermé 2e quinzaine d'août

Coréen

San Kil €€

Festoyez autour d'un *bulgogi* (barbecue de bœuf mariné, 15,95€) ou contentez-vous d'un *tofu chigae* (soupe épicée au *kimchi* et tofu, 13,90€) ou d'un *bibimbap* (légumes, viande, œuf et pâte de piment sur un bol de riz fumant, 13,20€). Pour conclure, un verre de *soju* (alcool de riz)... Accueil prévenant.

(plan 3, B1 n°44) C/ Legalitat, 22 932 84 41 79 Lun.-sam. 13h-16h et 20h-0h Fermé 1er jan., Sem. sainte, 2 sem. en août, 25 et 31 déc.

Fraîcheur absolue

Botafumeiro €€€

Le meilleur restaurant de fruits de mer de la ville. Des produits on ne peut plus frais, préparés avec le grand art de la simplicité pour en conserver toutes les saveurs. Parmi les spécialités de riz, l'*arròs caldoso* au homard (47€) est un incontournable. Comptez 80€/pers. et 135-145€ le plateau de fruits de mer pour deux.

(plan 4, C4 n°27) C/ Gran de Gràcia, 81 932 18 42 30 www.botafumeiro.es Tlj. 12h-1h

Voir aussi **Café Godot** (p.94).

SHOPPING

Mini-mode

Tiny Cottons

Dans cette boutique de vêtements pour chérubins (0-8 ans) à la pointe des tendances : des imprimés graphiques, de la couleur, et du coton Pima tout doux venu du Pérou ! Créée à Barcelone en 2012 par un couple d'Argentins, cette marque familiale conjugue une forte identité visuelle avec des collab' stylés que s'arrachent les *mamas* dans le vent.

(plan 3, B2 n°64) Via Augusta, 25 931 93 53 48 www.tinycottons.com Lun.-ven. 11h-20h, sam. 11h-14h

Rétro à customiser

Antique Boutique

Vous cherchez un fauteuil en rotin des fifties ou un miroir "soleil" des années 1960 ? Il y a des chances que vous trouviez votre bonheur dans ce magasin de meubles, luminaires et objets décoratifs des années 1950 à 1980. Le plus ? La possibilité de faire personnaliser vos achats dans l'atelier attenant.

(plan 4, C4 n°40) C/ Séneca, 16 ☎ 934 15 86 48 www.antiqueboutiquebcn.com ⏲ Lun.-ven. 10h-14h et 16h-20h Fermé en août

Sape néoclassique

Boo

Dans cette élégante boutique aux murs sombres, une sélection de vêtement de créateurs émergents et de classiques intemporels (Ada Blackjack, Steve Mono, Fox Haus, Saint James, Maison Kitsune...). Le dénominateur commun : qualité et coupes impeccables. Également quelques accessoires et parfums, ainsi qu'une petite sélection de livres d'art.

(plan 3, B2 n°73) C/ Bonavista, 2 ☎ 933 68 14 58 www.boobcn.com ⏲ Lun.-ven. 11h-20h30, sam. 11h-15h et 16h30-20h30

Mode *casual* chic

Mushi Mushi

Cette bonne adresse de quartier propose un florilège de pièces de grandes marques européennes et de créateurs pour des (jeunes) femmes urbaines, romantiques et chics.

(plan 3, B2 n°74) C/ Bonavista, 12 ☎ 932 92 29 74 www.mushimushicollection.com ⏲ Lun.-sam. 11h-15h et 16h30-20h30

Pour bébés branchés

Rock 01

Cette boutique créée par une jeune maman habille et accessoirise les minirockeurs (0-10 ans) – mention spéciale aux tétines tête de mort !

(plan 3, B2 n°75) C/ Bonavista, 16 ☎ 933 68 89 80 www.rock01baby.com ⏲ Lun.-ven. 10h-20h30, sam. 11h-20h30

Ultraféminin

Malahierba

Pour vous refaire une garde-robe, mesdames, laissez-vous enchanter par les créations fraîches, naïves et aux accents vintage de Malahierba.

(plan 3, B2 n°76) C/ Bonavista, 26 ☎ 935 13 58 18 www.malahierba.es ⏲ Lun.-sam. 11h-20h30

Shopping éthique

Olokuti

Artisanat du monde, commerce équitable... un choix judicieux d'objets et de vêtements et, au fond du magasin, un grand jardin !

(plan 4, C3 n°42) C/ Astúries, 38 ☎ 932 17 00 70 www.olokuti.com ⏲ Été : lun.-sam. 10h-22h ; reste de l'année : lun.-sam. 10h-21h

Voir aussi **Verdejade** (p.94).

SORTIES

À toute heure

La Virreina

Sur la sympathique place du même nom, un troquet fréquenté à toute heure. Pour le premier café ou un sandwich après la séance de cinéma. Ses *bocadillos* sont délicieux !

(plan 3, B1 n°94) Pl. Virreina, 1 ☎ 932 37 98 80 www.virreinabar.com ⏲ Lun.-ven. 9h-1h, sam. 10h-2h, dim. 10h-0h

Pour une bière artisanale

La Cervesera Artesana

Depuis 1993, cette microbrasserie élabore la bière Iberian à l'anglaise.

Ses sept déclinaisons (Torrada, Negra, Honey Ale, Boletus, Maca, Rossa, Espècies) rencontrent un véritable succès, comme en témoigne l'affluence de la fin de journée.

(plan 3, B2 n°95) C/ Sant Agustí, 14 932 37 95 94 www.lacervesera.net Dim.-jeu. 17h-2h, ven.-sam. 17h-3h

Pour un cocktail

Gimlet

C'est le cocktail préféré de Marlowe (2/3 de gin et 1/3 de jus de citron vert), le détective privé créé par Raymond Chandler, qui a donné son nom à ce bar cosy, où tout ce que Barcelone compte de dandys et de jolies filles aiment à se montrer.

(plan 4, C4 n°60) C/ Santaló, 46 932 01 53 06 www.gimletbcn.com Lun.-mer. 18h-1h, jeu. 18h-2h30, ven.-sam. 18h-3h

Y a de l'ambiance !

Café del Sol ♥

La place del Sol ne manque pas de bars branchés, mais on finit toujours dans ce café. La terrasse ensoleillée invite à paresser à l'heure de l'apéritif, tandis que la musique festive et l'animation qui règne en salle deviennent contagieuses à partir de minuit le week-end. La bière coule à flots et les ventilateurs du plafond ont parfois bien du mal à rafraîchir l'atmosphère. Tapas à partir de 4€.

(plan 4, C4 n°61) Pl. Sol, 16 932 37 14 48 Dim.-jeu. 11h-2h30, ven.-sam. et j. fér. 11h-3h

Pour lier connaissance

Bar Elephanta

Ce bar alternatif, un brin nostalgique mais plein d'énergie, est l'un des rendez-vous de la bohème barcelonaise. Sur de la bonne musique, on y sert près de 50 gins différents, des cocktails, du cava et de la Mossa (bière artisanale catalane), mais aussi 40 sortes de thés et infusions.

(plan 3, B1 n°96) C/ Torrent d'en Vidalet, 37 932 37 69 06 elephanta.cat Lun.-mer. 18h-1h30, jeu. 18h-2h30, ven.-sam. 18h-3h, dim. 17h-22h

Voir aussi **Viblioteca** (p.94) et **Bar Vinilo** (p.95).

Terrasse du Café del Sol

DE SARRIÀ AU TIBIDABO

Grimpez jusqu'aux quartiers résidentiels de Sarrià et de Sant Gervasi pour une virée shopping, une escapade gourmande ou festive. Sur ces paisibles rues cossues veille le mont Tibidabo, qui offre des vues magiques sur la ville et au-delà !

À VOIR

SARRIÀ ET SANT GERVASI

Rattachés à Barcelone au début du 20e s., ces deux quartiers paisibles de la Zona Alta ont su attirer une population aisée. Sur la route du mont Tibidabo, on s'y arrête pour visiter en famille l'incroyable musée des Sciences CosmoCaixa, à moins de préférer aller contempler deux réalisations de Gaudí.

À l'école de Gaudí

Col·legi de les Teresianes (plan 4, B4)

La façade de ce collège religieux (1889) signé Gaudí est d'une austérité inhabituelle chez l'architecte. Ici, point de mosaïques à tout-va ni de formes délirantes. Il lui a fallu tenir compte des contraintes budgétaires et du vœu de sobriété de son commanditaire, l'ordre des Carmélites déchaussées – fondé par sainte Thérèse d'Ávila. C'est donc dans les détails que s'exprime le génie du maître. Les deux grandes claires-voies qui diffusent la lumière du dernier étage au rez-de-chaussée et les coursives aux voûtes ogivales du premier étage comptent parmi ses plus belles réalisations.

C/ Ganduxer, 85-103 932 12 33 54 www.ganduxer.escolateresiana.com

La science en s'amusant

CosmoCaixa (plan 4, B2)

L'immense musée des Sciences est aussi spectaculaire que bien pensé pour les familles. Son Mur Geològic permet de mieux comprendre les étapes de la formation de notre planète. Son incroyable Bosc Inundat est une fascinante reproduction, sur plus de 1 000m^2, d'un pan de forêt amazonienne, avec ses plans d'eau infestés de piranhas et ses sentiers peuplés de fourmis, d'araignées, de serpents et d'oiseaux : hygrométrie proche de 100%, odeur d'humidité, chants d'oiseaux, murmure de l'eau et, tous les quarts d'heure, une petite pluie tropicale... On est bien dans la jungle ! Dans la Sala de la Matèria, de nombreuses expériences ludiques aident à décoder les processus de l'évolution, tandis que deux planétariums permettent de se projeter dans l'espace.

C/ Isaac Newton, 26 (FGC L7, arrêt Av. Tibidabo puis 10min à pied ou bus V13 de la Plaça de Catalunya) 932 12 60 50 https://cosmocaixa.es Tlj. 10h-20h Fermé 1er jan., 6 jan. et 25 déc. 4€, puis 4€/activité (Planetario, Flash i Click et Toca Toca)

À NE PAS MANQUER

- CosmoCaixa
- Mont Tibidabo

Temple Expiatori del Sagrat Cor, Tibidabo

Silhouette néomédiévale

Torre Bellesguard (plan 4, A3)

Cette résidence fut construite par Gaudí de 1900 à 1909 pour la famille Figueras. Elle doit son aspect de forteresse et ses lignes gothiques, tout en verticalité, aux ruines du palais qui dormaient dans son jardin – celui de Martin Ier l'Humain (1396-1410), dernier roi d'Aragon issu de la maison de Barcelone. Depuis 2013, on peut visiter ses écuries, son ravissant jardin et découvrir un intérieur où prédominent les courbes organiques chères à l'architecte.

C/ Bellesguard, 20 932 50 40 93 bellesguardgaudi.com Mar.-dim. 10h-15h Dernière entrée à 14h30 9€

DANS LA SERRA DE COLLSEROLA

Ce massif boisé s'élève au nord de Sant Gervasi. À son faîte, une **tour de télécommunications** des années 1990 voisine avec un **parc d'attractions** (p.125) et un **temple expiatoire** néogothique, formant un curieux mélange des genres.

Sacrée hauteur

Mont Tibidabo (plan 4, A1)

Point culminant de la Serra de Collserola, le mont Tibidabo domine Barcelone du haut de ses 542m. Au sommet se profile l'église du **Sagrat Cor**, construite de 1902 à 1961. Ce monument néogothique en pierre blanche, parfois comparé au Sacré-Cœur de Montmartre, à Paris, est visible de tous les points de la ville.

10km au nord-ouest du centre-ville 10km au nord-ouest du centre-ville (de la Pl. de Catalunya, Tibibús T2A ou bus n°196 de la Pl. de Catalunya jusqu'à la station Av. Tibidabo, puis funiculaire) Temple Expiatori del Sagrat Cor (plan 4, A1) Mai-sept. : tlj. 11h-20h45 ; oct., avr. : 11h-19h45 ; nov.-mars : 11h-17h45 Entrée libre Ascenseur 3,50€

IL ÉTAIT UNE FOIS
Le mont Tibidabo tire son nom d'un épisode de l'Évangile selon saint Matthieu. Au sommet d'une montagne dominant le monde, Satan tente Jésus par ces mots : *Haec omnia* ***tibi dabo****, si cadens adoraberis me* ("Je te donnerai tout cela, si devant moi tu te prosternes").

Barcelone vue du ciel

Torre de Collserola (hors plan 4 par A2)
Réalisée par le Britannique Norman Foster pour les JO de 1992, cette spectaculaire tour de télécommunications haute de 288m domine la Serra de Collserola. Prenez l'ascenseur jusqu'à la salle panoramique aux parois cristallines, à 115m du sol et 560m d'altitude. Par temps clair, la vue porte jusqu'à 70km à la ronde !

Ctra de Vallvidrera al Tibidabo De la Pl. de Catalunya ou de Sarrià, train S1 ou S2 jusqu'à la station Peu del Funicular, puis funiculaire de Vallvidrera (3min) et enfin bus n°111 (3 arrêts) 932 11 79 42 juil.-sept. : mer.-dim. 12h-13h45 et 15h30-19h45 ; reste de l'année : w.-e. et j. fér. 12h-13h45 et 15h30-17h45 (ou 18h45) 5,60€ Fermé les jours de grand vent

À FAIRE

Montez dans un tramway centenaire

Pour gravir le mont Tibidabo (p.123), prenez le Tramvia Blau (Tramway bleu), en service depuis 1902, sur l'Avinguda de Tibidabo, puis enchaînez avec le funiculaire pour une montée amusante – et une redescente vertigineuse !

La grande roue, El Tibidabo

Amusez-vous en famille

Parc d'Atraccions Tibidabo (plan 4, A1)

Ouvert depuis 1908, c'est le parc forain le plus ancien d'Espagne. Modernisé en 1990, il a conservé des attractions d'époque, comme la grande roue (1921) ou l'avion rouge (1928). De fabuleux panoramas et un intéressant Museu d'Autòmats (musée des Automates), où l'on peut actionner des machines de la fin du 19e s.

Pl. Tibidabo, 3-4 932 11 79 42 www.tibidabo.cat Mars-juin, sept.-déc. : w.-e. 11h-19h (20h, 21h selon la saison) ; juil. : mer.-ven. 11h-21h, sam.-dim. 11h-22h ; août : tlj. 11h-23h 10,30-28,50€

NOS ADRESSES

PAUSES

Café gourmand

Crustó

Un café coquet dont la bonne odeur de pain chaud, le bruit du percolateur et l'ambiance provinciale chic séduisent les gens du quartier. Difficile de faire son choix parmi les tartes aux fruits, gâteaux au chocolat, madeleines et autres douceurs...

SANT GERVASI (plan 4, C4 n°1) C/ Muntaner, 363 672 49 44 55 crusto.es Lun.-ven. 6h-21h, w.-e. et j. fér. 7h30-20h

Un verre avec vue

Les Terrasses

Même si vous ne descendez pas à l'hôtel La Florida, sur les hauteurs du Tibidabo, allez quand même prendre un verre ou croquer une salade sur sa terrasse panoramique (ouv. juin-début oct.). Idéal pour un tête-à-tête.

TIBIDABO (plan 4, A1 n°4) Gran Hotel La Florida Ctra. de Vallvidrera al Tibidabo, 83-93 932 59 30 00 www.lesterrassesdebarcelona.es Mai-sept. : tlj. 9h-0h (ouv. variable selon la météo)

BARS À TAPAS

Le roi du vermouth

Dalt de Tot

Ce petit bar minimaliste remet au goût du jour la grande tradition de l'apéritif catalan. Afin d'accompagner le vermouth *casero*, optez sans hésiter pour un bol de chips maison et ses moules (7€), une *ensaladilla rusa* (5,50€) – sorte de macédoine au thon –, ou une brochette d'anchois et d'olives (2€).

SANT GERVASI (plan 4, C3 n°12) C/ Saragossa, 66 www.morrofi.cat Lun.-jeu. 18h30-23h30, ven.-sam. 12h-16h et 18h-23h30, dim. 12h-16h Fermé 2 sem. en août

Tapas

La patate !

El Tomás de Sarrià

Le roi des *patatas bravas* régale étudiants, habitués et touristes de ses pommes de terre frites (2,60€) nappées d'une sauce piquante, dont seuls ses cuisiniers ont le secret. Mais les autres tapas (2-9€) contribuent aussi à faire de ce lieu tout simple un rendez-vous convivial.

SARRIÀ (plan 4, A4 n°11) C/ Major de Sarrià, 49 932 03 10 77 www.eltomasdesarria.com Lun.-sam. 12h-16h et 18h-22h Fermé Semaine sainte et août

RESTAURANTS

Glamour

Flash Flash €

Repaire de la "gauche divine" (mouvement réunissant intellectuels et architectes) dans les années 1970, ce restaurant au décor pop-art est encore une adresse où il fait bon être vu. Ici, la banale tortilla prend des formes inattendues et se marie au chorizo, aux aubergines, aux fruits de mer... ou à la truffe ! Également de délicieux hamburgers. Plats 7,30-23,50€.

SANT GERVASI (plan 4, C4 n°26) C/ Granada del Penedès, 25 932 37 09 90 www.flashflashbarcelona.com Tlj. 13h-1h30

Carnivore

Casa Paloma €€€

La Casa Paloma fait la part belle à la viande de bœuf – Angus d'Argentine, Wagyu du Japon, etc. Commencez par quelques tapas, puis entrez dans le vif du sujet avec une *chuleta de vaca vieja rubia de Galicia* (blonde de Galice, 78€ le kg), une splendide côte de bœuf, à moins de vous laisser

Flash Flash

tenter par un tartare (viande ou poisson, 20,50-26€). La qualité ayant un prix, comptez env. 50€.

SANT GERVASI (plan 3, A3 n°45) C/ Casanova, 209 932 00 82 96 www.casapaloma.es Lun.-sam. 11h-2h

Bistronomique au top

Coure €€€

Voilà l'un des meilleurs restaurants de la ville ! Au bar comme dans la minuscule salle à l'étage, on découvre des tapas innovantes et toujours séduisantes, composées avec brio par Albert Ventura. Plats autour de 17,50-40€. Menu dégustation 60€. Réservez.

SANT GERVASI (plan 3, B3 n°46) Passatge de Marimon, 20 932 00 75 32 www.restaurantcoure.es Mar.-sam. 13h-16h et 20h-0h30

Dans le vent

Acontraluz €€

Jasmin et petites bougies ornent cette terrasse à la mode. Cuisine de saison, aux influences diverses (Asie, Moyen-Orient, France ou Italie), présentée avec soin et fantaisie. Menu midi 24€, plats 15-25€.

SARRIÀ (plan 4, B4 n°21) C/ Milanesat, 19 932 03 06 58 www.acontraluz.com Lun.-sam. 13h30-16h et 20h30-23h, dim. 13h30-16h

Raffiné

Vivanda €€

Lotte aux légumes verts sautés, steak tartare ou *fricandó* (ragoût) aux champignons : autant de succulents *platillos* (9-21€) à partager ou à compléter en piochant dans la belle sélection de tapas. Une salle chic mais pas snob, et une très jolie terrasse où dîner sous les étoiles. Comptez 35€.

SARRIÀ (plan 4, A4 n°22) C/ Major de Sarrià, 134 932 03 19 18 www.vivanda.cat Mar.-sam. 13h30-15h30 et 20h30-23h, dim. 13h30-15h30

Partie de campagne

La Balsa €€

Un restaurant adoré des Barcelonais pour sa verdure, son panorama... et sa cuisine inventive. Dans l'élégante salle à l'impressionnante charpente apparente ou sur la ravissante terrasse sous treille, régalez-vous de morue confite, de pintade au jus de mangue ou d'agneau de 7h aux aubergines et fruits secs. Menu midi (lun.-ven.) 20€, plats 21-28€. Une valeur sûre.

TIBIDABO (plan 4, B2 n°23) C/ Infanta Isabel, 4 932 11 50 48 www.labalsarestaurant.com Lun.-sam. 13h30-15h30 et 20h30-22h30, dim. 13h30-15h30

SHOPPING

Naturellement chic

Sita Murt

Cette marque, créée par la styliste catalane Sita Murt et perpétuée par ses enfants, propose du prêt-à-porter jeune et ultraféminin, style basique et classieux.

SANT GERVASI (plan 3, A3 n°79) C/ Mestre Nicolau, 18 932 09 91 32 www.sitamurt.com Lun.-sam. 10h-20h30

Maître parfumeur

Ramón Monegal

Dans la boutique écrin de l'un des plus grands maîtres parfumeurs d'Espagne miroitent des flacons (frappés d'un poinçon "Barcelona") remplis d'enivrantes senteurs aux noms évocateurs : *Entre Naranjos* (Dans les orangers), *Ambra di Luna* (Ambre de lune), *Kiss my Name*... Env. 140€

les 50ml. Le plus ? La création de jus sur mesure.

SANT GERVASI (plan 3, A3 n°77) C/ Calvet, 3 932 00 11 20 www.ramonmonegal.com Lun.-sam. 10h30-14h30 et 16h30-20h30

Pour tous les goûts
Be Diagonal

Dans ce concept store, vous trouverez une sélection pointue de petits créateurs locaux, de marques scandinaves, de bijoux et de *lifestyle*. Au fond de la boutique, joli patio arboré pour boire un café.

SANT GERVASI (plan 3, A3 n°61) Av. Diagonal, 606 Lun.-ven. 10h-21h, sam. 10h-15h et 17h-20h30

Lingerie *and co*
TCN

Au départ spécialisée dans la lingerie et les maillots de bain, cette marque espagnole a élargi son univers au prêt-à-porter et aux accessoires. Une mode pour les citadines désireuses de qualité, amatrices de tissus soyeux et de lignes tendance.

SANT GERVASI (plan 3, A3 n°78) C/ Mestre Nicolau, 12 932 41 26 06 www.tcnbarcelona.com Lun.-sam. 10h-20h30

Le paradis des *sweet babies*
Suit Beibi

Ce concept-store pimpant propose tout pour bichonner le look des 0-3 ans : vêtements et accessoires colorés, imprimés japonais, objets décoratifs... On a envie de tout acheter !

SANT GERVASI (plan 4, C4 n°43) C/ Santaló, 60 932 00 03 34 www.suitbeibi.com Lun.-sam. 10h-14h et 16h30-20h30

Tout en délicatesse
Semon

Un charcutier-traiteur dont la renommée a dépassé les frontières ! Une sélection pointue de charcuteries, de fromages artisanaux, de caviars et de foie gras, et un espace restauration.

SANT GERVASI (plan 3, A3 n°80) C/ Ganduxer, 31 932 40 30 90 www.semon.es Lun.-sam. 10h-21h, dim. 10h-14h30

Luz de Gas

Mille et un vins
Lafuente

Une *bodega* (cave) de 300m², où l'on est assuré de trouver 99% des vins disponibles sur le marché espagnol et des alcools du monde entier.

SANT GERVASI (plan 4, B4 n°45) C/ J. S. Bach, 20 932 01 15 13 www.lafuente.es Lun.-ven. 9h-14h et 16h30-20h30, sam. 9h-14h

Pâtisserie contemporaine
Oriol Balaguer

Les chocolats et desserts d'avant-garde d'Oriol Balaguer ont été maintes fois primés. On peut aussi acheter une baguette et une tablette de chocolat pour un goûter simple mais gourmet !

SANT GERVASI (plan 3, A3 n°81) Plaça de Sant Gregori Taumaturg, 2 Pl. de Sant Gregori Taumaturg, 2 932 01 18 46 www.oriolbalaguer.com Lun.-ven. 9h-14h30 et 16h-21h, sam. 8h30-14h30 et 16h-21h, dim. et j. fér. 8h30-14h30

Sablés classés
Foix de Sarrià

Depuis 1886, ses *petxines* – des sablés aux amandes en forme de coquille, nappés de chocolat – régalent le Tout-Barcelone ! La *orxata* maison, les glaces et les mousses réjouissent également les papilles.

SARRIÀ (plan 4, A4 n°46) C/ Major de Sarrià, 57 932 03 07 14 www.foixdesarria.com Tlj. 8h-21h

SORTIES

Bar de jour, boîte de nuit
Berlin

Ce bar fait rimer BCBG avec branché. En journée, petite restauration à grignoter sur une table en bois clair ou sur l'agréable terrasse. Le soir, le ton monte, la musique aussi... mais pas trop. Cocktails autour de 10€.

SANT GERVASI (plan 3, B3 n°97) C/ Muntaner, 240 932 00 65 42 www.cafeberlinbarcelona.com Lun.-mer. 9h-1h30, jeu. 9h-2h30, ven. 9h-3h, sam. 10h30-3h ; août : ouv. à partir 18h

Tenue de soirée exigée
Luz de Gas

Cet ancien music-hall drapé de rouge et d'or propose un concert confidentiel en début de soirée (soul, country, salsa, rock, jazz, pop...) avant de se transformer en boîte de nuit branchée. La salle a gardé son style original, drapés rouge et or, moulures, lustres multicolores et parquet brillant. L'entrée est sélecte, mettez-vous sur votre 31.

SANT GERVASI (plan 3, B3 n°98) C/ Muntaner, 246 932 09 77 11 www.luzdegas.com Mer.-sam. 0h-6h Reste de la semaine : selon la programmation de concerts

Pour rester perché
Mirablau

Ce bar qui ne paie pas de mine livre des vues à couper le souffle sur la ville. Pour un petit déjeuner au calme, une assiette sur le pouce, un thé en redescendant du parc d'attractions, un cocktail en admirant les lumières du soir, voire pour danser, le vendredi ou le samedi, jusqu'au petit matin !

TIBIDABO (plan 4, B2 n°62) Pl. del Doctor Andreu 934 18 58 79 www.mirablaubcn.com Lun.-mer. 11h-3h30, jeu. 11h-4h30, ven.-sam. 10h-5h, dim. 10h-2h30

Au sud-ouest du port verdoie Montjuïc, colline coiffée d'une forteresse à la Vauban auréolée de prestigieux musées et d'installations olympiques aux lignes futuristes. En contrebas s'étend le quartier bohème et festif de Poble Sec. Poussez vers l'ouest jusqu'au monastère de Pedralbes pour une pause méditative ou allez vous recueillir au Camp Nou si vous adorez le foot et les dieux du Barça !

De Montjuïc à Pedralbes

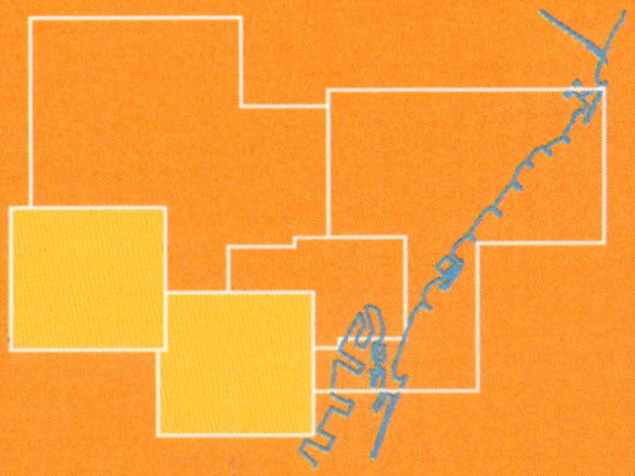

Torre Telefónica, Montjuïc

Plan 5
Plan 3
Plan 6
DE L'EIXAMPLE AU TIBIDABO
SANTS ESTACIÓ
URGELL
1
2
3
4
A
B
Avinguda de Roma
Carrer de València
Carrer d'Aragó
Carrer de Vilamarí
Carrer de la Diputació
Gran Via de les Corts Catalanes
ROCAFORT
SANT ANTONI
TARRAGONA
PARC DE JOAN MIRÓ
SANTS
Carrer de Béjar
Carrer de Tarragona
Carrer de Rocafort
SPAIN INDUSTRIAL PARK
Plaça d'Herenni
ARENAS DE BARCELONA
Av. de Mistral
ESPANYA
HOSTAFRANCS
Carrer de la Creu Coberta
PLAÇA D'ESPANYA
Avinguda del Paral·lel
POBLE SEC
23
Plaça de las Navas
Plaça de Santa Madrona
20
Carrer de l'Olivera
Carretera de la Bordeta
Avinguda de la Reina M. Cristina
Carrer de Mèxic
Plaça de Joan Corrades
C. de la Mare de Déu del Remei
Plaça del Dr Pere Franquesa
Avinguda de Rius i Taulet
LA CIUTAT DEL TEATRE
Plaça de Margarida Xirgu
TEATRE LLIURE
JARDINS DE CELESTINA VIGNEAUX
CAIXAFORUM
FONT MÀGICA
PAVELLÓ MIES VAN DER ROHE
MUSEU D'ARQUEOLOGIA DE CATALUNYA
FUNDACIÓ JOAN MIRÓ
44
45
FUNDACIÓ FRAN DAUREL
POBLE ESPANYOL
MNAC - MUSEU NACIONAL D'ART DE CATALUNYA
JARDINS DE LARIBAL
JARDINS DE JOAN MARAGALL
Avinguda de l'Estadi
PISCINES BERNAT PICORNELL
MUSEU OLÍMPIC I DE L'ESPORT
Plaça d'Europa
ANELLA OLÍMPICA
ESTADI OLÍMPIC LLUÍS COMPANYS
PALAU SANT JORDI
JARDÍ BOTÀNIC

Pauses (n°1 et 2)

1 Bar Seco - *p.147* C3
2 Restaurant de la Fundació Joan Miró - *p.147* D3

Bars à tapas (n°10 et 11)

11 Gran Bodega Saltó - *p.147* ... C2
10 Quimet & Quimet - *p.147* C2

Restaurants (n°20 à 23)

21 Can Margarit - *p.148* B2
20 Funicular - *p.148* B2
22 La Caseta del Migdia - *p.148* . C4
23 Pakta - *p.148* B2

Sorties (n°40 à 45)

41 El Molino - *p.149* C2
44 El Tablao de Carmen - *p.149* A3
45 La Terrrazza - *p.149* A3
40 Sala Apolo – Nitsa Club - *p.149*............ C2
42 Tinta Roja - *p.149* C2

RENDEZ-VOUS AVEC...

Les adresses de Dani Alvarez

Pauses

C Forn Tarragó - *p.138*......... C2

Bars à tapas

B Celler Cal Marino - *p.138* C2

Restaurants

D O Meu Lar - *p.138*............. C2

Shopping

E Llibreria Calders - *p.139* C2

Sorties

A Cervecería Jazz - *p.138*....... C2

Plan 6
Plan 4
MONESTIR DE PEDRALBES
DE L'EIXAMPLE AU TIBIDABO
1
2
3
4
A
B
PEDRALBES
Avinguda d'Esplugues
Avinguda de Pedralbes
JARDINS DE VIL·LA AMÈLIA
Plaça d'Eusebi Güell
41
UNIVERSITAT POLITÈCNICA DE CATALUNYA
PALAU REIAL DE PEDRALBES
FINCA GÜELL
PARC DE PEDRALBES
Plaça de Pius XII
PIUS XII
PALAU REIAL
Plaça de la Reina Maria Cristina
MARIA CRISTINA
Ronda del Mig
31
32
Avinguda Diagonal
ZONA UNIVERSITÀRIA
Av. de Joan XIII
Gran Via de Carles III
LES CORTS
Avinguda del Doctor Marañón
CEMENTIRI DE LES CORTS
FUNDACIÓ SUÑOL
JARDINS DE LA MATERNITAT
Avinguda de Joan XIII
ESTADI CAMP NOU
AVINGUDA DE XILE
MUSEU DEL FÚTBOL CLUB BARCELONA
30
MINIESTADI
PALAU BLAUGRANA
C. d'Arístides Maillol
Travessera de les Corts
Carrer Cardenal Reig
Carrer Riera Blanca
Carrer d'Arizala
Avinguda de Madrid
ERNEST LLUCH
COLLBLANC
C. de Collblanc
BADAL

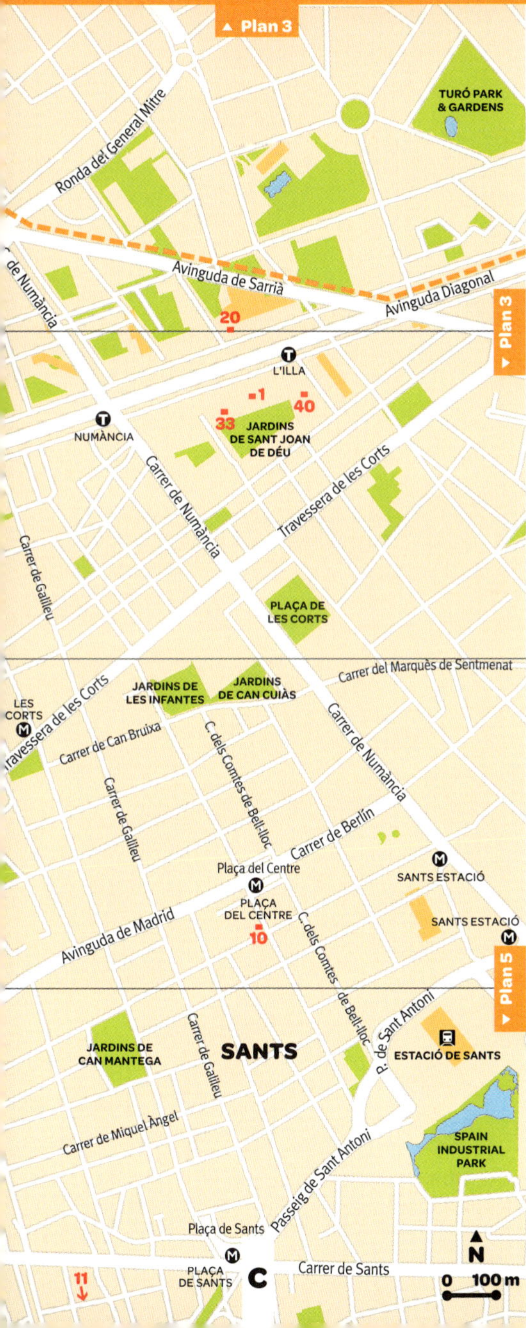
Plan 3
TURÓ PARK & GARDENS
Ronda del General Mitre
Avinguda de Sarrià
Avinguda Diagonal
de Numància
Plan 3
20
L'ILLA
1
40
33
JARDINS DE SANT JOAN DE DÉU
NUMÀNCIA
Carrer de Numància
Travessera de les Corts
Carrer de Galileu
PLAÇA DE LES CORTS
Carrer del Marquès de Sentmenat
JARDINS DE LES INFANTES
JARDINS DE CAN CUIÀS
LES CORTS
Travessera de les Corts
Carrer de Can Bruixa
C. dels Comtes de Bell-lloc
Carrer de Numància
Carrer de Galileu
Carrer de Berlín
Plaça del Centre
SANTS ESTACIÓ
PLAÇA DEL CENTRE
10
SANTS ESTACIÓ
Avinguda de Madrid
C. dels Comtes de Bell-lloc
Plan 5
R. de Sant Antoni
JARDINS DE CAN MANTEGA
Carrer de Galileu
SANTS
ESTACIÓ DE SANTS
SPAIN INDUSTRIAL PARK
Carrer de Miquel Àngel
Passeig de Sant Antoni
Plaça de Sants
N
PLAÇA DE SANTS
C
Carrer de Sants
0 100 m
11

QUATRE BONNES RAISONS...

... de faire quelques pas hors du centre-ville et de découvrir d'autres facettes de Barcelone en sirotant son *vermut* !

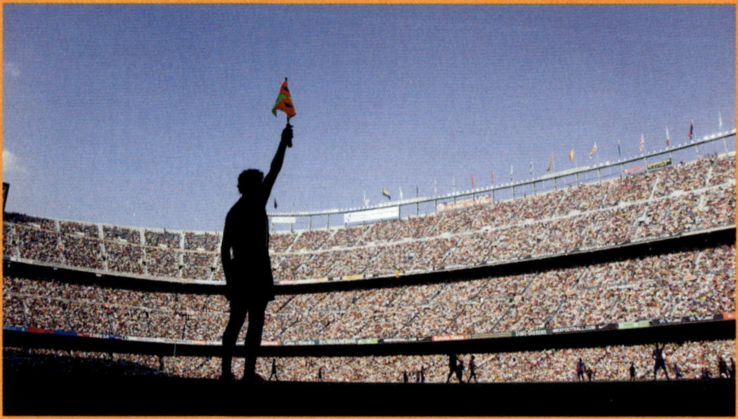

ON VIBRE À L'UNISSON L'Estadi Camp Nou (p.150) accueille les matchs d'un club de foot unique.

ON REMET SES PENDULES À *L'HORA DEL VERMUT* pour ne pas manquer l'heure de cet apéro mythique (p.178) à siroter au milieu des tonneaux de La Bodegueta de Cal Pep (p.154).

ON PREND DES COULEURS... entre les peintures, sculptures et tapisseries de la Fundació Joan Miró (p.143) !

ON SE DÉTEND Le monastère de Pedralbes (p.152) est un havre de fraîcheur et de sérénité. Promenez-vous dans son cloître gothique et profitez de son calme enchanteur.

RENDEZ-VOUS AVEC...

Boléro, tango, rythmes cubains : l'univers musical de **Dani Alvarez** est aussi multiculturel que le quartier de Poble Sec, où il réside depuis dix ans. Le chanteur et compositeur du groupe Venancio y los Jóvenes de Antaño (venancio.org) nous communique ses bonnes adresses.

Mon bar à bière

A Cervecería Jazz

Juste à côté de Cal Marino, cette brasserie est réputée pour sa sélection de bières artisanales et pour ses burgers. L'endroit est vraiment chaleureux avec son décor boisé et sa musique jazzy.

C/ Margarit, 43 934 43 32 59 www.cerveceriajazz.com Mar.-sam. 19h-3h (cuisine 20h-1h) Fermé 3 sem. en août

Ma bodega

B Celler Cal Marino

Une cave traditionnelle où l'on peut acheter du vin en vrac ou en bouteille à bon prix. J'y vais souvent le dimanche midi, quand y sont donnés des concerts, pour boire un vermouth accompagné de quelques tapas. Immanquables, les *papas arrugás* (pommes de terre fripées) et les croquettes au fromage Idiazabal avec pâte de coing.

C/ Margarit, 54 933 29 45 92 Mar.-sam. 12h-15h et 19h30-23h30, dim. et j. fér. 12h-15h

Ma boulangerie

C Forn Tarragó

Ce n'est pas la plus chic, ni la moins chère, ni une spécialiste du bio, mais cette petite boulangerie a gardé tout son savoir-faire traditionnel et le goût des bonnes choses. Ses produits sont excellents. La preuve : toutes les grand-mères du quartier viennent y acheter leur pain.

C/ de Blasco de Garay, 28 934 41 54 40 Tlj. 7h30-14h30

Mon *asador*

D O Meu Lar

Un *asador* (rôtisserie) espagnol typique, où l'on fait griller les meilleurs *chuletones* (côtes de bœuf) de

SI POBLE SEC ÉTAIT...

Une couleur Ce serait le vert, tant s'impose la silhouette de Montjuïc, avec ses parcs et jardins si proches. La tentation de s'y évader est, elle aussi, énorme !

Castell de Montjuïc

ENVIE DE FLÂNER ?

Grimpez vers Montjuïc en passant par **La Satalia**, un îlot de vieilles maisons miraculeusement épargnées par la spéculation immobilière. Un peu plus haut, les **jardins** de Mossèn Cinto Verdaguer et ceux de Joan Brossa (p.144) vous réservent des vues éblouissantes. S'il vous reste des forces, montez jusqu'au **château** (p.145) pour saluer la mer et vous reposer à l'ombre des pins.

Galice dans une ambiance conviviale. Le genre d'endroit à fréquenter quand on peut se permettre de faire une petite sieste après manger, car le repas est copieux... et joyeusement arrosé !

C/ de Margarit, 24 933 29 70 74 www.omeular.es Lun., mer. et sam. 13h30-16h30 et 20h30-0h30, dim. 13h30-16h30

Ma librairie

E Llibreria Calders

Il faut traverser la grande avenue Paral·lel pour gagner cette librairie – à mon humble avis la meilleure de Barcelone. Ici, pas de best-sellers ni d'étagères colonisées par des auteurs médiatiques, simplement de bons livres, sélectionnés sur le seul critère de la qualité.

Passatge de Pere Calders, 9 934 42 78 31 Lun.-ven. 10h-21h, sam.-dim. 11h-21h

POBLE SEC ET MONTJUÏC

Changement de perspective sur Barcelone. Au sud-ouest du port, le quartier populaire de Poble Sec déploie un pittoresque dédale de ruelles abruptes. Sur les hauteurs de Montjuïc, colline plantée de luxuriants jardins, l'art et l'histoire vous donnent rendez-vous. Bol d'air assuré !

ACCÈS ET INFOS

- Un téléphérique relie la fondation Miró au Castell de Montjuïc en offrant des vues admirables sur la ville, la mer et les montagnes ! Attention, les nacelles ne sont pas très grandes et l'attente peut être longue (p.146).

À VOIR

POBLE SEC

Cet ancien faubourg ouvrier aux ruelles escarpées était à l'origine dépourvu de point d'eau, d'où son nom de "village sec". La proximité du port lui valut d'abriter un temps des lieux de plaisirs plus ou moins licites. De nos jours, ce sont ses petits bars et ses restaurants qui attirent les visiteurs.

Un axe longtemps marginal

Avinguda del Paral·lel (plan 5, B2-C2)

Ce n'est pas à son passé interlope qu'elle doit son nom, mais à son tracé, qui suivrait un parallèle géographique. Et pourtant, ses cabarets et ses music-halls firent de cette avenue l'épicentre d'un petit Montmartre local, de la Belle Époque aux années 1950. Certains ont récemment rouvert, tels **El Molino** (p.149), avec son moulin grandeur nature, et le **Barts** – l'ancien Gran Teatro Español, au n°62. Près du port, trois immenses cheminées, vestiges de la vieille centrale électrique de la Canadenca, signalent un parc prisé des skateurs et des graffeurs.

Place monumentale

Plaça d'Espanya (plan 5, A2)

Au milieu de cette majestueuse place trône une imposante fontaine signée Jujol, l'un des collaborateurs de Gaudí. L'Exposition universelle de 1929 se tenait au sud-est de l'esplanade. En témoignent encore quelques pavillons de part et d'autre de deux hautes tours inspirées du campanile de la place Saint-Marc, à Venise, et qui font désormais partie du parc des expositions de la **Fira de Barcelona**. Axe majeur de l'Expo, l'**Avinguda de la Reina Maria Cristina** s'étire jusqu'au pied des escaliers mécaniques qui montent à l'assaut de la colline de Montjuïc pour rejoindre l'imposant Palau Nacional (MNAC).

Toujours dans la course

Centre comercial Arenas de Barcelona (plan 5, A2)

Bâties en 1900 par Augusto Font i Carreras, ces élégantes arènes de style néomauresque ont accueilli leur dernière corrida en 1977. Longtemps laissé

À NE PAS MANQUER

- Font Màgica
- Pavelló Mies van der Rohe
- Poble Espanyol
- MNAC – Museu Nacional d'Art de Catalunya
- Fundació Joan Miró
- Parcs i jardins de Montjuïc
- Les tavernes de Poble Sec

Plaça d'Espanya

à l'abandon, ce joyau néomudéjar a été transformé en 2011 en un banal centre commercial. D'une superficie de 30 000m², coiffé d'un impressionnant dôme, il abrite près de 120 boutiques, de nombreux bars et restaurants et un cinéma Multiplex. La terrasse panoramique offre une vue à 360° sur la ville.

Gran Via de les Corts Catalanes, 373-385 ☎ 932 89 02 44 www.arenasdebarcelona.com
Oct.-mai : lun.-sam. 9h-21h ; juin-sept. : lun.-sam. 10h-22h (restaurants et cinéma lun.-jeu. et dim. jusqu'à 1h, ven.-sam. et veilles de j. fér. jusqu'à 3h)

Jardin de sculptures
Parc de Joan Miró (plan 5, A1-A2)

Une palmeraie, des aires de jeux, une pergola et, au milieu d'un bassin, haute de 22m, la *Femme et oiseau* (1982) de Joan Miró... Dans les années 1980, les abattoirs d'autrefois ont laissé place à ce parc, qui recèle trente autres sculptures plus modestes de l'artiste catalan.

C/ Aragó, 2 Tlj. 10h-18h en hiver et jusqu'à 21h l'été

MONTJUÏC

Cette éminence, au sud-ouest du port, occupe une place particulière dans l'imaginaire barcelonais. Colonisée par les Ibères, elle accueillit une tour de guet médiévale, puis un château fort. Pour mieux mater la ville rebelle, au début du 18e s., le pouvoir central lui substitua une citadelle à la Vauban, vite devenue une prison politique. Mais Montjuïc présente une autre face plus aimable : ses parcs et jardins du début du 20e s., lieux de promenade fréquentés. La colline a accueilli l'Exposition universelle de 1929, comme en témoignent plusieurs édifices devenus de formidables musées. Les jeux Olympiques de 1992 lui ont assuré une nouvelle jeunesse, avec la construction du stade Olympique et d'installations ultramodernes.

Forum des arts

CaixaForum (plan 5, A3)

Ce centre culturel des plus dynamiques programme des expositions, des projections, des concerts et de nombreuses activités pensées pour la famille. Le bâtiment construit en 1911 par l'illustre Puig i Cadafalch pour héberger une filature vaut à lui seul le détour, avec sa forêt de pinacles en brique et ses deux tours aux allures de minarets futuristes. À l'étage, la banque La Caixa expose par roulement une partie de son immense collection d'art contemporain (Joseph Beuys, Richard Long, Miquel Barceló, Basquiat, Sol LeWitt, Tàpies, etc.). Bar-restaurant à disposition.

Av. Francesc Ferrer i Guàrdia, 6-8 934 76 86 00 caixaforum.es/barcelona Juil.-août : jeu.-mar. et j. fér. 10h-20h, mer. 10h-23h ; sept.-juin : tlj. 10h-20h Fermé 1er et 6 jan., 25 déc. 4€

Féerie d'eau et de lumière

Font Màgica (plan 5, B3)

Cette gigantesque fontaine fut installée pour l'Exposition universelle de 1929 dans la montée vers le Palau Nacional. Son spectacle son et lumière, qui attirait alors des foules émerveillées, a été remis (presque) au goût du jour.

Pl. Carles Buïgas, 1 Son et lumière juin-sept. : mer.-dim. 21h30-22h30 ; avr.-mai, oct. : jeu.-sam. 21h-22h ; nov.-déc., mars : jeu.-sam. 20h-21h (toutes les 30 min)

Pavillon Mies Van der Rohe

Less is more

Pavelló Mies van der Rohe (plan 5, A3)

Ce bâtiment est une copie minutieuse du pavillon, révolutionnaire pour l'époque, qui représenta l'Allemagne à l'Exposition universelle de 1929. Aussi petit soit-il, il illustre à merveille le style dit international, qui fit florès dans la construction des gratte-ciel, et dont Ludwig Mies Van der Rohe (1886-1969) fut l'un des théoriciens. On remarque la pureté des lignes et la sobriété des matériaux (béton armé, métal, verre et marbre). Dans le hall trône la *Barcelona Chair* de Mies, un grand succès du design.

Av. Francesc Ferrer i Guàrdia, 7 932 15 10 11 www.miesbcn.com Mars-oct. : tlj. 10h-20h ; nov.-fév. : tlj. 10h-18h 5€

L'Espagne en miniature

Poble Espanyol (plan 5, A3)

Construit pour l'Expo, ce "village espagnol" – très touristique ! – donne à voir les différents styles architecturaux du pays. Ses ateliers-boutiques d'artisanat font le bonheur des voyages organisés, et des spectacles folkloriques sont parfois donnés sur sa grand-place cernée d'arcades, archétype de la Plaza Mayor. Plans gratuits au kiosque d'information.

Av. Francesc Ferrer i Guàrdia, 13 935 08 63 00 www.poble-espanyol.com Lun. 9h-20h, mar.-jeu. et dim. 9h-0h, ven. 9h-3h, sam. 9h-4h 14€ (7€ à partir de 20h) Billet combiné avec le MNAC 20€

Un siècle d'art catalan

Fundació Fran Daurel (plan 5, A3)

Une agréable surprise dans l'enceinte du Poble Espanyol, au cœur du quartier andalou ! Cette galerie retrace un siècle d'art, essentiellement catalan, au travers de 300 œuvres (toiles, dessins, reliefs, céramiques, tapisseries) signées Picasso, Miró, Dalí, Tàpies, Guinovart, Barceló, Saura, Plensa, etc. Son jardin de sculptures est un havre de paix.

Av. Francesc Ferrer i Guàrdia, 13 934 23 41 72 www.fundaciofrandaurel.org Juin-sept. : tlj. 11h-20h ; oct.-mai : lun. 10h-18h30, mar.-dim. 10h-19h Fermé 1er jan. et 25-26 déc. Entrée libre

Des fresques romanes d'exception

MNAC – Museu Nacional d'Art de Catalunya ★ (plan 5, B3)

Le musée national d'Art de Catalogne occupe le monumental Palau Nacional, principal édifice de l'Exposition universelle de 1929. Il possède une fabuleuse collection de fresques romanes provenant d'églises des Pyrénées catalanes, et de retables gothiques. Ne manquez pas, salle 7, le Christ Pantocrator de Sant Climent de Taüll (1123) ni, salle 16, l'extraordinaire salle capitulaire du couvent de Sigena, en Aragon (1200). Le premier étage est dévolu à l'art moderne tel qu'il s'épanouit à Barcelone du 19e s. aux années 1950.

Palau Nacional, Montjuïc Palau Nacional 936 22 03 60 www.museunacional.cat Mar.-sam. 10-18h (jusqu'à 20h mai-sept.), dim. et j. fér. 10h-15h 12€ Billet combiné avec le Poble Espanyol 18€, gratuit sam. à partir de 15h, 1er dim. du mois, 12 fév., 18 mai, 11 et 24 sept.

"Miróbolant"

Fundació Joan Miró ★ (plan 5, B3)

Ses arabesques colorées et son symbolisme puissant ont fait le tour du monde. Joan Miró (1893-1983) est l'un des deux artistes catalans les plus célèbres du 20e s. avec Salvador Dalí. Réalisée sur des plans de son ami Josep Lluís Sert (1902-1983), cette fondation est un formidable musée d'art peuplé d'oiseaux, d'étoiles et de croissants de lune bigarrés. Avec ses grandes salles lumineuses et ses terrasses ensoleillées, l'architecture rationaliste des lieux met parfaitement en valeur les œuvres exposées. N'est présentée qu'une partie du fonds, qui réunit quelque 400 peintures, sculptures et tapisseries, et près de 10 000 dessins et collages, sans compter les esquisses. Le parcours, thématique, n'en permet pas moins de suivre l'évolution artistique du maître. L'audioguide (en français) se révèle très utile. Avant de repartir, faites un détour par sa boutique : outre un vaste choix de gadgets et autres souvenirs portant la patte du peintre, vous y trouverez tout un éventail d'objets design pour la maison et le bureau.

Montjuïc Parc de Montjuïc 934 43 94 70 www.fmirobcn.org Mar.-mer. et ven. 10h-18h (avr.-oct. jusqu'à 20h), jeu. 10h-21h, sam. 10h-20h, dim. et j. fér. 10h-14h30 12€

SUR LES TRACES DE...
C'est Joan Miró qui a dessiné le logo coloré de **La Caixa**, la caisse d'épargne et de retraite catalane. Omniprésent en Catalogne, ce motif d'étoile bleue flanquée de deux petites boules rouge et jaune fut commandé à l'artiste en 1979. "L'option Miró" était pour La Caixa la mieux à même d'affirmer son souci de promouvoir les arts et la culture.

Les équipements de Barcelona 92

Anella Olímpica (plan 5, B4)

Un peu plus de 55 000 places pour l'**Estadi Olímpic Lluís Companys**, 17 000 pour le **Palau Sant Jordi** : ces infrastructures des JO de 1992 accueillent encore des rencontres sportives, mais aussi des concerts et autres grandes manifestations. Le premier mixe architectures noucentiste (façade de 1929) et contemporaine ; le second remporte tous les suffrages. Conçu par Arata Isozaki pour abriter les épreuves en salle, ce palais des sports symbolise la modernité. Au sud se dresse la **tour des télécommunications** du Valencien Santiago Calatrava, qui fait office de cadran solaire.

Passeig Olímpic

Museu Olímpic i de l'Esport (plan 5, B4)

À deux pas du stade, ce musée retrace l'histoire des JO (et plus spécialement ceux de Barcelona 92) et honore ses athlètes légendaires. Les passionnés pourront s'attarder devant une multitude de médailles, dossards dédicacés, etc., les sportifs retrouveront performances et records, tandis que les amateurs d'art découvriront des œuvres relatives au sport.

Av. Estadi, 60 En contre-haut du MNAC (10min à pied) et de la Fundació Miró (5min) 932 92 53 79 museuolimpicbcn.cat Mar.-sam. 10h-18h (jusqu'à 20h avr.-sept.), dim. et j. fér. 10h-14h30 5,80€

Pour une pause pique-nique

Parcs i jardins de Montjuïc (plan 5, B3-C4)

Dessinés à partir de 1915, ils sont particulièrement agréables. Sous la fondation Miró s'étendent les jardins en terrasses de **Laribal** connus pour leur fontaine de rocaille, la **Font del Gat**. Un peu plus haut, ceux de **Joan Maragall** sont jalonnés de sculptures. Au pied du château vous attendent le jardin **Mossèn Cinto Verdaguer** et ses parterres de tulipes, de dahlias et de jacinthes, et celui de **Joan Brossa**, peuplé d'essences méditerranéennes qu'agrémentent statues et aires de jeux (coussins musicaux, tyrolienne...). Enfin à l'arrivée du téléphérique, les jardins **Costa i Llobera** forment une rocaille de 3ha plantée de cactus.

À SAVOIR
Attention, il faut parfois patienter pendant 1h avant de monter à bord du téléphérique qui relie la Fondation Miró (p.143) au château de Montjuïc (p.145). Vous êtes pressé ou sujet au vertige ? Pas de problème, le bus 150 vous amènera sans encombre à bon port.

Bibliothèque verte
Jardí Botànic (plan 5, B4)
Il rassemble sur 14ha des spécimens originaires des cinq continents, mais appréciant tous le climat méditerranéen. Un itinéraire "express" permet de voir l'essentiel en 45 min. Expositions temporaires (bonsaïs, orchidées...), librairie spécialisée et herbier très complet à l'Institut botanique.

932 56 41 60 museuciencies.cat Juin-août : tlj. 10h et 20h ; avr.-mai, sept.-oct. : tlj. 10h-19h ; nov.-jan. : tlj. 10h-17h ; fév.-mars : tlj. 10h-18h 3,50€, gratuit 1er dim. du mois et les autres à partir de 15h et 12 fév., 18 mai et 24 sept.

Château avec vue
Castell de Montjuïc (plan 5, C4)
C'est de cette citadelle à la Vauban construite en 1714 que le gouverneur Espartero fit tirer au canon sur les émeutiers de la vieille ville, en 1842,

Vue depuis le château de Montjuïc

détruisant plus de 400 édifices. Le château servit de prison politique jusque sous Franco. Bien des anarchistes y furent exécutés au début du 20e s., puis des centaines de républicains en 1939-1940, dont Lluís Companys, président de la Generalitat. Rendu à la ville en 1960, ce symbole haï du pouvoir central héberge désormais des expositions temporaires et deux cafétérias. Sa terrasse offre des panoramas somptueux sur la ville et la Serra de Collserola.

Accès en funiculaire Le bus n°150 monte jusqu'au château de la Plaça d'Espanya et de la station haute du Teleférico de Montjuïc 932 56 44 40 ajuntament.barcelona.cat/castelldemontjuic Mars-oct. : tlj. 10h-20h ; nov.-fév. : tlj. 10h-18h 5€

À FAIRE

Volez au-dessus de Montjuïc

De la station de métro Paral·lel, le funiculaire gravit la colline de Montjuïc jusqu'aux jardins Costa i Llobera, en contrebas de la fondation Miró. De là, vous pouvez prendre un téléphérique jusqu'au château… et profiter de vues admirables sur la ville, la mer et les montagnes !

Funicular Printemps, été : lun.-ven. 7h30-22h, w.-e. et j. fér. 9h-22h ; automne, hiver : lun.-ven. 7h30-20h, w.-e. et j. fér. 9h-20h Telefèric www.telefericdemontjuic.cat Mars-mai, oct. : tlj. 10h-19h ; juin-sept. : tlj. 10h-21h ; nov.-fév. : tlj. 10h-18h AS 8,40€, AR 12,70€

Montez à cheval à Montjuïc

La Foixarda (plan 5, A3)

Le cheval est votre dada ou celui de vos enfants ? Faites un détour par le centre équestre municipal de La Foixarda, sur les pentes de Montjuïc : leçons d'équitation (poney, cheval) et promenades en carriole sur réservation. En prime, un agréable restaurant à la terrasse ensoleillée.

Av. dels Montanyans, 1 934 26 10 66 www.hipicalafoixarda.es Lun.-ven. 17h30-20h, w.-e. 9h-13h30 et 17h-19h

Piquez une tête

Piscines Bernat Picornell (plan 5, A4-B4)

Construites en 1929, elles ont été rénovées en 1992 pour recevoir les épreuves olympiques de natation. Superbe bassin découvert.

Av. Estadi, 30-38 934 23 40 41 www.picornell.cat Lun.-ven. 6h45-0h, sam. 7h-21h, dim. et j. fér. 7h30-16h (été 19h) Réservé aux naturistes : sam. 21h15-23h, dim. 16h15-18h (oct.-juin) 11,85€

Piscina Municipal de Montjuïc (plan 5, C3)

L'été, profitez de ces bassins découverts et de leur vue panoramique exceptionnelle sur la ville à un prix plus démocratique.

Av. Miramar, 31 Juil.-sept. : tlj. 11h-18h30 6,50€

NOS ADRESSES

PAUSES

Pause bio

Bar Seco

Ce tranquille café de quartier propose de bons petits déjeuners, des tapas (3-9€), des salades (7-9,50€), des sandwiches au pain bio (env. 6€), des hamburgers bio aussi, *veggie* pour certains (9-12€). Bières artisanales belges et catalanes (4-8€).

POBLE SEC (plan 5, C3 n°1) Passeig de Montjuïc, 74 933 29 63 74 www.bar-seco.com Lun.-ven. 9h-18h, sam.-dim. 9h-19h

Les pupilles, les papilles

Restaurant de la Fundació Joan Miró

Sous des airs chics avec ses nappes blanches et ses baies vitrées, un restaurant à la carte simple : blanquette, brandade... et une recette de pâtes différente chaque jour. Plats 11-13€.

MONTJUÏC (plan 5, B3 n°2) 933 29 07 68 www.fmirobcn.org Mar.-sam. 13h-15h45 Snack : horaires de la Fundació

Voir aussi **Forn Tarragó** (p.138).

BARS À TAPAS

Vin en vrac

Gran Bodega Saltó

Une *bodega* centenaire, au décor de fête foraine, où quelques irréductibles achètent encore leur vin en vrac et où des concerts sont organisés le dimanche après-midi.

POBLE SEC (plan 5, C2 n°11) C/ Blesa, 36 934 41 37 09 http://bodegasalto.net Lun.-jeu. 19h-1h, ven.-sam. 12h-3h, dim. 12h-0h

Prix mini

Quimet & Quimet ♥

Cette *bodega* tenue par la même famille depuis 1913 vaut bien une escale, pour ses bouteilles comme pour ses tapas. Morue aux tomates séchées, anchois marinés, gousses d'ail confites (un délice !), canapés à la mousse de seiche. *Montaditos* (2,50-3,50€), assortiments (env. 11€). Un régal à prix doux.

POBLE SEC (plan 5, C2 n°10) C/ Poeta Cabanyes, 25 934 42 31 42 Lun.-ven. 12h-16h et 18h-22h30

Quimet & Quimet

Voir aussi **Celler Cal Marino** (p.138).

RESTAURANTS

Poisson frais

Funicular €€

Au comptoir ou dans la salle (toute simple), on se laisse conseiller les yeux fermés, car l'arrivage est quotidien. Parmi les suggestions, on peut citer le carpaccio de morue aux pâtes fraîches (11,90€), les fèves et calamars sautés (16,50€) et les moules à la vapeur (8,50€). Réservez.

POBLE SEC (plan 5, B2 n°20) C/ Vallhonrat, 28 933 25 85 38 Mar.-jeu. 13h-16h et 20h-23h, ven.-sam. 13h-16h et 20h-0h, dim. 13h-17h

Campagnard

Can Margarit €€

Cette taverne vous transporte dans la campagne catalane avec ses tommettes, ses tonneaux, ses jambons suspendus à sécher et ses vieux outils accrochés aux murs. L'accueil est jovial et les assiettes (7,60-16,50€) sont aussi copieuses que rustiques : lapin à l'ail et aux herbes, côtes de porc et *botifarra* de Vic aux haricots blancs, le tout avec du vin tiré au tonneau et servi en pichet.

POBLE SEC (plan 5, B2 n°21) C/ Concòrdia, 21 934 41 67 23 Lun.-sam. 20h30-0h

Fusion

Pakta €€€

Sous des airs de modeste izakaya, cette taverne en bois clair offre une expérience gastronomique de haute volée, fusion méditerranéo-japonaise orchestrée par le chef Albert Adrià, à travers un menu dégustation d'une vingtaine de petits plats (120€). Tartare d'écrevisse, tataki de bœuf wagyu, nouilles soba de morue : les jeux de textures exaltent les saveurs, autant qu'ils surprennent les palais les plus aguerris !

POBLE SEC (plan 5, B2 n°23) Carrer de Lleida, 5 936 24 01 77 https://elbarri.com Mar.-jeu. 19h-22h, ven.-sam. 13h30-15h et 20h-22h (fermé 3 sem. à Noël, 1 sem. à Pâques et 2 sem. en août)

Sous les étoiles

La Caseta del Migdia ♥€

Cachée dans la pinède à l'ouest de la citadelle, cette guinguette semble à des kilomètres de la ville. À la lueur de bougies, on y croque des saucisses et du poulet grillés au barbecue, des salades (12€), des crêpes (4,50€ env.),

LA RECETTE

FÈVES À LA CATALANE

Pour 4 pers.

600g de fèves pelées
300g de *botifarra negra* ou boudin noir
200g de lardons
1 gros oignon émincé
2 c. à s. de graines d'anis
2 c. à s. de menthe ciselée
2 c. à s. de marjolaine ciselée
Huile, sel, poivre

Faites revenir les lardons et l'oignon émincé dans une sauteuse. Laissez dorer avant d'ajouter les fèves et les graines. Couvrez d'eau et laissez cuire à feu doux. Quand les fèves sont cuites et que le liquide s'est évaporé, ajoutez les herbes et le boudin découpé en rondelles en veillant à ce qu'il ne se défasse pas. Laissez cuire encore 5 à 10min avant de servir.

ou un menu complet à 25€, boisson comprise. Un DJ assure l'animation.

MONTJUÏC (plan 5, C4 n°22) Mirador del Migdia C/ Molí 617 95 65 72 www.lacaseta.org Mi-juin-mi-sept. : mer. 21h-0h, jeu. 20h-0h, ven. 20h-1h, sam. 12h-19h et 20h-1h, dim. 12h-19h et 20h-0h ; reste de l'année : w.-e. et j. fér. 12h-coucher du soleil (si le temps le permet)

Voir aussi **O Meu Lar** (p.138).

SORTIES

Moulin rouge
El Molino

Inauguré en 1901, le "petit Moulin-Rouge" a fait les grandes heures de l'avenue Paral.lel. Ce music-hall a rouvert en 2010 après un long sommeil. Se voulant gentiment canaille, sa revue mêle burlesque, disco et pop mais elle fait aussi la part belle aux concerts et à la comédie.

POBLE SEC (plan 5, C2 n°41) C/ Vilà i Vilà, 99 933 96 71 91 (rés.) www.elmolinobcn.com

Tout pour le tango
Tinta Roja

Loin des décors design et de la musique électro, on a transformé là une usine en un vieux cabaret argentin qui semble avoir toujours existé ! Bien sûr, le tango est à l'honneur : cours, spectacles, concerts...

POBLE SEC (plan 5, C2 n°42) C/ Creu dels Molers, 17 934 43 32 43 www.tintaroja.cat Mer. 20h-0h, jeu. 20h30-2h, ven.-sam. 20h30-3h

Temple électro
Sala Apolo – Nitsa Club

Cet ancien music-hall de Paral.lel organise des concerts variés (rock, reggae, flamenco...) et des soirées thématiques comme les "Nasty Mondays" (rock, pop, indie, garage...), les "Crappy Tuesdays" (indie et électro-pop), etc. Plus electro, le Nitsa Club de la fin de semaine fait un tabac. Entrée env. 15,50€ avec une consommation.

POBLE SEC (plan 5, C2 n°40) C/ Nou de la Rambla, 113 934 41 40 01 www.sala-apolo.com Dim.-jeu. 0h30-5h, ven.-sam. 0h30-6h Concerts avant 0h, à partir de 18h30

Soirée flamenca
El Tablao de Carmen

C'est dans ce *tablao* que la grande danseuse et chanteuse de flamenco Carmen Amaya se fit connaître en 1929, en se produisant devant le roi Alfons XIII pour l'inauguration du Poble Espanyol. On peut y applaudir des interprètes reconnus comme de jeunes talents prometteurs. Spectacle et boisson 45€, avec tapas 63€, avec repas 82€.

MONTJUÏC (plan 5, A3 n°44) Av. Francesc Ferrer i Guàrdia, 13 (Poble Espanyol) 933 25 68 95 www.tabladecarmen.com Mar.-dim. 19h-20h et 21h30-22h30 Show à 18h45 et 21h15

"Surrrvolté"
La Terrrazza

Ce classique estival métamorphose une cour du Poble Espanyol en l'un des meilleurs clubs house de Barcelone... *Drag-queens* et bimbos : la faune la plus provocante de la ville envahit cet espace assez exigu et vers 3h, l'atmosphère est électrique !

MONTJUÏC (plan 5, A3 n°45) Av. de Francesc Ferrer i Guàrdia, 13 (Poble Espanyol) 932 72 49 80 ou 687 96 98 25 www.laterrrazza.com Mi-mai-mi-oct. : jeu.-sam. 0h-6h

Voir aussi **Cervecería Jazz** (p.138).

LE SUD-OUEST

Tandis que le quartier des Corts s'enorgueillit des exploits du Barça au Camp Nou, l'ancien village de Pedralbes appelle à une visite pour son monastère gothique et ses beaux jardins.

À VOIR

LES CORTS

Le village de jadis est devenu un quartier résidentiel qui s'étale de part et d'autre de l'**Avinguda Diagonal**. Au sud de cette artère jalonnée de bureaux, de banques et de galeries marchandes, le stade du Camp Nou draine les fans du Barça comme les simples curieux.

Dans le saint des saints

Estadi Camp Nou ★ (plan 6, B3)

Les mordus de foot ne manqueront pas de se rendre en pèlerinage au stade du mythique FC Barcelone. Construit en 1957, le Camp Nou ("Champ neuf") est le plus grand d'Europe avec ses quelque 100 000 places (105 000 en 2021 après rénovation) ! Autour de la sacro-sainte pelouse foulée par Cruijff, Maradona, Ronaldo et Eto'o, une boutique, des restaurants, un musée...

C/ Aristides Maillol ☎ 934 96 36 00 www.fcbarcelona.com ⌚ Musée et stade : mi-avr.-mi-oct. : tlj. 9h30-19h30 ; mi-oct.-mi-avr. : lun.-sam. 10h-18h30, dim. 10h-14h30

Le musée le plus visité de Barcelone

Museu del Futbol Club Barcelona (plan 6, B3)

Situé dans l'enceinte du Camp Nou, il retrace l'histoire du FC Barcelona et reçoit près de deux millions de visiteurs chaque année ! Fondé en 1889, le club adopta d'emblée son célèbre maillot *blaugrana* (bleu et grenat) et il remporta cinq fois le championnat d'Espagne dans les années 1910-1920. Symbole de l'identité catalane, le FC Barcelona a pour meilleur ennemi le Real Madrid, assimilé au centralisme hautain de la capitale. Dans le musée, où la plupart des explications sont en catalan, découvrez les photos de toutes les équipes successives du Barça et différents effets ayant appartenu à des joueurs illustres : Zamora (dans les années 1920), le Hongrois Kubala (dans les années 1950), les Brésiliens Ronaldo (1997) et Ronaldinho (2004-2008), Thierry Henry (2007-2010)... sans oublier l'immense Lionel Messi et ses cinq ballons d'or. Collection d'affiches (notamment de Miró et Tàpies), d'objets et d'œuvres diverses à l'étage.

Camp Nou Av. Joan XXIII Porte 9, à l'arrière du stade ☎ 902 18 99 00 www.fcbarcelona.com ⌚ Début jan.-mi-avr., mi-oct.-mi-déc. : lun.-sam. 10h-18h30, dim. et j. fér. 10h-14h30 ; mi-avr.-mi-oct., mi-déc.-début jan. : tlj. 9h30-19h30 € 25€ (web), 27,50€ (guichet)

À NE PAS MANQUER

- Estadi Camp Nou
- Monestir de Pedralbes

Camp Nou

Bel aperçu des arts du 20e s.

Fundació Suñol (plan 5, B3)

Près de 1 200 œuvres réalisées entre 1915 et 2006 (peintures, sculptures, photographies ou techniques mixtes) sont présentées par roulement dans le cadre d'expositions thématiques. L'occasion de redécouvrir les grands noms de l'art moderne et contemporain, de Picasso à Andy Warhol et Alighiero Boetti… !

C/ Mejía Lequerica 14 ☎ 934 96 10 32 www.fundaciosunol.org 🕒 Lun.-ven. 11h-14h et 16h-20h, sam. 16h-20h Fermé 1er-2 jan., 6 jan., 25-26 déc. € 4€

PEDRALBES

Au nord des Corts, l'ancien faubourg de Pedralbes doit son nom aux pierres blanches (*pedres albes*) de ses carrières médiévales. En flânant dans ses rues paisibles, vous pourrez admirer de magnifiques jardins, quelques fantaisies de Gaudí et le silencieux monastère de Pedralbes.

Pour ses somptueux jardins

Palau Reial de Pedralbes (plan 6, A2)

Ce luxueux palais inauguré en 1919 fut tour à tour la résidence de l'industriel Eusebi Güell, du roi Alphonse XIII puis du général Franco. Le palais ne se visite pas, mais son parc, l'un des plus majestueux de la ville, mérite une escapade. Sa végétation luxuriante compte des essences rares et s'orne de deux œuvres de Gaudí : une pergola en fer forgé et un banc-fontaine couronné d'un buste d'Hercule.

Av. Diagonal, 686 ☎ 932 56 34 65 🕒 Parc : Ouvert nov.-mars : tlj. 10h-19h ; avr.-oct. : tlj. 10h-21h

Pour les ferronneries de Gaudí

Finca Güell (plan 6, B2)

Gaudí réalisa en 1884 les écuries et la conciergerie de cette propriété d'Eusebi Güell, et surtout son célèbre portail en fer forgé, visible de la rue et décoré d'un effrayant dragon. Suivez ensuite le Passeig Manuel Girona jusqu'au n°55 pour admirer la clôture et l'entrée de la Finca Miralles (1902), autre illustration de l'imagination de Gaudí.

Ruta del Modernisme Av. Pedralbes, 7 933 17 76 52 Fermé pour travaux 6€

Un trésor du gothique catalan

Monestir de Pedralbes (plan 6, A1)

Fondé en 1327 par la reine Elisenda de Montcada, ce couvent est un site enchanteur ! Son cloître solennel de style gothique catalan est un modèle d'harmonie. Au centre glougloute une fontaine, cernée de cyprès et d'orangers centenaires, tandis que certaines cellules sont ouvertes sous ses arcades. À droite en entrant, la Capella de Sant Miquel recèle de magnifiques fresques du grand Jaume Ferrer Bassa (1343). Se visitent également le réfectoire, l'infirmerie, l'exposition d'objets d'art sacré et de meubles réunie par les moniales et, bien sûr, l'église (ouv. tlj. 11h-13h et 18h-20h), qui abrite le sépulcre d'Elisenda, morte au monastère en 1364.

Baixada del Monestir, 9 932 56 34 34 monestirpedralbes.bcn.cat Avr.-sept. : mar.-ven. 10h-17h, sam. 10h-19h, dim. 10h-20h, j. fér. 10h-14h ; oct.-mars : mar.-ven. 10h-14h, sam.-dim. 10h-17h, j. fér. 10h-14h 5€, gratuit 12 fév., 18 mai et 24 sept., 1er dim. du mois et autres dim. à partir de 15h

À FAIRE

Allez au spectacle dans des jardins royaux

Festival Pedralbes (plan 6, A2)

De début juin à mi-juillet, les jardins et l'auditorium du Palau Reial de Pedralbes (p.151) accueillent le Festival Pedralbes. L'occasion d'écouter des têtes d'affiche de la pop et de la variété internationale dans un cadre royal !

www.festivalpedralbes.com

Partez en virée dans les bois

Parc de l'Oreneta (hors plan 6 par A1)

Le Parc de l'Oreneta, non loin du monastère de Pedralbes, est un domaine boisé et vallonné de 17ha, où vous pourrez pique-niquer à l'ombre de caroubiers géants, vous promener à bord d'un petit train à vapeur et faire faire un tour de poney aux plus jeunes.

C/ de Montevideo, 45 Avr.-oct. : tlj. 10h-21h ; nov.-mars : tlj. 10h-19h Tren del Oreneta : dim. 10h30-13h30 (sf en août) 2€

BIEN PLUS QU'UN CLUB...

Comme le rappelle crânement sa devise historique (*"Més que un club"* en catalan), le Barça est bien plus qu'un club de foot ! Fondé en 1899 par le sportif suisse Joan Gamper, le FC Barcelona fait la fierté des Catalans avec son palmarès impressionnant et ses joueurs de légende. Fort de quelque 150 000 *socis* (à la fois membres et actionnaires) et supporters enthousiastes (surnommés *culers*), doté d'un stade immense et d'un centre de formation dont sont sortis certains des plus grands (Messi, Xavi, Inestia, Puyol, etc.), ce club est un véritable phénomène de société. Les soirs de *clásico* (*clàssic* en catalan) contre l'ennemi de toujours, le Real Madrid, c'est Barcelone tout entière qui vibre, puis fait la fête en cas de victoire. Attendez-vous alors à trouver beaucoup de monde Plaça de Catalunya !

Caganers **(santons) à l'effigie des joueurs du FC Barcelona**

Assistez à un match de foot

Estadi Camp Nou (plan 6, B3)

Fervent(e) supporteur(trice) du Barça (FC Barcelona), vous pouvez tenter d'acheter un billet pour des matchs disputés au célèbre Camp Nou. De 55 à 80€ en moyenne lors du championnat, à plus de 200€ pour assister à un match important (Real Madrid, Ligue des champions). On peut toujours rêver !

Av. Joan XXIII 934 96 36 00 www.fcbarcelona.com Porte 15 ou porte 9 (nov.-mars) : guichets pour l'achat des billets sur place (15 j. avant le match)

NOS ADRESSES

BAR À TAPAS

Vermut & tapas

La Mundana

Malgré son nom, aucune mondanité dans ce chouette gastrobar en plein cœur du vieux Sants, qui affiche une carte inventive et assez globe-trotteuse de tapas chaudes et froides. Thon rouge au beurre de miso, œuf surprise à la truffe, riz de *cap i pota* à l'anguille, pizza aux artichauts et *calçots* (oignons doux) subliment une belle sélection de vermouths et vins naturels. Comptez en moyenne 30€. Réservation indispensable !

SANTS (plan 6, C3 n°10) C/ Vallespir, 93 934 08 80 23 www.lamundana.cat Tlj. 13h-15h30 et 20h-23h30

Vermut maison

La Bodegueta de Cal Pep

Une vraie *bodega* de quartier aux murs chargés de tonneaux et de bouteilles, où le vermouth *casero* (maison) s'accompagne de moules, de coques à la plancha et de *pescaditos* (petits poissons frits).

SANTS (plan 6, C4 n°11) C/ Canalejas, 12 933 39 30 37 Mar.-ven. 10h-15h, sam.-dim. 12h-15h

RESTAURANTS

Food court

L'Illa Diagonal €

Au sous-sol du centre commercial L'Illa Diagonal, vous n'aurez que l'embarras du choix : tapas chez Café & Tapas, grillades et spécialités catalanes chez Can Vador, poisson extra-frais chez Fishh !, mais aussi des mets d'ailleurs, des sushis aux tacos, en passant par les pâtes fraîches... Et de quoi préparer un pique-nique avec des salades et autres petits plats à emporter.

LES CORTS (plan 6, C2 n°1) Av. Diagonal, 557 934 44 00 00 www.illa.com Oct.-mai : lun.-sam. 9h30-21h ; juin-sept. : lun.-sam. 9h30-22h

Le Rouge et le Noir

Negro-Rojo €€

Design new-yorkais tout en contrastes pour cet espace en deux parties. En haut, le restaurant "Noir" combine produits méditerranéens et recettes exotiques : tartare de thon, ceviche piquant, tacos de *cochinita pibil* (porc mariné)...

Au sous-sol, le très populaire Rojo ("Rouge") propose des tapas japonisantes. Plats 14-24€.

LES CORTS (plan 6, C1 n°20) Av. Diagonal, 640 934 05 94 44 Dim.-mer. 13h-16h et 20h-0h, jeu.-sam. 13h-16h et 20h-2h

SHOPPING

Spécial footeux

FCB Megastore

Impressionnant : sur 2 000m² et trois niveaux, le mégastore du FC Barcelona propose, outre les classiques maillots et accessoires des joueurs du club, des produits dérivés siglés par milliers, tasses, cartables, cahiers, chaussons... et même des chips ! À partir de 50€ le maillot personnalisé. Plusieurs autres boutiques en ville.

LES CORTS (plan 6, B3 n°30) C/ Arístides Maillol Camp Nou 934 09 02 71 shop.fcbarcelona.com Été : tlj. 10h-20h30 ; hiver : tlj. 10h-19h

Incontournable !

El Corte Inglés

La principale chaîne espagnole de grands magasins s'est installée sur l'Avinguda Diagonal. Bon choix de vêtements et de chaussures.

FCB Megastore

LES CORTS (plan 6, B4 n°31) Av. Diagonal, 617 933 66 71 00 www.elcorteingles.es Lun.-sam. 9h30-21h Ouv. lun.-sam. 10h-21h30

Immense

L'Illa Diagonal

Le rendez-vous des Barcelonais, avec toutes les grandes enseignes (Mango, Zara, Textura, Natura), la marque culte Custo Barcelona et d'autres boutiques plus haut de gamme.

LES CORTS (plan 6, C2 n°33) Av. Diagonal, 557 934 44 00 00 www.lilla.com Juin-sept. : lun.-sam. 9h30-22h ; oct.-mai : lun.-sam. 9h30-21h

SORTIES

Un classique de la *nit*

Bikini

Dans le centre commercial L'Illa Diagonal, un passage obligé des nuits barcelonaises. Le concept est simple et efficace : trois salles, trois ambiances. Latino dans la Sala Arutanga, hip-hop et house dans la Sala Bkn, et un agréable bar dans la Sala Dry, où faire une pause en sirotant un cocktail. Concerts certains soirs. Entrée 10-15€ avec une conso.

LES CORTS (plan 6, C2 n°40) Centre commercial L'Illa Diagonal Av. Diagonal, 547 933 22 08 00 www.bikinibcn.com Ven.-sam. 0h-6h

Direction la grande bleue ! De Port Vell au Fòrum se déploient 4km de plages de sable fin jalonnées de bars, de restaurants de poisson et de marinas. Le mouvement de transformation de ce front de mer, impulsé par les JO de 1992, a favorisé le renouveau de Poblenou, quartier ouvrier devenu le rendez-vous des créatifs barcelonais... À découvrir à pied ou à vélo, à admirer du large ou du haut du téléphérique !

La façade maritime

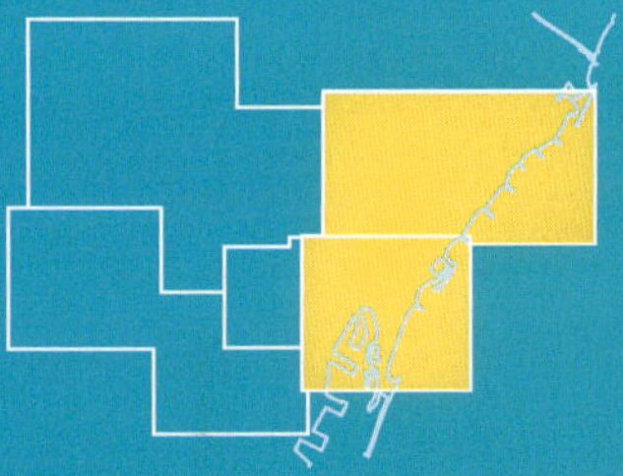

Pèrgola fotovoltaica del Fòrum, Elías Torres et José Antonio Martínez Lapeña

Plan 7
Plan 8
Plan 1
Plan 5
ARC DE TRIOMF
Ronda de Sant Pere
URQUINAONA
Via Laietana
JARDINS DEL FORAT DE LA VERGONYA
LA CIUTAT VELLA
Pl. de St Cugat
MERCAT DE SANTA CATERINA
LA RIBERA
Passeig de Pujades
WELLINGTON
CASCADA
PARC DE LA CIUTADELLA
PARLAMENT DE CATALUNYA
CIUTADELLA VILA OLÍMPICA
Carrer de la Marina
Passeig de Picasso
PARC ZOOLÒGIC
Plaça d'Antoni Maura
MUSEU PICASSO
Plaça Comercial
Pl. de Ramon Berenguer el Gran
JAUME I
BASÍLICA DE SANTA MARIA DEL MAR
CATEDRAL
Av. del Marquès de l'Argentera
ESTACIÓ DE FRANCIA
30
Passeig de Circumval·lació
Carrer del Dr. Aiguader
B-10
PALAU DE LA GENERALITAT
PARC DE LA BARCELONETA
SANTA MARIA DEL PI
Via Laietana
Pla de Palau
BARCELONETA
C. de Balboa
14
13
23
10
C. de Ginebra
Plaça de Pau Vila
Pl. de Pompeu Gener
LICEU
BARRI GÒTIC
Plaça d'Antonio López
Passeig de Colom
MUSEU D'HISTÒRIA DE CATALUNYA
21
11
C. de la Maquinista
LA BARCELONETA
Moll del Dipòsit
Plaça de George Orwell
15
1
BASÍLICA DE LA MERCÈ
12
20
C. de l'Almirall Cervera
La Rambla
Plaça de l'Ictíneo
Moll de la Barceloneta
Passeig de Joan de Borbó
24
C. Nou de la Rambla
Plaça de Joaquim Xirau
Moll de Bosch i Alsina
Moll d'Espanya
MARINA
C. de l'Almirall Cervera
PLATJA DE LA BARCELONETA
C. de l'Al. Aixada
DÀRSENA NACIONAL
DRASSANES
Passeig de Colom
AQUÀRIUM
Moll del Rellotge
C. del Judici
Av. de les Drassanes
P. d'Ítaca
PAILEBOT SANTA EULÀLIA
PORT VELL
MONUMENT A COLOM
MUSEU MARÍTIM
Rambla de Mar
MAREMAGNUM
C. de l'Escar
Av. del Paral·lel
TORRE DEL RELLOTGE BARCELONETA
PLATJA DE SANT MIQUEL
Plaça de les Drassanes
TORRE DE SANT SEBASTIÀ
Moll de Barcelona
TORRE DE JAUME I
TELEFÈRIC DEL PORT
PLATJA DE SANT SEBASTIÀ
Moll de Sant Bertran
WORLD TRADE CENTER BARCELONA
DÀRSENA DE SANT BERTRÀN
Moll de Catalunya
Passeig de Joan de Borbó
Ronda del Port
Moll Occidental
Moll Oriental
PUERTO DE BARCELONA
Plaça de la Rosa dels Vents
1
2
3
4
A
B

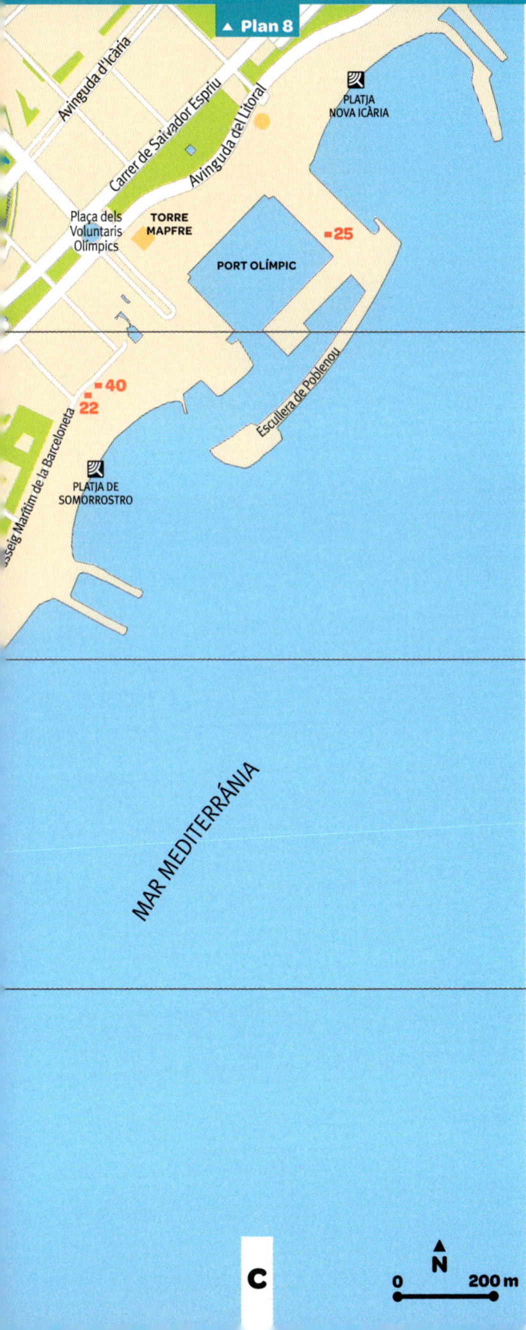

Pauses (n°1)

1 Baluard - *p.171* B2-B3

Bars à tapas (n°10 à 15)

10 Bar Jai Ca - *p.171* B2
14 Bitacora - *p.172* B2
13 El Vaso de Oro - *p.172* B2
15 L'Òstia - *p.171* B2
11 La Bombeta - *p.172* B2
12 La Cova Fumada - *p.172* B3

Restaurants (n°20 à 25)

22 Agua - *p.173* C2
21 Can Maño - *p.172* B2
24 Can Solé - *p.173* B3
23 Cheriff - *p.173* B2
25 El Cangrejo Loco - *p.181* C1
20 L'Electricitat - *p.172* B3

Shopping (n°30)

30 Lost&Found Market - *p.173* .. B2

Sorties (n°40)

40 Opium - *p.183* C2

Pauses (n°1 et 2)
1 Espai Joliu - *p.181* B3
2 Megataverna L'Ovella Negra - *p.181* A4

Restaurants (n°20 à 25)
23 Aguaríbay - *p.181* B3
25 Els Tres Porquets - *p.182* B2
21 Market Cuina Fresca - *p.182* B3
20 Tras Paso - *p.181* C2
22 Xiringuito Escribà - *p.182* B4

Shopping (n°32)
32 Diagonal Mar Centre Comercial - *p.182* C1

Sorties (n°40 et 41)
41 Madame George - *p.183* .. B2-B3
40 Razzmatazz - *p.183* B3

RENDEZ-VOUS AVEC...
Les adresses de Pepi de Boissieu

Pauses
D El Tío Ché - *p.164* B3
C Nømad Roaster's Home - *p.164* B3

Restaurants
E Els Pescadors - *p.165* C3

Shopping
A Mercat dels Encants - *p.164* . A3
B Oriol Brocanter - *p.164* B3

Rambla de Prim
Av. d'Ed. Maristany
EL MARESME FÒRUM
FÒRUM
MUSEU BLAU
PÉRGOLA FOTOVOLTAICA DEL FÒRUM
PARC DEL FÒRUM
EL MARESME
32
Avinguda Diagonal
SELVA DE MAR
C. de Josep Pla
PARC DE DIAGONAL MAR
Carrer de Llull
Carrer de la Selva de Mar
seig de Pujades
Carrer de Ramon Turró
20
PALO ALTO
Passeig de Garcia Fària
Avinguda del Litoral
PLAYA DE LLEVANT
Carrer de Bac de Roda
23
PLATJA DE LA NOVA MAR BELLA
MAR MEDITERRÁNIA
de Bilbao
3
PLATJA DE LA MAR BELLA
sseig de Calvell
PLATJA EL BOGATELL
C
D
N
0
400 m

CINQ BONNES RAISONS...

... de rejoindre la grande bleue, pour des moments à partager entre session plage, terrasses de bord de mer et activités sportives.

ON BULLE À Port Olímpic (p.174), les terrasses avec vue sur la mer et la marina constituent une excellente pause entre deux baignades.

ON MET LES VOILES Laissez-vous chavirer par la magnifique collection de navires du Museu Marítim (p.166).

ON BOUGE SON CORPS En s'essayant au *patí català* (p.179) ou au pilates sur l'eau (p.168).

ON SE LA ROULE DOUCE Sans doute la meilleure option pour rallier les flots à l'abri des bouchons, en profitant d'un itinéraire délectable : la traversée du parc de la Ciutadella et du Port Olímpic à vélo (p.179).

ON CHINE Session de marchandage et de bonnes affaires sur les marchés éphémères de Palo Alto (p.179) et de Lost&Found (p.173). *Food trucks* et DJs seront de la partie !

RENDEZ-VOUS AVEC...

Directrice artistique dans le domaine de la gastronomie, **Pepi de Boissieu** (pepideboissieu.com) a établi ses pénates et son studio *Baba au Rhum* à Poblenou. Un quartier à son image, débordant de créativité et cosmopolite, dont voici ses adresses fétiches.

Mon marché aux puces

A Mercat dels Encants

Je m'y arrête souvent après une visite au musée du Design voisin, pour chiner de vieux ustensiles émaillés parmi ses nombreux étals. La règle d'or, c'est de bien négocier ! À l'étage, on peut boire un verre ou manger sur le pouce au milieu d'une foule bigarrée.

C/ de los Castillejos, 158 ☎ 932 45 22 99 www.encantsbcn.es ⏲ Lun., mer. et ven.-sam. 9h-20h

Ma caverne d'Ali Baba

B Oriol Brocanter

Voilà un brocanteur comme il en reste peu à Barcelone. Sa boutique n'en est pas vraiment une. En fait, ce sont quatre vieux entrepôts accolés, où il a accumulé des centaines de meubles anciens et de bibelots extravagants. Je peux passer des heures à farfouiller dans ce bric-à-brac en quête de l'objet rare.

Passatge d'Iglésias, 13 ☎ 932 21 33 33 ⏲ Lun.-ven. 8h-14h

Mon café

C Nømad Roaster's Home

Mon spot favori pour une pause-café ! J'adore ses crus exotiques et la bonne odeur de café torréfié qui règne dans la boutique. Et je ne suis pas la seule. J'y croise inévitablement tous mes amis qui travaillent

dans le quartier. Le Poblenou est un authentique vivier de créatifs, et ils carburent tous au petit noir de chez de Nømad entre deux réunions.

C/ de Pujades, 95 ☎ 628 56 62 35 www.nomadcoffee.es ⏲ Lun.-ven. 9h-17h

Ma pause sucrée

D El Tío Ché

Toutes les familles du Poblenou se retrouvent chez "l'oncle Ché", un établissement centenaire, qui n'a rien perdu de son authenticité. C'est un endroit que j'adore fréquenter le week-end à l'heure du

ENVIE DE FLÂNER ?

J'enfourche ma bicyclette pour voir défiler les bâtiments industriels de style moderniste et les anciennes maisons de pêcheurs disséminés dans le quartier, avant de gagner le décor un peu lunaire du **Parc del Centre del Poblenou**, imaginé par Jean Nouvel (p.180).

Mercat dels Encants

SI EL POBLENOU ÉTAIT…
Une chanson Ce serait *California Dreamin*, de The Mamas & the Papas. Car il y a quelque chose d'un peu californien dans ce quartier si proche de la mer, dont la plupart des habitants sont des expatriés.

goûter, pour m'offrir un *granizado* rafraîchissant ou une *horchata* parfumée – pour moi, la meilleure de la ville !

Rambla del Poblenou, 44-46 ☎ 933 09 18 72 www.eltioche.es ⏲ Été : dim.-jeu. 10h-1h, ven.-sam. 10h-2h ; hiver : jeu.-mar. 10h-22h Fermé mi-jan.-début fév.

Ma table iodée

E Els Pescadors

C'est un restaurant de produits de la mer classique, installé sur une charmante placette, qui me rappelle le sud de l'Espagne. L'été, j'opte pour un poisson frais servi sur la terrasse ombragée. L'hiver, je me régale de la meilleure soupe de poisson au monde (parole d'experte !), attablée dans la salle à manger centenaire.

Pl. de Prim, 1 ☎ 932 25 20 18 www.elspescadors.com ⏲ Tlj. 13h-15h30 et 19h45-22h30 Fermé quelques j. autour de Noël

PORT VELL ET LA BARCELONETA

Au bas de la Rambla, l'appel du large se fait sentir ! Des paquebots de croisière géants amarrés devant des bâtiments ultramodernes signalent le vieux port réaménagé en complexe de loisirs. Dans son prolongement s'étend la Barceloneta, l'ancien quartier des pêcheurs aux ruelles tendues de linge frais. La plage se trouve juste derrière. On respire et on en profite !

À VOIR

AUTOUR DE LA PLAÇA DEL PORTAL DE LA PAU

Face au port, la Plaça del Portal de la Pau a remplacé une porte d'enceinte du 16e s. La colonne du monument à Christophe Colomb permet de la repérer de loin. Les arsenaux royaux de jadis et leur Musée maritime ainsi que l'ancienne maison du gouverneur donnent sur l'esplanade.

Un navigateur au sommet

Monument a Colom (plan 7, A3)

Plaça del Portal de la Pau, au faîte d'une colonne en fonte, trône une imposante statue de Christophe Colomb, doigt pointé vers le large. Ce monument haut de 60m, devenu l'un des symboles de Barcelone, fut inauguré à l'occasion de l'Exposition universelle de 1888. Il s'agissait de célébrer l'accueil fait au navigateur génois en 1493, au terme de son premier voyage aux Amériques, en même temps que le progrès. Le mirador aménagé sous la statue, à 52m du sol, offre des vues spectaculaires et vertigineuses de la ville et de ses environs.

Pl. Portal de la Pau 932 85 38 32 Tlj. 8h30-20h30 (dernier accès à 19h30) 6€

> **DRÔLE D'AFFAIRE**
> Pointé résolument vers la mer, l'index (long de 50cm) de la colossale **statue de Christophe Colomb**, au bas de la Rambla, n'indique pas la direction de l'Amérique, mais l'est de la Méditerranée. Pour l'orienter plein ouest, vers le Nouveau Monde, il aurait fallu tourner la statue vers la terre ferme. L'option fut donc abandonnée...

Un exceptionnel arsenal médiéval

Museu Marítim ★ (plan 7, A3)

Prodige du gothique civil catalan, l'ancien arsenal royal (*Drassanes Reials*) est dans un état de conservation exceptionnel. Il a été construit à la fin du 13e s. et agrandi jusqu'au 18e. On pouvait entreposer 30 navires sous les voûtes de ses huit nefs, hautes de 13m. Un passionnant musée occupe la partie la plus ancienne de cette cathédrale profane. On peut y étudier de près des barques

À NE PAS MANQUER
- Museu Marítim
- La Barceloneta

Centre commercial Maremagnum

de pêche catalanes, suivre l'évolution des techniques de construction navale et admirer des cartes et atlas médiévaux. Une salle est consacrée à Colomb, une autre à Magellan. Ne manquez pas les figures de proue, les émouvants ex-voto et la section dédiée au commerce maritime. Le fleuron de la collection est la réplique grandeur nature du vaisseau amiral de la flotte chrétienne qui battit les Ottomans à Lépante en 1571. Le billet donne aussi accès à un splendide trois-mâts ancré dans le port : la goélette *Santa Eulàlia* (1918).

Av. Drassanes ☎ 933 42 99 20 www.mmb.cat ⏲ Tlj. 10h-19h Dernière entrée à 19h Fermé 1er et 6 jan., 25-26 déc. € 10€ Pailebot *Santa Eulàlia* (plan 7, B3) Moll de Bosch i Alsina ☎ 933 42 99 20 (rés.) ⏲ Avr.-oct. : mar.-ven., dim. et j. fér. 10h-20h30, sam. 14h-20h30 ; hors saison, ferme à 17h30

PORT VELL

Le vieux port a été réaménagé à l'occasion des JO de 1992. Sur le **Moll de Barcelona** (plan 7, A4), où accostent les bateaux de croisière, s'élève désormais un **World Trade Center** (1999) en forme de paquebot. Dessiné par Ieoh Ming Pei, il réunit des bureaux, un centre de congrès, plusieurs restaurants et hôtels de luxe. Un pont flottant, la **Rambla de Mar** (plan 7, A3), relie la Plaça del Portal de la Pau au **Moll d'Espanya** (plan 7, B3), que dominent la masse grise du centre commercial **Maremagnum** et un immense aquarium. La promenade plantée qui longe le port en direction de la Barceloneta débouche sur une sculpture pop-art de l'Américain Roy Lichtenstein, *Barcelona's Head* (1992).

Immersion en Méditerranée

Aquàrium (plan 7, B3)

Ses bassins reconstituent une vingtaine d'écosystèmes marins : delta de l'Èbre, atolls du Pacifique, récifs coralliens de la mer Rouge, etc. L'occasion de découvrir notamment de splendides poissons tropicaux. Clou du spectacle, l'*Oceanario*, tunnel de 80m recréant les fonds méditerranéens. Porté par un tapis roulant, vous évoluez au milieu de bancs de poissons, en admirant le vol des aigles de mer au-dessus des requins gris... Spectaculaire !

Moll d'Espanya Port Vell ☎ 932 21 74 74 www.aquariumbcn.com ⏲ juin-sept. : tlj. 10h-21h ou 21h30 ; oct.-mai : tlj. 10h-19h30 ou 20h € 21€

LA BARCELONETA ★

Au 17e s., un remblai de sable extrait du port rattacha cet îlot à la terre ferme et, à partir des années 1750, il fut loti pour accueillir les marins et autres travailleurs de la mer expulsés de la Ribera par le chantier de la citadelle. Ordonné autour de la **Plaça de la Barceloneta** et de son **église Sant Miquel**, ce quartier a conservé son animation populaire. Visiteurs et habitués se pressent dans les vieilles tavernes et les nombreux restaurants de poisson qui bordent ses ruelles tracées au cordeau et le **Passeig de Joan de Borbó** (plan 7, B2-B4). Ce dernier conduit au port de pêche et à la **Torre de Sant Sebastià** (plan 7, B4), d'où un téléphérique permet de gagner Montjuïc. Sur le front de mer, le Passeig Marítim (plan 7, C2) invite à la flânerie.

Entre le passeig Joan de Borbó et le passeig Marítim

Zoom sur l'histoire de la Catalogne

Museu d'Història de Catalunya (plan 7, B2)

Dans les anciens magasins généraux du port (1900), dénouez les fils de l'histoire catalane ! Une présentation dynamique mêlant objets, documents, maquettes et animations interactives, pour mieux appréhender les différents aspects de la culture locale (brochure en français). Le toit-terrasse et son café-restaurant offrent une vue splendide sur le port, la vieille ville et Montjuïc.

Palau de Mar Pl. Pau Vila, 3 ☎ 932 25 47 00 www.mhcat.cat ⏲ Mar. et jeu.-sam. 10h-19h, mer. 10h-20h, dim. et j. fér. 10h-14h30 € 4-6,50€

À FAIRE

Initiez-vous à l'aquapilates

Pilates Sup Beach (plan 7, B4)

Un mix de pilates, yoga et fitness sur l'eau conçu par Ely Merino, naïade espagnole aussi zen que sympathique ! Les cours (en espagnol ou en anglais) durent environ 1h15 et se déroulent en petit comité face à l'hôtel W Barcelona. Des sessions "brunch & yoga" sont aussi organisées régulièrement.

Plaza dels Vents ☎ 660 78 04 66 http://pilatessupbeach.com

Admirez la ville du large

Las Golondrinas (plan 7, A3)

En service depuis 1888, les "hirondelles" font le tour des ports de commerce et de plaisance en 40min (7,50€) toute l'année. À la belle saison, ces

TAPAS BARCELONAISES

Bien que les tapas soient d'origine andalouse, à Barcelone comme ailleurs en Espagne, on raffole de ces amuse-gueules. Au comptoir d'un bar animé ou debout dans la rue devant un tonneau, on les accompagne d'une bière bien fraîche, d'un verre de *vermut* ou de cava. Parmi les classiques figurent la *tortilla* (omelette aux pommes de terre), les *patatas bravas* (pommes de terre sautées accompagnées d'une sauce piquante), les *albóndigas* (boulettes de viande aux herbes), les *croquetas* (de morue, au jambon, au poulet, etc.), et les *pimientos* (poivrons marinés, parfois farcis). Tout comme il existe des variantes basques, les *pintxos*, s'ajoutent des créations catalanes telles que les *anxoves* ou *boquerons* (anchois marinés ou grillés), les *chipirones* (calamars frits), les *bunyols* (beignets à la morue ou au fromage), ou encore les fameuses *bombas*. Très populaires à la Barceloneta – on dit même qu'elles y auraient été inventées et que leur nom fait allusion au bombardement de décembre 1842, cf. Castell de Montjuïc (p.145) –, cette boule de viande enrobée de pomme de terre et accompagnée d'une sauce piquante se déguste de préférence à La Bombeta ou à La Cova Fumada (p.172).

Tapas

"bateaux-mouches" longent également la façade maritime jusqu'au Fòrum (8€ AS et 15€ AR). La croisière nocturne de 1h avec apéritif et animation flamenca (jeu. et dim.) ou soul (ven.-sam.) revient à 18€.

Moll de les Drassanes (face au Monument a Colom) 934 42 31 06 www.lasgolondrinas.com Été : tlj. 10h-20h (toutes les 30min) ; reste de l'année : tlj. 10h-17h (4-5 départs/j.)

Profitez de la mer

Platja de Sant Sebastià

(plan 7, B4)

Entre l'hôtel W, un palace signé Ricardo Bofill, et la Plaça del Mar, cette plage assez tranquille est appréciée des résidents comme des touristes.

Platja de La Barceloneta

(plan 7, B3-C2)

Son accès facile en transports en commun, ses terrains de volley, tables de ping-pong, équipements de musculation et nombreux *xiringuitos* (bars de plage) en font le rendez-vous des jeunes de tous horizons.

Volleyball sur la plage de Sant Sebastiá

Plongez ou dormez avec des requins

Aquàrium (plan 7, B3)

Vivez une expérience inoubliable à l'Aquàrium de Port Vell (p.167). Si vous êtes majeur et titulaire d'une licence de plongée, vous pourrez barboter dans le bassin principal parmi les requins et des myriades de poissons moins intimidants (300€, sur rés.). Les plus jeunes ne sont pas oubliés : des *pyjama-parties* d'un genre inédit sont proposées aux 3-12 ans. Il s'agit d'observer, la nuit, les squales derrière les vitres de l'aquarium, en pyjama et roulé dans un sac de couchage ! Il n'est pas interdit de s'endormir... (90€, sur rés.).

Moll d'Espanya Port Vell

Prenez de la hauteur

Telefèric del Port (plan 7, A4-B4)

Le spectaculaire Transbordador Aeri relie depuis 1931 la Torre de Sant Sebastià, à La Barceloneta, aux jardins Mossèn Costa i Llobera, à Montjuïc (p.144). Les cabines rouges cheminent au-dessus de la mer et du port (1,3km) à plus de 70m de hauteur, offrant des vues à couper le souffle de la ville. Personnes sujettes au vertige s'abstenir !

Départs Torre de Sant Sebastià (Passeig de Joan de Borbó) et Torre Miramar (Avinguda de Miramar) 934 30 47 16 www.telefericodebarcelona.com Horaires sujets à modification, en principe de 11h à 17h30, 19h ou 20h selon la saison Fermé 25 déc. AS 11€, AR 16,50€.

Vivez des émotions fortes en mer...
Vous aimez les sports de glisse ? Testez le ski nautique, le jet-ski, le *flyfish* (bouée tractée) ou même le *fly-board* (l'engin vous propulse sous l'eau, puis vous fait voler à plusieurs mètres de hauteur), ou parachute ascensionnel. Location notamment au Corsa Nautica (Moll de Marina, 9). Quand le vent se lève sur les plages de Sant Sebastiá (p.170) et de la Barceloneta (p.170), prenez le large avec les véliplanchistes et kitesurfeurs locaux. Vous pourrez louer tout le matériel requis sur place.

NOS ADRESSES

PAUSES

Aux beaux jours, les *xiringuitos* fleurissent sur le littoral. Ouverts de 9h à minuit environ, ces bars de plage éphémères ravitaillent les baigneurs en boissons fraîches et petits plats. Difficile d'y trouver une table l'après-midi ou en soirée, mais quel délice d'y savourer un petit déjeuner face à la grande bleue !

Pour un casse-croûte

Baluard
Les effluves qui s'échappent de cette boulangerie sont tout simplement irrésistibles... De l'avis général, c'est de ses fourneaux que sortent les meilleurs pains de la ville (*baguets*, pains de campagne et autres *pans* spéciaux). Idéal pour un en-cas à la *platja* !

LA BARCELONETA (plan 7, B2-B3 n°1)
C/ Baluard, 38 932 21 12 08
www.baluardbarceloneta.com
Lun.-sam. 8h-21h Fermé j. fér.

BARS À TAPAS

Taverne gastronomique

L'Òstia
Puisant dans la tradition familiale, Jaume Muedra a su allier l'esprit des tavernes d'antan au meilleur des tables contemporaines. Le résultat : des tapas classiques, mais de bonne tenue – *bomba*, beignets de morue, *patatas bravas* –, des entrées aux saveurs marines – maquereau à l'escabèche, *esqueixada*, petite friture... – et d'appétissantes assiettes, comme la tortilla de morue et piments d'Ibarra. Comptez 20-30€.

LA BARCELONETA (plan 7, B2 n°15)
Pl. Barceloneta, 1-3 932 21 47 58
www.lostiabcn.com Tlj. 10h-23h30

Y'a de l'ambiance !

Bar Jai Ca
Bondé et bruyant : la réputation de Jai-Ca vous a précédé ! Une belle occasion de humer l'animation de la Barceloneta en savourant, au comptoir ou sur l'une des rares tables, des moules et des tomates en vinaigrette, des *chipirones* (calamars) frits, des *gambas a la planxa* ou un *pincho moruno* (brochette de porc mariné au

paprika). Tapas 1,75-14,90€. Autre adresse dans la même rue.

LA BARCELONETA (plan 7, B2 n°10) C/ Ginebra, 13 93 268 32 65 www.barjaica.com Mer.-lun. 9h-23h30 Autre adresse (plan 7, B2) C/ Ginebra, 9 Mer.-lun. 12h-0h

Hors des sentiers battus
La Bombeta

Ce bar ne paie pas de mine, mais on y passe en famille partager des tapas de fruits de mer grillés et l'incontournable *bomba* (4€), fierté de tout un quartier, cf. Tapas barcelonaises (p.169). Comptez 15-20€ à la carte. Pas de CB.

LA BARCELONETA (plan 7, B2 n°11) C/ Maquinista, 3 933 19 94 45 Jeu.-mar. 12h-0h Fermé sept. et 2 sem. en fév.

Passage obligé
La Cova Fumada ♥

C'est dans cette cantine de quartier, tenue par la même famille depuis des lustres, qu'aurait été inventée la *bomba* (2€) ! Les voisins venus discuter autour d'un verre s'y régalent d'artichauts frits (3€) ou de morue à la *llauna* (6€).

LA BARCELONETA (plan 7, B3 n°12) C/ Baluard, 56 932 21 40 61 Sept.-juil. : lun.-mer. 9h-15h, jeu.-ven. 9h-15h et 18h-20h, sam. 9h-13h

Une adresse en or
El Vaso de Oro

Le long comptoir laisse peu de place aux tables du fond, objets de toutes les convoitises. Ici, tout évoque le glorieux passé maritime du quartier : les appliques en forme de hublot, le bois verni des cloisons et la tenue des serveurs, parée de galons d'officiers ! Essayez les *patatas bravas* (4,20€) ou le fondant filet de bœuf rossini (22€), spécialité de la maison. Bon choix de bières. Pas de CB.

LA BARCELONETA (plan 7, B2 n°13) C/ Balboa, 6 933 19 30 98 www.vasodeoro.com Tlj. 12h et 0h Fermé 3 sem. en sept.

Petit mais costaud !
Bitacora

Dans ce bar convivial, on s'installe au comptoir pour un apéro et quelques tapas (2,20-8,40€), ou en salle ou dans le patio pour combler une grosse faim. Quelques salades et plats variés à la carte, et un menu très consistant en semaine (12€). Env. 15-20€ le repas avec boisson. Pas de CB.

LA BARCELONETA (plan 7, B2 n°14) C/ Balboa, 1 933 15 35 88 Lun.-ven. 9h-0h, sam.-dim. 10h-0h

RESTAURANTS

L'authenticité à prix doux
L'Electricitat €

Cette maison centenaire régale ses clients d'un excellent *vermut*, de tapas et de mets traditionnels comme le *lacón* (épaule de porc salée), la *tortilla* et maintes recettes à base de poisson et de fruits de mer. Prix imbattables (tapas 1-12€).

LA BARCELONETA (plan 7, B3 n°20) C/ Sant Carles, 15 932 21 50 17 Mar.-ven. 8h-15h et 19h-22h30, sam. 8h-15h30 et 19h-22h30, dim. et j. fér. 8h-15h45 Fermé 1 sem. à Pâques

Rendez-vous de quartier
Can Maño €

Une taverne de pêcheurs qui a su conserver toute sa fraîcheur. À l'ardoise, des maquereaux et sardines grillées ail-persil connus de tout le quartier. Le poisson du jour y est servi sans fioritures, cuit dans les règles de l'art (7-8,50€).

LA BARCELONETA (plan 7, B2 n°21) C/ Baluard, 12 933 19 30 82 Lun. 20h-23h, mar.-ven. 8h15-16h et 20h-23h, sam. 8h15-16h

Agua

Efficace

Agua €€

Dans une salle agréable (mobilier néo-rustique, œuvres d'artistes locaux exposées aux murs ou entre les tables...) ou sur la terrasse donnant sur la plage, des plats de poisson (16-24€) et des spécialités de riz (15-23€) très appréciés, surtout le week-end ! Goûtez l'*arròs al carbò* aux cœurs d'artichauts, seiches et crevettes (22€). Env. 35-40€ le repas.

LA BARCELONETA (plan 7, C2 n°22) Passeig Marítim de la Barceloneta, 30 932 25 12 72 www.restauranteagua.com Dim.-jeu. 12h-23h30, ven.-sam. 12h-0h30

Tradition fruits de mer

Cheriff €€€

Les meilleurs crustacés et coquillages, paellas et *fideuàs* de la Barceloneta, aux dires des gens du quartier ! Dans la salle rustique où glougloute un vivier à homards, chaque recette se révèle parfaite. Comptez 45€ le repas (sans le vin), davantage si vous commandez des fruits de mer au poids !

LA BARCELONETA (plan 7, B2 n°23) C/ Ginebra, 15 933 19 69 84 Mar.-sam. 13h-16h et 20h-22h30, dim. 13h-16h

Au calme

Can Solé €€€

D'excellents plats du jour aux saveurs iodées (cigales de mer 38,50€) et plats de riz, notamment aux fruits de mer (env. 40€ pour 2 pers.) ou à l'encre de seiche (26€).

LA BARCELONETA (plan 7, B3 n°24) C/ Sant Carles, 4 932 21 50 12 restaurantcansole.com Mar.-jeu. 13h-16h et 20h-23h, ven.-sam. 13h-16h et 20h30-23h, dim. 13h-16h

SHOPPING

Vintage

Lost&Found Market

Sous l'immense structure en fer de l'Estació de França, un rendez-vous immanquable pour les amateurs de vintage : vêtements de seconde main, objets rétro, vinyles... L'été, ses stands migrent vers des spots à l'air libre, notamment sur le Moll de la Fusta.

LA BARCELONETA (plan 7, B2 n°30) Estación de Francia, Av. del Marquès de l'Argentera 674 69 61 77 http://lostandfoundbcn.com

PORT OLÍMPIC ET POBLENOU

Voici la Barcelone qui se réinvente ! Au nord-est de la Barceloneta, les vieux entrepôts de Poblenou ont fait place aux installations contemporaines du Port Olímpic, tandis qu'ateliers d'artistes et start-up essaiment dans ce vieux quartier ouvrier. Le long de l'Avinguda Diagonal poussent les édifices futuristes du district 22@Barcelona et, tout au bout de l'avenue, se développe la cité du 21e s.

À VOIR

PORT OLÍMPIC

L'entrée du port olympique des JO de 1992 est signalée par les **torres Mapfre et Arts** (plan 7, C1), hautes de 153m, et par le gigantesque *Peix* (poisson) doré de Frank Gehry. Au pied des tours, la sculpture *David i Goliat* d'Antoni Llena évoque la destruction des quartiers ouvriers pour les besoins des olympiades. Au nord du rond-point s'élèvent les édifices en brique du **village olympique**, revendus à prix d'or après les Jeux. Le port est devenu un lieu de sortie populaire avec ses restaurants de poisson et ses bars donnant sur la marina. Au-delà du centre nautique, une passerelle mobile dessert l'**Escullera del Poblenou** (plan 7, C1-C2), digue offrant une belle vue sur la ville. Au nord se succèdent les plages de Nova Icària, Bogatell et Nova Mar Bella.

POBLENOU

Les JO de 1992 ont favorisé le renouveau de Poblenou, le "Manchester catalan", qui joua un rôle moteur dans l'économie régionale au tournant des 19e et 20e s. Logements bourgeois, PME, galeries et ateliers d'artistes peuplent désormais le damier des rues tranquilles de ce quartier longtemps délaissé, et sa partie septentrionale accueille un pôle technologique et architectural : 22@Barcelona.

Au cœur de Poblenou

Rambla del Poblenou (plan 8, B2-C3)

Passeig del Triomf de son nom d'origine, cette avenue percée au 19e s. a toujours été appelée "Rambla del Poblenou", au point que cette dénomination lui a été reconnue officiellement en 1986. Axe névralgique du quartier, elle est bordée d'immeubles modernistes, de cafés, de restaurants et de commerces.

Rambla del Poblenou

Le quartier de l'innovation

22@Barcelona (plan 8, A2-B3)

La partie nord de Poblenou (autour de l'Avinguda Diagonal), sinistrée par la crise du secteur manufacturier, fait depuis 2001 l'objet d'un ambitieux

À NE PAS MANQUER

- Port Olímpic
- Museu Can Framis – Fundació Vila Casas
- Museu Blau
- Les plages
- Les restaurants de poisson du Poblenou

Museu del Disseny

programme de revitalisation urbaine appelé 22@Barcelona. L'objectif ? Transformer 220ha de friches industrielles en un vivier d'entreprises de pointe dans les secteurs de l'information et des services. Des architectes de renom collaborent à ce projet : Jean Nouvel avec la Torre Agbar (renommée Glòries depuis) et le Parc del Centre del Poblenou (p.180), Enric Ruiz-Geli avec son Media-Tic à l'étonnante façade gonflable et le bureau MBM Architectural pour le Disseny Hub (p.176).

Du fil à retordre

Museu Can Framis – Fundació Vila Casas (plan 8, B2)

Au cœur du district 22@Barcelona, l'ancienne filature Can Framis a été reconvertie en espace d'exposition. Les deux bâtiments de la fin du 18e s. sont désormais reliés par un édifice en béton brut, conçu par Jordi Badia (2009). Le complexe accueille la collection d'art contemporain catalan de la fondation Vila Casas – avec des œuvres d'Antoni Tapiès, Robert Llimós, Zush, Jaume Plensa, etc. – et deux expositions temporaires renouvelées régulièrement.

C/ Roc Boronat, 116-126 933 20 87 36 www.fundaciovilacasas.com Mi-sept.-juil. : mar.-sam. 11h-18h, dim. 11h-14h 5€

Une nouvelle icône

Torre Glòries (ex-Agbar) (plan 8, A2)

Haute de 142m, la tour Agbar, rebaptisée Glòries en 2017, est à la fois l'emblème du quartier innovant 22@Barcelona et le symbole pointant dans le ciel de la Barcelone du 21e s. Ce modèle d'architecture bioclimatique est censé évoquer le massif montagneux de Montserrat, mais sa forme de projectile géant lui a valu maints surnoms, dont celui de suppositoire... C'est à Jean

Nouvel que l'on doit cette tour recouverte de milliers de petites plaques de verre irisé, inaugurée en 2005.

Av. Diagonal, 211

SENSATIONS FORTES

Les 56 000 lames de verre qui habillent la **Torre Glòries** ont plus de quarante teintes différentes, de sorte que l'édifice change de couleur au fil des heures, en fonction de la lumière. L'effet est particulièrement spectaculaire de nuit, quand la tour illuminée se pare de rouge et de bleu.

Au centre du design

DHUB (Disseny Hub Barcelona) – Museu del Disseny (plan 8, A2-A3)

Ce complexe inauguré en 2014 accueille le principal centre barcelonais de recherche et de promotion du design. La discipline est abordée sous toutes ses facettes, des technologies et processus de production à la consommation dans le monde. Y sont par ailleurs réunies les collections de plusieurs musées – Arts décoratifs, Arts graphiques, Céramique, Mode et textile, soit un fond de 70 000 objets – précédemment installés au Palau Reial de Pedralbes (p.151).

Pl. Glòries Catalanes, 37-38 932 56 68 00 www.museudeldisseny.cat Mar.-dim. 10h-20h 6€ (valable 2 j.), gratuit 1er dim. du mois et autres dim. à partir de 15h

Rendez-vous avec la musique

Museu de la Música (plan 8, A3)

Au deuxième étage de l'auditorium (p.180), embarquez pour un tour du monde musical à travers les âges, des chants polyphoniques aux musiques numériques. Au programme, la découverte de centaines d'instruments du monde entier, dont une magnifique collection de guitares classiques et de castagnettes de différentes époques, et des archives sonores (l'occasion d'écouter le violoncelle de Pau Casal). La galerie interactive vous permettra d'éprouver vos talents d'improvisation sur le matériel mis à disposition.

L'Auditori C/ Lepant, 150 932 56 36 50 ajuntament.barcelona.cat/museumusica Mar.-mer. et ven. 10h-18h, jeu. 10h-21h, w.-e. et j. fér. 10h-19h Fermé 1er et 6 jan., 1er mai, 24 juin, 15 août, 11 sep. et 25-26 déc. 6€, gratuit 1er dim. du mois, autres dim. à partir de 15h

FÒRUM ET DIAGONAL MAR

En 2004, profitant de l'émulation suscitée par les JO, le projet du Forum universel des cultures a, à son tour, fait surgir un nouveau quartier entre le Poblenou et Sant Adrià de Besòs. L'Avinguda Diagonal a été prolongée jusqu'à la mer et la promenade étendue pour la rejoindre. Dans ce périmètre, autour de l'immense esplanade du Parc del Fòrum, on remarque le Centre de Convencions Internacional et le spectaculaire **Edifici Fòrum**, en forme de triangle bleu, qui sert d'écrin au Museu Blau. Au sud-ouest, entre l'Avinguda Diagonal et le front de mer, des immeubles d'habitations et de bureaux, un parc, un centre commercial et des hôtels forment l'impressionnant complexe urbain **Diagonal Mar**.

Bienvenue au 21e siècle

Parc del Fòrum (plan 8, D1-D2)

Legs du Forum universel des cultures de 2004, cette immense esplanade de 150 000m^2 accueille des manifestations de toutes sortes (foires, concerts géants). Les installations comprennent une zone de baignade (p.179) et un port de plaisance.

Parc del Fòrum Muelle de la Marina Seca, C/ Pau, 12

Parc del Fòrum

La terre est bleue comme une orange

Museu Blau (plan 8, D1)

Un triangle bleu strié de baies vitrées, comme en lévitation dans les airs ! C'est dans l'ultracontemporain Edifici Fòrum signé Herzog & de Meuron que s'est établi le musée municipal des Sciences naturelles, auparavant logé à la Ciutadella. Ce vaste "musée bleu" – comme notre planète et le bâtiment qui l'abrite – retrace l'histoire de la Terre et dresse un tableau de la nature dans son état actuel. Une muséographie sophistiquée, ludique et interactive, ainsi que des collections plus "classiques" de minéraux, de fossiles et d'animaux naturalisés. Une visite indispensable pour les enfants !

Parc del Fòrum Pl. Leonardo da Vinci, 4-5
932 56 60 02 museuciencies.cat
Mars-sept. : mar.-sam. 10h-19h, dim. et j. fér. 10h-20h ; oct.-fév. : mar.-ven. 10h-18h, sam. 10h-19h, dim. et j. fér. 10h-20h
7€, gratuit 1er dim. du mois, autres dim. à partir de 15h et 12 fév., 18 mai, 24 sept.

Une idée lumineuse !

Pérgola Fotovoltaica del Fòrum (plan 8, D1)

Grande comme un terrain de football et couverte de panneaux solaires, cette plaque photovoltaïque conçue par Elías Torres et José Antonio Lapeña en 2004 peut alimenter en électricité l'équivalent d'un millier de foyers (et éviter ainsi l'émission de 440t de CO^2 par an). Cette superstructure, qui s'élève jusqu'à 50m du sol par endroits, peut résister à des vents de 200km/h.

Parc del Fòrum

L'HORA DEL VERMUT

Produit à Reus depuis la fin du 19e s., le vermouth est redevenu tendance à Barcelone et dans le reste de l'Espagne. Depuis longtemps déjà, l'expression *fer un vermut* est entrée dans le langage courant pour désigner l'heure de l'apéritif en Catalogne. En général, ce rituel – prisé des jeunes autant que de leurs aînés – se déroule les week-ends aux alentours de midi. Dans les *bodegas* traditionnelles, le *vermut* est tiré du tonneau et servi avec une rondelle d'orange, une olive piquée sur un cure-dent et un siphon d'eau de Seltz, comme à la Bodega Manolo (p.118) ou la Bodega del Poblet (p.106). Pour l'accompagner, on picore des anchois marinés, des coques ou des moules en conserve. Mais, avec le retour en grâce de ce vin aromatisé aux plantes, de nombreuses *vermuterias* plus gastro ont fleuri sur la scène des apéritifs barcelonais. Elles offrent une carte de tapas sophistiquées, comme chez Morro Fi (p.105) ou Dalt de Tot (p.125).

Verres de *vermut*

À FAIRE

Testez le *patí català* (catamaran)

Club Patí Vela Barcelona (plan 7, C2)

Sur le Port Olímpic, ce club vous invite à découvrir le traditionnel *patí català*, une embarcation à voile née en Catalogne vers 1920 et constituée de deux coques aux formes rustiques.

Moll de la Marina 670 08 98 79 http://pativelabarcelona.com

Explorez le littoral à vélo

Happy Rental Bike (plan 8, A4)

Ce loueur sérieux propose des vélos de qualité au look discret (noir et sans logo). Emplacement très commode pour filer droit vers la plage !

Carrer de Roger de Flor, 5 933 28 58 34 https://happyrentalbike.com Tlj. 10h-20h
€ À partir de 4€/h.

Profitez des plages

Plages du Poblenou (plan 8, C1-C3)

Bien desservies par les transports en commun, plus paisibles que celles de la Barceloneta et de San Sebastià, les plages de sable fin de **Nova Icària**, **Bogatell**, **Mar Bella**, **Nova Mar Bella** et de **Llevant** bénéficient de postes de secours, de sanitaires, d'installations sportives et du wifi. Les familles plébiscitent Nova Icària et Llevant, Bogatell se veut plus sélecte et sportive, tandis que Mar Bella dispose d'un coin naturiste et d'un club nautique. Les plus tranquilles sont celles de Nova Mar Bella et de Llevant.

Zona de banys del Fòrum (plan 8, D1-D2)

Idéale pour les enfants, cette zone de baignade réunit de grandes piscines d'eau de mer peu profondes, ouvertes toute l'année de 7h à 22h et gratuites pour tous.

Parc del Fòrum M° El Maresme-Fòrum (L4)

Fréquentez un marché alternatif

Palo Alto Market (plan 8, C2)

Tous les premiers week-ends du mois, la crème des artisans, designers et *makers* en tous genres expose ses créations dans cette ancienne usine du Poblenou. Un concentré de coolitude *made in Barcelona*, avec ce qu'il faut de vermouth, concerts et *food trucks* pour assurer l'ambiance. Entrée 4,50 €.

C/ dels Pellaires, 30 931 59 66 70 https://paloaltomarket.com

Faites de l'accrobranche

Bosc Urba (plan 8, D1)

Sorte d'Accrobranche urbaine aménagée sous une immense halle en béton brut. Tyroliennes, passerelles en corde et autres parcours aériens. Trois circuits de difficultés variables, à partir de 3 ans.

Parc del Forum (derrière le Museu Blau) 931 17 34 26 www.barcelonaboscurba.com Mi-juin-mi-sept. : tlj. 10h-15h et 16h-20h ; avr.-mi-juin, mi-sept.-oct. : w.-e. 10h-15h et 16h-20h (tlj. Pâques) ; nov.-mars : w.-e. 10h-15h Fermé Sem. sainte, 25-26 déc., 1er jan. et 6 jan.

Posez-vous au vert en famille

Parc del Centre del Poblenou (plan 8, B1-B2)

Derrière des murs à la Gaudí couverts de bougainvillées, ce jardin public de plus de 5ha, inauguré en 2008, porte la griffe de l'architecte Jean Nouvel. On peut descendre dans son "cratère du monde", s'allonger pour faire la sieste dans un "nid" ou discuter dans un tunnel de fleurs.

Av. Diagonal, 130 933 10 50 94 Nov.-mars : tlj. 10h-19h ; avr.-oct. : tlj. 10h-21h

Parc de Diagonal Mar (plan 8, C1-C2)

Ce parc résolument contemporain a été aménagé à deux pas de la mer, au cœur du complexe Diagonal Mar. Acheminée directement de la nappe phréatique aux plantes par de serpentines structures tubulaires, l'eau y occupe autant de place que la verdure. L'endroit manque un peu de vie, mais la balade vaut pour le lac aux sculptures-geysers ou encore les jardinières en suspension. Les enfants apprécieront l'aire de jeux de la Zona Mágica.

C/ Llull, 362 932 56 60 02 Nov.-mars : tlj. 10h-19h ; avr.-oct. : tlj. 10h-21h € Entrée libre

Allez au spectacle

TNC – Teatre Nacional de Catalunya (plan 8, A3)

Sur ses trois scènes en constante ébullition, du théâtre (des classiques aux pièces d'avant-garde, souvent en catalan), de la danse et de l'opéra.

Pl. Arts, 1 933 06 57 00 www.tnc.cat www.telentrada.com (achat de billets) Billetterie : mer. 16h-19h, jeu.-ven. 17h-20h, sam. 15h-19h, dim. 15h-18h

L'Auditori (plan 8, A3)

Doté d'une acoustique exceptionnelle et d'une technologie de pointe, cet auditorium programme toutes les expressions musicales : musique de chambre ou contemporaine, chant choral, *zarzuela* (opéra-comique espagnol), *cobla* (ensemble instrumental catalan)...

C/ Lepant, 150 932 47 93 00 www.auditori.cat www.telentrada.com (rés.)

Teatre Nacional de Catalunya

NOS ADRESSES

PAUSES

Green power

Espai Joliu

Un concept-store avec rangées de cactus et pots suspendus en macramé, où succomber à la tendance *green*. Le café, signé Nømad Coffee, s'accompagne de gâteaux et biscuits vegan, de bagels, œufs pochés et pain grillé à l'avocat. Le lieu présente aussi de jolies pièces en céramique et les illustrations de jeunes artistes barcelonais.

POBLENOU (plan 8, B3 n°1) C/ Badajoz, 95 636 87 64 03 Lun.-ven. 9h-19h, sam. 10h-17h

Pour une bière ou un match

Megataverna L'Ovella Negra

Idéal pour siroter une bière, une sangria ou grignoter en début de soirée, voilà un vaste bar apprécié des étudiants pour ses grandes tables et ses écrans géants. Ambiance survoltée les soirs de match de foot !

POBLENOU (plan 8, A4 n°2) C/ Zamora, 78 933 09 59 38 www.ovellanegrabcn.net Mar.-jeu. 20h-2h30, ven.-sam. 17h-3h

Voir aussi **Nømad Roaster's Home** et **El Tío Ché** (p.164).

RESTAURANTS

Un classique du Port Olímpic

El Cangrejo Loco €€

Le panorama sur la baie de Barcelone, la fraîcheur des fruits de mer et le service attentionné font de la terrasse du "Crabe fou" une valeur sûre du Port Olímpic. Menu midi 27,50€ ; plats 13,80-48€.

PORT OLÍMPIC (plan 7, C1 n°25) Moll de Gregal, 29-30 932 21 05 33 www.elcangrejoloco.com Tlj. 13h-0h

Un petit air d'Italie

Aguaríbay ♥€

Confortablement installé dans la vaste salle, vous choisirez votre déjeuner sur de grands tableaux noirs (menus 10,50-16€), et le soir vous dégusterez à la carte une cuisine végétarienne aux accents italiens préparée avec talent : lasagnes aux légumes de saison (13€), riz noir aux champignons (14,50€)... Les *nachos a la Aguarìbay* et leur guacamole rencontrent un franc succès.

POBLENOU (plan 8, B3 n°23) C/ del Taulat, 95 933 00 37 90 www.aguaribay-bcn.com Lun.-jeu. 10h-16h, ven.-sam. 10h-16h et 20h-23h30, dim. 11h-16h30

À la bonne franquette

Tras Paso €

Dans un décor acidulé fait de collages, de fresques et de panneaux de signalisation, une table appréciée des artistes et des jeunes entrepreneurs du quartier. Menu du jour économique (9,80€). À la carte : salade de chèvre, amandes et miel (env. 8,90€), rouleaux de printemps en feuilles de brick (14€), plats de viande ou de poisson (13-19€), desserts maison (3-4,50€).

POBLENOU (plan 8, C2 n°20) C/ Fluvià, 24 933 08 22 72 www.tras-paso.com Lun.-ven. 8h-2h30, sam. 10h-2h30

Cantine tendance
Market Cuina Fresca €

Le rendez-vous des créateurs de Poblenou ! Ici, le chef élabore chaque jour son menu en fonction du marché. Pas de carte, mais une cuisine saine, savoureuse et sans cesse renouvelée. Menu 15€.

POBLENOU (plan 8, B3 n°21) C/ Badajoz, 83 934 85 45 63 Lun.-ven. 8h-17h

Paillote chic
Xiringuito Escribà €€

Un *xiringuito* célèbre pour sa paella, qui se déguste aux beaux jours en version "mini" à la Guingueta Escribà, juste en dessous, les pieds dans le sable, où l'on trouve petits déjeuners, salades et sandwichs. Plats 14-32€. Les desserts, excellents, viennent de la pâtisserie Escribà (p.65), sur la Rambla.

POBLENOU (plan 8, B4 n°22) Av. Litoral, 62 932 21 07 29 www.xiringuitoescriba.com Jan.-mars : tlj. 13h-17h ; avr.-déc. : tlj. 12h-22h30

Bistrot tendance
Els Tres Porquets ♥€€€

Un comptoir chargé de victuailles et une décoration rustico-chic pour ces "Trois Petits Cochons" qui surfent sur la vague bistronomique. Les assiettes mettent à l'honneur les saveurs ibériques : jambon de Guijuelo, chorizo de Jaén, anchois de Cantabrie, viandes de Galice, fromages de La Mancha et poissons de première fraîcheur. Comptez 40-50€ avec un verre de vin.

Els Tres Porquets

POBLENOU (plan 8, B2 n°25) C/ Rambla del Poblenou, 165 933 00 87 50 www.elstresporquets.es Lun.-ven. 13h-16h et 20h-23h, sam. 13h30-16h et 20h-23h Rés. conseillée

Voir aussi **Els Pescadors** (p.165).

SHOPPING

Immense !
Diagonal Mar Centre Comercial

Un centre commercial démesuré avec hypermarché, cinéma multiplexe, 240 boutiques, une immense terrasse en plein air où s'alignent restaurants et lieux de divertissement et un parking de 5 000 places !

DIAGONAL MAR (plan 8, C1 n°32) Av. Diagonal, 3 935 67 96 37 www.diagonalmarcentre.es Oct.-mai : lun.-sam. 9h-21h ; juin-sept. : lun.-sam. 9h30-22h

Voir aussi **Oriol Brocanter** et **Mercat dels Encants** (p.164).

SORTIES

Au bord de l'eau

Opium

Ce club de plage *lounge*, qui fait restaurant dans la journée, se distingue par sa programmation dynamique de *Balearic House*. Survolté sur le dance-floor ou en "pause" sur les sofas, on s'admire, on s'attire... Bref, on s'amuse jusqu'au petit matin.

PORT OLÍMPIC (plan 7, C2 n°40) Passeig Marítim, 34 ☎ 932 25 91 00 www.opiumbarcelona.com ⌚ Dim.-jeu. 11h45-5h, ven.-sam. 11h45-6h

Alternatif

Razzmatazz

Cette ancienne usine est l'une des scènes alternatives de Barcelone. Cinq salles et presque autant d'ambiances différentes : indie-pop et électro-rock au Razz Club, pop et 80's au Pop Bar, house au Loft et électro au Lolita et au Rex Room.

POBLENOU (plan 8, B3 n°40) C/ Pamplona, 88 ☎ 933 20 82 00 www.salarazzmatazz.com ⌚ Mer.-jeu. 0h-5h, ven.-sam. 1h-6h et veilles de j. fér.

Boudoir doré

Madame George

Ambiance boudoir décadent avec lustres en cristal, tentures en satin, fauteuils rococo et d'immenses miroirs dorés. Musique survoltée, surtout le vendredi soir quand des DJ se mettent aux platines ou que des drag-queens font leur show ! Cocktails à tomber.

POBLENOU (plan 8, B2-B3 n°41) C/ Pujades 179 ☎ 935 00 51 51 www.madamegeorgebar.com ⌚ Lun.-jeu. 18h-2h, ven.-sam. 18h-3h, dim. 18h-0h

Razzmatazz

Pour aller plus loin

Sur le toit de la Casa Milà (La Pedrera)

HISTOIRE

Barcelone est fière de sa longue histoire. Au fil de vos promenades, vous en croiserez d'innombrables témoignages : murailles romaines, demeures gothiques, palais modernistes ou encore anciens bâtiments industriels réhabilités. Cet attachement au passé n'empêche pas de construire, et la ville du 21e s. est hérissée d'ébouriffants édifices contemporains.

Les origines

Sous le règne de l'empereur Auguste, en 15-10 av. J.-C., les Romains fondent la colonie de Barcino, sur le site du mont Tàber, au centre de l'actuel Barri Gòtic. Une modeste cité fortifiée aux remparts scandés de quelque quatre-vingts tours ajoutées au 3e s. Une partie de ces murs antiques domine encore la place de la cathédrale. Vers l'an 300, les persécutions religieuses orchestrées par les autorités romaines donnent à Barcelone une martyre, sainte Eulalie (Santa Eulàlia), qui deviendra la sainte patronne de la ville. Au 5e s., les Wisigoths font de la cité un vaste centre administratif et politique, et même pour un temps la capitale de leur royaume. En 719, les Arabes s'en emparent. En 801, les troupes carolingiennes conduites par Louis le Pieux, fils de Charlemagne, pénètrent dans Barcelone.

Capitale de l'un des plus anciens États d'Europe

Le territoire devient une "marche hispanique", gouvernée par un comte nommé par les Carolingiens. En 878, Guifred le Velu, un chevalier catalan entré dans la légende, s'affranchit de la tutelle carolingienne et fonde une dynastie. Désormais, le titre de comte de Barcelone est héréditaire. En 987, son lointain successeur rompt tout lien de suzeraineté avec Hugues Capet, le nouveau roi des Francs. Commence alors la formidable expansion du comté de Barcelone. Aux 12e et 13e s., il domine un vaste secteur de la Méditerranée occidentale : le Pays valencien, les îles Baléares, la Sardaigne... où le catalan demeurera la langue officielle de la ville d'Alghero. Barcelone déborde de ses murailles antiques et en érige de nouvelles – dont la Rambla suit de nos jours le tracé –, tandis que sort de terre le quartier de la Ribera, où les riches armateurs se font construire de somptueuses demeures. En 1137, le comte de Barcelone ajoute par alliance le royaume d'Aragon à ses possessions.

Le comté échappe aux Catalans

En 1410, Martin l'Humain, comte de Barcelone, roi d'Aragon et de Valence, meurt sans héritier. Une assemblée de représentants des trois États est chargée de lui désigner un successeur. C'est le célèbre compromis de Caspe de 1412, qui porte au pouvoir Ferdinand de Trastamare, un seigneur castillan. Jusqu'au 20e s., la Catalogne ne sera plus gouvernée par des Catalans. À cette perte de souveraineté politique s'ajoute une marginalisation croissante de la Catalogne. Tout au long du 15e s., l'énergie des royaumes espagnols est tendue vers un seul but, la Reconquista. Elle s'achève en 1492 par la prise de Grenade, dernier bastion musulman en Espagne. Cette même année, Christophe Colomb découvre l'Amérique. L'or du Nouveau Monde va bientôt affluer par le port de Séville. Celui de Barcelone, florissant au Moyen Âge, périclite. Soumise aux politiques centralisatrices de Madrid, Barcelone connaît l'humiliation suprême le 11 septembre 1714. Ce jour-là, les troupes royales entrent dans la ville insurgée contre Philippe V, le premier des Bourbons d'Espagne. Pour tenir les Barcelonais en joue, les Espagnols construisent deux forteresses : la Ciutadella et Montjuïc.

Palau de la Generalitat, Plaça Sant Jaume

La revanche par l'industrie

À la fin du 18e s., Barcelone se relève grâce à son dynamisme et à son goût d'entreprendre. La libéralisation du commerce avec les colonies, en 1778, en fait le principal centre textile de la péninsule. Dans les premières décennies du 19e s., Barcelone connaît la révolution industrielle ; les manufactures se multiplient (200 dans le quartier de Poble Nou), les machines à vapeur et les métiers mécaniques tournent à plein régime. La première ligne de chemin de fer est inaugurée en 1849 entre Barcelone et Mataró. La métropole catalane est devenue la “Manchester de la Méditerranée”. La bourgeoisie industrielle et financière tient le haut du pavé. À la fin du siècle, c'est pour elle que les architectes modernistes construiront d'extravagantes résidences.

Une succession de grands projets

Barcelone étouffe dans son enceinte médiévale, qui est abattue en 1854. Est alors lancé le formidable chantier de l'Eixample (p.96), projet urbain conçu par Ildefons Cerdà : un quartier quadrillé de larges rues destinées à faciliter une circulation qui n'est pas encore automobile et dont les *mansanas*, pâtés de maisons aux dimensions identiques, abritent des appartements vastes et aérés. Bientôt, l'urbanisation englobera les villages voisins : Gràcia, Sants, Horta, Pedralbes. Deux autres grands projets vont structurer le développement de la ville. En 1888, l'Exposition universelle se tient à l'emplacement de la Citadelle construite sur ordre des Bourbons et détruite quelques années plus tôt. Pour les Barcelonais, une manière d'effacer l'humiliation. Les architectes qui participeront bientôt à l'éclosion du modernisme font leurs premières armes en édifiant les pavillons de l'Expo – certains sont encore visibles dans le parc de la Ciutadella (p.77). Une seconde exposition internationale est organisée en 1929 du côté opposé de la ville, à Montjuïc. Cette fois, les Barcelonais n'ont pas réussi à déloger l'armée espagnole de la forteresse qui coiffe la colline (elle n'en partira qu'en 2008). Il en subsistera les remarquables avenue de la Reine Marie-Christine, MNAC (p.143) et Poble Espanyol (p.143).

L'AUTONOMIE CATALANE

Après 1975, l'Espagne démocratique s'est constituée en dix-sept communautés autonomes, chacune dotée d'un parlement, d'un gouvernement et de ses institutions propres. En Catalogne, la Generalitat jouit de nombreuses prérogatives (éducation, police, environnement, politique industrielle), tandis que les compétences régaliennes (justice, défense, diplomatie…) restent aux mains du gouvernement central de Madrid.

Barcelone aujourd'hui

Forte de 1,5 million d'habitants (4,5 millions pour l'agglomération), Barcelone s'est considérablement transformée depuis la fin de la dictature, en 1975. Dans les années 1980 ont été aménagés de nombreux parcs et zones piétonnes, et des centaines de sculptures commandées pour les espaces publics. Une politique renforcée à l'approche des JO de 1992, qui a doté la ville d'infrastructures modernes tout en l'ouvrant sur le large. Le front de mer s'est mué en une longue promenade émaillée de parcs et de complexes de loisirs. Puis c'est le nord du littoral qui a fait peau neuve pour le Forum universel des cultures de 2004. L'occasion de développer, avec le concours des architectes contemporains les plus célèbres, de nouveaux quartiers : d'une part 22@Barcelona, le district technologique situé le long de l'avenue Diagonal (entre la Plaça de les Glòries Catalanes et le Parc del Centre del Poblenou) ; d'autre part Diagonal Mar (aux confins de l'avenue Diagonal et de la mer), un projet titanesque qui a fait surgir un immense complexe immobilier, festif et commercial, tourné vers la Méditerranée.

SOCIÉTÉ

Partisans ou non de l'indépendance, les Catalans sont d'accord sur un point : ils sont les héritiers d'une culture millénaire qu'ils entendent bien défendre.

Des institutions millénaires

Dès le 11e s., les comtes de Barcelone convoquent des assemblées destinées à mettre en place la trêve de Dieu. À la fin du 13e s., cette représentation des clercs et des bourgeois auprès du comte devient permanente. C'est la naissance de la Generalitat, un terme que ressusciteront les nationalistes catalans au 19e s. et qui désigne aujourd'hui les institutions de la Catalogne autonome. Ainsi les Catalans peuvent-ils proclamer, tel le violoncelliste Pau Casals à l'ONU le 24 octobre 1971 : “Bien avant l'Angleterre, c'est en Catalogne que l'on trouve le premier parlement démocratique.”

Une langue

Si vous connaissez le castillan, vous pourrez lire le catalan sans grande difficulté. Vous aurez, en revanche, bien plus de mal à le comprendre à l'oral. Ces deux langues ont été consignées par écrit vers la même époque, à la fin du 10e s. Après l'intégration du comté de Barcelone à la couronne espagnole, le catalan se retrancha progressivement dans les campagnes. Les dictatures centralisatrices de Primo de Rivera (1923-1930), puis de Franco (1939-1975) en prohibèrent l'usage public (médias, école, etc.). Après le rétablissement de la démocratie, le catalan est devenu la langue officielle de la communauté autonome, conjointement avec le castillan. Aujourd'hui, 95% des Catalans le comprennent, 78% le parlent, 81% le lisent et 62% l'écrivent.

Le drapeau catalan

Les symboles nationaux

Il est rare de choisir une défaite pour emblème. C'est pourtant le cas de la Catalogne. L'hymne national, *Els Segadors* (“Les Faucheurs”), évoque le soulèvement de la Catalogne de 1640 à 1658 contre des mesures fiscales imposées par Madrid. Partie des campagnes, cette guerre des Faucheurs gagna Barcelone, où fut proclamée une éphémère république catalane, avant d'être matée dans le sang. La fête nationale (*Diada*) rappelle un autre épisode douloureux. Le 11 septembre 1714, les troupes royales s'emparent de Barcelone, ultime bastion de la révolte des Catalans contre la politique centralisatrice de Philippe V, le premier des Bourbons d'Espagne. Les Catalans y perdent des droits coutumiers en vigueur depuis le Moyen Âge et se voient interdire l'usage de leur langue.

La Renaixença

La "Renaissance" de la culture catalane est le produit du 19e s. En même temps que la région s'industrialise, les intellectuels entreprennent une longue et systématique exhumation de son histoire culturelle et de sa langue. La publication du poème *Oda a la Patrià* de Bonaventura Carles Aribau, en 1833, marque le début de la Renaixença. En 1859 sont restaurés à Barcelone les Jeux floraux, un concours de poésie datant du Moyen Âge. Les historiens se penchent sur les vieux grimoires pour remettre en lumière la Catalogne médiévale. Le gothique inspire les architectes et donne son nom au quartier ancien qui entoure la cathédrale.

Une société civile dynamique

Après la victoire de l'insurrection franquiste en 1939, une chape de plomb s'abat sur l'Espagne. Toute manifestation de l'identité catalane est réprimée. Elle survivra pourtant, grâce à la résistance souterraine de la société civile. Ainsi, le 2 septembre 1975, un mois après la mort de Franco, le Barça (p.153) affronte le Real Madrid dans son stade du Camp Nou à Barcelone. Soudain, des milliers de drapeaux catalans – jusqu'alors interdits – surgissent dans les tribunes devant les caméras de télévision qui retransmettent l'événement dans tout le pays. Cette capacité de mobilisation est l'une des caractéristiques de la société catalane. Il n'est pas rare que les grandes manifestations politiques réunissent plus de 500 000 personnes à Barcelone, dans une région qui compte 7,5 millions d'habitants.

Indépendance ou autonomie ?

La déclaration d'indépendance adoptée le 27 octobre 2017 par le Parlement catalan a porté à son point d'incandescence une question pendante depuis des décennies. Elle a été votée d'une courte majorité par une coalition électorale regroupant le Parti démocrate européen catalan (PDeCAT, libéral de centre-droit), et la Gauche républicaine de Catalogne (ERC), avec l'appui des députés de la CUP (extrême gauche). Le 29 octobre, des centaines de milliers de manifestants ont défilé dans Barcelone pour clamer leur opposition à l'indépendance, sous une nuée de drapeaux catalans. C'est peu dire que la question de l'indépendance divise la société catalane, jusqu'à l'intérieur des familles. Tous s'accordent cependant sur un point : le refus de la violence et le recours à une solution négociée. Une qualité bien catalane.

ÉCONOMIE

Avec le Pays basque, la Catalogne est l'un des deux moteurs de l'économie espagnole. Sa production de richesse (PIB) est équivalente à celle de l'Irlande.

Un bilan enviable

L'esprit d'entreprise est une tradition dont se flattent volontiers les Catalans depuis le 19e s. Une société espagnole sur six a son siège en Catalogne et cette dernière est la première région exportatrice du pays. C'est autour de Barcelone que se concentre le gros de l'activité industrielle : chimie (la moitié de la production nationale), construction automobile et agro-alimentaire. Les nouvelles technologies ne sont pas en reste ; la région absorbe plus de la moitié des investissements dirigés vers les start-up en Espagne. Avec 18 millions de visiteurs par an, le secteur du tourisme est florissant. Résultat : un taux de chômage de 13%, sensiblement inférieur à la moyenne du pays.

Quelques ombres au tableau

Ce panorama flatteur dissimule cependant quelques zones de turbulence, notamment l'important endettement de la région. Sa dette souveraine est classée à risque par les agences de notation internationales et la Catalogne ne peut emprunter qu'avec l'aide de l'État espagnol. Par ailleurs, les investissements étrangers en Espagne ne se portent que pour 16% vers la région, tandis que la communauté de Madrid en absorbe 60%.

Le port de commerce

La question fiscale

Selon le statut d'autonomie, l'essentiel des impôts est défini et prélevé par Madrid. Une partie est redistribuée à la Catalogne et l'autre sert à financer les missions de l'État central et à assurer la solidarité avec les régions moins favorisées. L'opération se solde pour la Catalogne par une balance fiscale négative de l'ordre de 7,5 milliards d'euros (mais de 19 milliards pour la région de Madrid).

POUR ALLER PLUS LOIN

TRADITIONS POPULAIRES

Sardane, tours humaines, *festes* de quartier... Le calendrier festif de Barcelone est fourni. Pour les Catalans, ces célébrations sont autant d'occasions d'affirmer leurs particularismes.

La sardane

La sardane est bien plus qu'une danse. C'est un véritable monument national, l'un des symboles de l'identité catalane. Le général Franco ne s'y était pas trompé en l'interdisant durant sa dictature. Allez faire un tour sur le parvis de la cathédrale le dimanche à midi. Chaque semaine, vous y verrez des groupes se former pour évoluer au rythme de la *cobla*, l'orchestre traditionnel composé de onze à treize instruments.

Dansons la sardane Quelle différence entre les deux danses espagnoles les plus connues, le flamenco et la sardane ? La première est une forme d'expression individuelle, le danseur ou la danseuse multipliant les figures pour séduire le public, alors que la seconde ne se danse qu'en groupe. Aussi la sardane se veut-elle l'expression de l'unité et de la solidarité du peuple catalan. Hommes et femmes forment une ronde et suivent l'orchestre guidé par le *flabiol*, flûtiau auquel est accroché un tambourin. La chorégraphie est une succession strictement codifiée de pas courts et de pas longs, que le cercle des danseurs connaît sur le bout des pieds. Ils vous inviteront pourtant volontiers à vous joindre à eux. Attention, on débute toujours une sardane par le pied gauche.

Danseuse de sardane

De lointaines origines Certains font remonter la sardane à l'Antiquité. Plus sûrement, les premières mentions écrites du *ball rodó* datent du 14e s. Le terme même de sardane apparaît au 16e s. C'est alors une danse pratiquée dans les campagnes. La musique qui l'accompagne a été réformée par le compositeur Josep Maria Ventura i Casas, dit Pep Ventura, dans la seconde moitié du 19e s., à l'époque de la Renaixença catalane, et adoptée aussitôt comme l'un des symboles locaux. La *Santa Espina*, l'une des sardanes les plus populaires, composée au début du 20e s., fait ainsi figure d'hymne régional et, comme tel, a été interdite dès 1923 par la dictature de Primo de Rivera. La première strophe proclame : “Nous sommes et serons le peuple catalan.”

Les *castells*

Autre tradition catalane, ces "châteaux" humains mettent eux aussi la solidarité du groupe à l'épreuve. Dans toute la Catalogne, des associations de *castelleres* se produisent régulièrement à l'occasion des fêtes de village ou de quartier. Il s'agit de former une pyramide qui peut atteindre dix étages – le record. Les plus costauds font une ronde pour assurer la base de la tour, ou *pinya* (pomme de pin). Au sommet des différents étages, de plus en plus légers, grimpe en général un tout jeune garçon, l'*enxaneta*. À Barcelone, des *castells* se forment tout au long de l'année au gré des fêtes locales. Le calendrier est publié sur le site des associations de *castelleres* (www.cccc.cat). Symbolisant la capacité des Catalans à surmonter les épreuves, les *castells* ont été inscrits au patrimoine culturel immatériel de l'Unesco en 2010.

Les fêtes

Les grandes fêtes du calendrier espagnol sont également célébrées dans la capitale catalane : cavalcade des Rois Mages pour L'Épiphanie (6 janvier), carnaval de Mardi gras, Semaine sainte... S'y ajoutent des événements typiquement catalans. Le 23 avril, pour la fête de Sant Jordi, patron de la région, les garçons offrent une rose à leur bien-aimée qui leur fait don d'un livre en échange. Le 11 septembre, la Diada, fête nationale catalane, donne lieu à d'importantes manifestations à caractère politique. La fête de la Vierge de la Mercè, sainte patronne de Barcelone, tombe le 24 septembre, mais les réjouissances durent plusieurs jours. De nombreux quartiers organisent également leur fête annuelle, la plus importante étant celle de Gràcia, célébrée autour du 15 août.

La fête au jour le jour

Les Catalans n'ont pas besoin d'attendre les fêtes carillonnées pour louer le plaisir du vivre ensemble... et l'attachement à leur culture. La tradition vient de loin ! En 1891 est créé le Centre excursionniste catalan pour organiser des circuits à la découverte du pays. Sous le régime franquiste, le Centre contribue à entretenir la flamme du nationalisme sous couvert de randonnées pédestres. Les balades entre amis demeureront un loisir de prédilection des Barcelonais. La plus courue ? Celle de Montserrat, au cœur de paysages féeriques, à une heure de train de Barcelone. Une sorte de pèlerinage national, car sous Franco, le monastère défia les autorités en publiant des textes et revues en catalan. L'arrivée des produits de saison sur les marchés est aussi prétexte à d'amicales retrouvailles. La plus attendue est celle des *calçots*. Sur les terrasses des jardins, on allume un barbecue pour griller ces oignons nouveaux. Les saisir entre deux doigts, les extraire de leur peau, les tremper dans une sauce *romesco* et les manger sans se tacher vaut rite d'initiation.

MUSIQUE

Barcelone et la musique ? Une histoire centenaire ! En effet, la renaissance culturelle catalane s'est aussi attachée, dans la seconde moitié du 19e s., à remettre les traditions musicales à l'honneur. Quelques compositeurs catalans de premier plan ont également contribué au rayonnement international de la musique espagnole.

Des compositeurs de renom

À la fin du 19e s., la musique espagnole connaît un renouveau. Une poignée de compositeurs prônent une musique à la fois savante et enracinée dans la tradition populaire ibérique. Parmi eux figurent deux Catalans, Isaac Albéniz (1860-1909) et Enric Granados (1867-1916), dont les partitions puisent dans un folklore plus largement espagnol que régional. À la génération suivante, Frederic Mompou (1893-1987) écrit de nombreuses pièces pour piano d'une extraordinaire puissance poétique.

Le renouveau catalan

En 1891 est créé l'Orfeó Català. Cette association chorale, qui jouera (jusqu'à nos jours) un rôle déterminant sur la scène barcelonaise, s'est fixé deux objectifs : valoriser la tradition musicale catalane et promouvoir l'avant-garde. De quoi combler la bourgeoisie moderniste, qui financera la construction du temple de l'Orfeó Català, l'extravagant Palau de la Música Catalana (p.72). C'est dans ce bouillonnement musical que fait ses débuts le violoncelliste Pau Casals, (1876-1973), fervent défenseur de la cause catalane. Jordi Savall (né en 1941), qui dirige aujourd'hui la Capella Reial de Catalunya et le Concert des Nations, a pour sa part remis au goût du jour les musiques médiévale, Renaissance et baroque espagnoles.

La Nova Cançó

Sous la dictature franquiste, la résistance catalane passe par la chanson. Dans les années 1950 naît la Nova Cançó, un groupe informel de musiciens et d'interprètes, qui se donnent pour mission la défense de leur langue alors interdite. Au cours de la décennie suivante, une nouvelle génération de chanteurs prend le relais, tels Joan Manuel Serrat (né en 1943) et Lluís Llach (né en 1948). Ce dernier est notamment l'auteur de l'*Estaca*, qui fait figure d'hymne national pour les franges indépendantistes les plus contestataires. Depuis 2006, Lluís Llach a mis de côté sa carrière musicale pour se consacrer à la politique. Il a été élu député en 2015 et a voté en 2017 la déclaration unilatérale d'indépendance de la Catalogne.

ARCHITECTURE

On se rend à Barcelone pour les exubérances de Gaudí et de l'architecture moderniste. En flânant dans la vieille ville, on est surpris par la richesse du patrimoine gothique du quartier de la Ribera. Et si l'on aime le style contemporain, on peut admirer dans différents quartiers des réalisations des plus grands architectes de notre époque.

L'art roman

L'art roman a fleuri en Catalogne à partir du 10e s., sur les territoires repris aux musulmans. Les chrétiens rendaient grâce à Dieu de leur victoire en édifiant des lieux de culte. Bâtir des monastères était aussi une façon d'occuper des terres vidées de leurs habitants par les guerres. C'est ainsi que l'arrière-pays catalan est semé d'édifices romans. Ce n'est toutefois pas le cas de Barcelone. Lorsqu'elle s'est développée au Moyen Âge, la cité portuaire a préféré adopter le style gothique, alors dans l'air du temps. Si vous aimez la douceur des courbes romanes, il n'y a guère qu'à l'église Sant Pau del Camp (p.62) que vous les retrouverez.

Le gothique catalan

Les audaces gothiques apparaissent en Catalogne au 13e s. Barcelone est alors au sommet de sa puissance, capitale d'un État qui étend son emprise sur une grande partie de la Méditerranée occidentale. L'Église, la noblesse et les riches marchands s'emparent de ce style nouveau pour combler la ville d'édifices somptueux. Au 19e s., ce patrimoine exceptionnel vaudra au centre historique de la métropole le nom de Barri Gòtic – “quartier gothique” (p.44).

Santa Maria del Mar

Un style original Faut-il y voir une manifestation du *seny*, la sagesse dont se targuent volontiers les Catalans ? En tout cas, l'art gothique qui s'épanouit dans le comté de Barcelone se distingue par son dépouillement. Voyez Santa Maria del Mar (p.76) et Santa Maria del Pi (p.49). Alors que d'ordinaire les porches gothiques croulent sous les statues, la majestueuse façade de ces deux basiliques est presque privée de tout ornement sculpté. Cette sobriété se prolonge à l'intérieur. Sous leurs hautes voûtes, soutenues

par d'austères piliers, s'étire une nef unique, dépourvue de transept. Les murs présentent de grandes surfaces nues. L'idéal pour y accrocher les retables que nobles, riches marchands et corporations tiennent à offrir à leur paroisse. Si vous avez été conquis par les églises du Barri Gòtic, ne manquez pas le monastère de Pedralbes et son merveilleux cloître (p.152).
Les édifices civils Le style gothique ne se limite pas à l'architecture sacrée. Faites un tour dans le quartier de la Ribera, celui des armateurs au Moyen Âge : le Carrer de Montcada est jalonné de palais à patio – une cour intérieure héritée des maisons de l'Antiquité. Le musée Picasso occupe plusieurs de ces somptueux hôtels particuliers (p.75). Autre chef-d'œuvre du gothique profane, le Saló del Tinell, dans l'ancien palais comtal, cf. MUHBA – Museu d'Història de Barcelona (p.46). Descendez jusqu'au vieux port, au bas de la Rambla : avec leurs arceaux gigantesques, les arsenaux royaux (Drassanes) inaugurés au 13e s. sont une magistrale illustration du gothique catalan.

La Renaissance et l'âge baroque

Lorsque les innovations de la Renaissance se déploient en Espagne, au 16e s., la Catalogne n'occupe plus qu'une place marginale. La péninsule est tournée vers l'Atlantique et le Nouveau Monde, dont l'or ruisselle sur Séville, alors le plus grand port du royaume. Aussi le patrimoine Renaissance de Barcelone est-il relativement pauvre. Tout au plus pourrez-vous admirer la façade de la Generalitat (p.48), place Sant Jaume, et l'arrière-chœur de la cathédrale (p.44). À partir du 17e s., le baroque devient l'expression officielle de l'Église catholique. Défini au concile de Trente, cet art de la Contre-réforme veut susciter l'émotion des fidèles en multipliant les représentations de saints et en adoptant une décoration imposante et volontiers exubérante. Là encore, le déclin économique de Barcelone explique que les réalisations baroques y soient plutôt rares. Voyez tout de même la jolie basilique de la Mercè, au bas du Barri Gótic (Carrer de la Mercè, près du vieux port).

Le modernisme

Changement de décor au 19e s., quand Barcelone devient la porte d'entrée de la révolution industrielle en Espagne. Les élites bourgeoises, tout à la fois engouées de modernité, catholiques et fières de leur identité, font en sorte de favoriser la **Renaixença**, la renaissance culturelle catalane. À la fin du 19e s., ce renouveau se traduit dans le paysage urbain par une débauche de constructions privées et publiques. C'est le modernisme catalan, dont Barcelone abrite la moitié des créations de la région. Cette nouvelle manière de bâtir s'inscrit dans le droit fil des expériences artistiques qui éclosent en France sous le nom d'Art nouveau, en Allemagne avec le Jugendstil ou en Autriche avec la Sécession. Elle utilise des matériaux modernes – fer, verre et béton – dont la plasticité autorise les formes les plus ambitieuses.

Casa Battló

Les grandes figures Un nom domine tous les autres, celui d'Antoni Gaudí, le génial architecte de la célébrissime Sagrada Família (p.100). Près d'un siècle après sa mort, le chantier avance toujours, dressant sa silhouette féerique dans le ciel de Barcelone. Tout aussi célèbre, mais dans un registre différent, le parc Güell et ses formes fantasmagoriques illustrent le goût du maître pour l'utilisation ornementale de la céramique (p.113). Comme nombre de ses confrères modernistes, Gaudí se voulait aussi décorateur. Voyez le Palau Güell dont il a également dessiné les meubles (p.61). Lluís Domènech i Montaner et Josep Puig i Cadafalch sont deux autres figures éminentes du modernisme catalan. Barcelone doit au premier le Palau de la Música Catalana (p.72), et au second la Casa Terradas (p.100). Ces trois maîtres ont rivalisé d'audace en édifiant dans un même îlot les trois demeures de l'immanquable Mansana de la Discòrdia (p.97). À côté de ces vedettes, les réalisations du modernisme sont innombrables. En vous promenant dans l'Eixample, levez les yeux pour découvrir balcons de fer forgé, fenêtres alambiquées, décorations de céramiques....

Et aujourd'hui...

L'innovation à Barcelone ne s'est pas arrêtée au début du 20e s. La métropole catalane est même une vitrine pour les plus grands architectes contemporains. Le Barcelonais Ricardo Bofill a conçu le nouvel aéroport et l'insolant hôtel W qui domine la plage de la Barceloneta. Le Valencien Santiago Calatrava a imaginé la tour des télécommunications de Montjuïc. Des stars étrangères ont également été conviées sur les chantiers du 21e s. : Richard Meier avec le MCBA, Norman Foster avec la Torre de Collserola (p.124) qui coiffe le Tibidabo ou encore Jean Nouvel, auteur de la tour Agbar, désormais appelée Glòries (p.175).

POUR ALLER PLUS LOIN

PEINTURE

À deux moments clefs de son histoire, Barcelone s'est révélée un centre artistique de première importance. Aux 14e et 15e s., quand la capitale comtale était à la tête d'un véritable empire, puis au tournant du 19e et du 20e s., quand la cité portuaire devint un pôle industriel majeur. Le Siècle d'or espagnol (17e s.) n'a, en revanche, pas produit de grands artistes catalans.

Les fastes du gothique

La riche et puissante Barcelone du 14e s. attire les artistes comme un aimant. L'Église, l'aristocratie et la bourgeoisie marchande se disputent leur talent et l'abondante production de leurs ateliers florissants. Ferrer Bassa couvre de somptueuses fresques l'oratoire de l'abbesse du monastère de Pedralbes (p.152). Cet ensemble merveilleusement conservé comprend de délicates scènes sur fond d'or, exécutées à la manière de Giotto, dont Ferrer Bassa a pu étudier les œuvres lors d'un séjour en Italie. Après cette lumineuse entrée en matière, place au gothique international au 15e s. dans sa version flamande, marquée par le goût pour les étoffes fastueuses et les couleurs chatoyantes.

L'apparition du retable Le triomphe du gothique international correspond à l'avènement de ces immenses panneaux composés de plusieurs tableaux, que les élites barcelonaises offrent aux églises. Ne manquez pas les deux chefs-d'œuvre de cette époque. Le *Retable du connétable* de Jaume Huguet (1415-1492), exposé au musée d'Histoire de Barcelone (p.46), et la *Vierge des conseillers* de Lluís Dalmau (actif à Barcelone de 1438 à sa mort en 1460), conservée au Musée national de Catalogne (p.143). Ici, les visages des anges chanteurs sont directement inspirés de ceux de *L'Agneau mystique* de Jan Van Eyck, montré dans la cathédrale de Gand et que Dalmau a pu analyser lors de son séjour dans les Flandres. Deux autres noms sont à retenir de cette période : Bartolomé Bermejo (1440-1500) et Bernat Martorell (1390-1452), dont le MNAC possède des œuvres. Après cet âge d'or, il faudra attendre le 19e s. pour que Barcelone tienne à nouveau un rôle déterminant sur la scène artistique.

L'expérimentation pour mot d'ordre

Dans l'effervescence qui est celle de Barcelone à la fin du 19e s., peintres et sculpteurs ne sont pas en reste. Ils disposent d'un quartier général, la brasserie Els Quatre Gats (p.54). Là, dans la fumée des pipes et des cigarettes, la bohème barcelonaise cherche à révolutionner l'art. Parmi elle figure un jeune Andalou fraîchement débarqué dans la capitale catalane, Pablo Picasso . Les œuvres mentionnées ci-dessous sont présentées au musée national d'Art de Catalogne (p.143).

Devant d'autel (12e s.), MNAC

Le modernisme *Ramon Casas et Pere Romeu sur un tandem* : peint par Ramon Casas (1866-1932), le tableau-manifeste du courant moderniste se présente comme un pied de nez aux canons traditionnels de la peinture : deux barbus, la pipe au bec, poussant sur les pédales de leur machine (une copie en est exposée à la brasserie des Quatre Gats). Pour ces artistes d'un genre nouveau, la peinture moderne a une capitale, Paris, où plusieurs d'entre eux font de fréquents séjours. Ainsi, Santiago Rusiñol (1861-1931), qui rapporte de Montmartre un étonnant *Laboratoire de la Galette* dans lequel, oubliant l'anecdote et la composition classique, il a fait de la matière peinte l'élément essentiel du tableau. Plus qu'une école picturale – certains penchent pour le naturalisme, d'autres pour le symbolisme –, c'est une soif d'expérimentation qui réunit ces artistes.

Le noucentisme Parmi les fidèles du Quatre Gats, d'aucuns n'apprécient guère l'anticléricalisme et le goût de la provocation de leurs voisins de table. Défendant tout à la fois innovations formelles et traditions, ils constitueront un courant typiquement catalan, le noucentisme, qui exalte les racines méditerranéennes de la région. Les peintres Joaquím Sunyer (*Cala Forn*) et Joaquín Torres García (*Villageoises*) comptent parmi ses représentants les plus éminents.

Les héritiers

Même après la génération des modernistes, Barcelone n'a pas fini de bouillonner, notamment autour de deux figures majeures de l'art contemporain.

Joan Miró (1893-1983) Natif de Barcelone, le jeune Miró s'enthousiasme d'abord pour le surréalisme avant de s'en détacher au début des années 1930. Usant de différentes techniques – peinture, collage, sculpture, céramique, tapisserie, etc. –, il va inventer un langage poétique faussement naïf, qui privilégie motifs simples et couleurs éclatantes. À voir, la fondation Miró (p.143), le parc de Joan Miró (p.141) et la céramique des Ramblas (p.59).

Antoni Tàpies (1923-2012) Ce créateur et théoricien barcelonais a joué un rôle capital dans l'art contemporain. Il a initialement été influencé par le surréalisme et par Miró mais s'est orienté ensuite vers l'abstraction en intégrant objets et matériaux divers dans sa peinture. Un univers déconcertant que vous découvrirez à sa fondation de l'Eixample (p.98).

POUR ALLER PLUS LOIN

GASTRONOMIE

La table ? Une affaire sérieuse pour les Barcelonais. Identitaire même, car la cuisine catalane est candidate à l'inscription au patrimoine immatériel de l'humanité. Et le plaisir dans tout ça ? Il se prend simplement au comptoir d'un bar de La Boqueria (p.64) en dégustant un plat de clovisses aux fèves. La cuisine catalane a beau faire l'objet de savants traités, elle ne se pousse pas du col !

Mise en bouche

Voilà le plat national : *le pa amb tomàquet*. Du pain de campagne, de la veille de préférence, sur lequel on frotte une tomate bien mûre, parfumée d'un trait d'huile d'olive. Basique peut-être, mais divin avec du jambon ou du fromage. S'il est un rendez-vous qu'aucun Catalan ne manquerait, c'est la saison des *calçots*, de janvier à mars. Ces oignons longs à faire griller sur la braise, à déguster trempés dans une sauce *romesco* (poivron, tomate, ail, mie de pain, amandes pilées et huile d'olive), sont un autre incontournable de la cuisine catalane. Encore un chouchou des palais barcelonais : la *coca*, une fine pâte façon pizza garnie de légumes, de boudins aux poires, voire d'une préparation sucrée.

Les plats de toujours

Emblématique de la cuisine catalane, le *suquet de peix* est un ragoût de poisson à la tomate et au safran servi sur un lit de pommes de terre. Une recette que les pêcheurs de la Barceloneta cuisaient jadis sur des braises dans un trou creusé sur la plage. Faut-il le préciser ? Les produits de la mer sont très présents dans les recettes catalanes : multiples déclinaisons de morue comme la *bacallà a la llauna*, morue cuite sur la plaque d'un four (*llauna*) avec des tomates, des poivrons et du vin blanc – à déguster au Can Solé (p.173). Il faut signaler une délicieuse particularité des tables régionales, la cuisine *mar i muntanya* (mer et montagne) dans laquelle poissons et crustacés épousent les produits de l'arrière-pays : coques au jambon, fameuses au comptoir du Cal Pep (p.81), pieds de porc panés aux langoustines, poulet aux gambas... En matière de charcuterie, si comme tous les Espagnols les Barcelonais font confiance à l'*ibérico de bellota*, le roi des jambons venu du sud de la péninsule, ils n'en revendiquent pas moins quelques spécialités : les *botifarras* – boudins blancs ou noirs, souvent accommodés avec des haricots blancs, des fèves ou en *truita*, c'est-à-dire dans une omelette –, les *bisbes* (gros saucissons), les *bulls* (saucisses au foie) ou encore les *llonganises*, de minces saucisses sèches. Le marché de La Boqueria et ses bars restent les meilleurs endroits où goûter ces plats populaires.

L'avant-garde

À Barcelone, l'innovation est une tradition jusque dans l'assiette ! Ferran Adrià, le pape de la cuisine moléculaire, s'est imposé en chef de file de la nouvelle école gastronomique catalane. Si son restaurant El Bulli a fermé, ses équipes continuent d'œuvrer au Tickets à Barcelone (p.66). Il a inspiré une nouvelle génération de chefs qui allient techniques inventives, tradition et parfois exotisme, comme Albert Raurich au Dos Palillos (p.68). Car les Barcelonais sont ouverts aux goûts venus d'ailleurs. Les sushis ont particulièrement la cote : des tapas à l'asiatique en somme ! À tester à l'étonnant Nomo (p.119), qui en propose de fabuleux au foie gras.

Les tapas justement

Voilà qui pourrait mettre d'accord Catalans et Espagnols. Tous ont cette culture du bar où l'on se serre pour partager quelques verres accompagnés de petits amuse-bouches, cf. Tapas barcelonaises (p.169). Vous trouverez quantité d'adresses d'inspiration basque qui proposent des *pintxos*, de petits canapés salés. Mais on ne fait pas que grignoter dans ces établissements. On peut aussi y commander des plats chauds, à déguster au comptoir, comme dans le très chic Bar Mut (p.106).

Le *pa amb tomàquet*, plat national

Douceurs et Cie

Les becs sucrés seront eux aussi de la fête. Outre la crème catalane (p.83) que l'on ne présente plus, vous pourrez vous régaler de *panellets* (bouchées aux amandes, pignons de pin et patate douce (p.110), de biscuits aux amandes, de *lioneses* (beignets à la crème), sans oublier le dessert signature de la Catalogne, les *pastissets*, une pâte aromatisée à l'anis repliée en forme de croissant et fourrée de pâte de fruits. Vous trouverez toute cette gamme de desserts dans les pâtisseries-salons de thé de la ville, telle L'Escribà sur la Rambla (p.65).

Rayon vin

La Catalogne est un important producteur de vin et certaines appellations ont atteint une renommée mondiale... avec des prix en conséquence. C'est le cas des priorat et des penedès qui peuvent supporter un long vieillissement. La région produit également un vin blanc pétillant élaboré selon la méthode champenoise, le cava. À Barcelone, El Xampanyet est son temple (p.80).

Rte
Paco

Carnet pratique

Paco Alcalde, restaurant de la Barceloneta

INFOS UTILES

Barcelone est facile à vivre et hospitalière. Pour en profiter pleinement, ne ratez rien de ses usages : mettez-vous dès votre arrivée à l'heure espagnole, abandonnez l'idée d'y circuler en voiture pour flâner à pied et vous déplacer en transports en commun. Enfin, sur les principaux sites touristiques, gare aux pickpockets !

AVANT DE PARTIR

FORMALITÉS

Pour un séjour n'excédant pas trois mois, une simple **carte d'identité** en cours de validité suffit. Pensez à contracter une **assurance voyage** pour obtenir assistance et remboursement en cas d'imprévu, si ces services ne sont pas déjà garantis par l'un de vos contrats (carte bancaire, billet d'avion, etc.).

AVA
01 53 20 44 20 www.ava.fr

Europ Assistance
www.europ-assistance.fr

Allianz Global Assistance
01 42 99 82 82 (rens.) www.allianz-voyage.fr

BUDGET ET SAISONS

BUDGET QUOTIDIEN

En optant pour un hébergement et des restaurants bon marché et en ne visitant qu'un ou deux musées par jour, votre budget quotidien ne devrait pas dépasser 60-80€/pers. Avec 100-120€, vous pourrez dormir dans de bons hôtels, goûter la gastronomie locale et ne pas limiter vos visites. Mais attention, en haute saison, il faudra majorer ce budget. Les catégories de prix retenues dans ce guide correspondent au prix moyen d'une chambre double avec salle de bains (sans petit déj.) et d'un repas (entrée + plat ou plat + dessert, hors boissons).

IVA : ATTENTION À LA TAXE SUR L'ADDITION !

La taxe sur la valeur ajoutée, ou IVA (*Impuesto sobre el Valor Añadido*, prononcez "iba"), appliquée à l'hébergement, aux consommations et à la restauration, s'élève à 10%. Vérifiez si elle est comprise dans les prix affichés – *IVA incluido* – ou non – *más IVA* (c'est souvent le cas dans les pensions et les hôtels). Même remarque concernant les locations de voiture, qui font l'objet d'une IVA de 21%.

SAISONS TOURISTIQUES

La **basse saison** s'étend de novembre à février, hors fêtes locales et de fin d'année. La **moyenne saison**

GAMME DE PRIX

Restauration	Hébergement
€ < 20€	€ < 80€
€€ 20-40€	€€ 80-120€
€€€ > 40€	€€€ > 120€

correspond aux périodes les moins animées, d'avril à octobre. La Semaine sainte (fin mars-début avril), les vacances d'été et les fêtes de fin d'année constituent la **haute saison**.

QUAND PARTIR ?

L'**été** est synonyme de foule de vacanciers et d'une chaleur souvent lourde. Le climat est particulièrement agréable au **printemps** (avril-mai). L'**automne** est généralement pluvieux, tandis que les **hivers** sont plutôt doux.

DÉCALAGE HORAIRE

L'heure est la même à Barcelone et à Paris.

RENSEIGNEMENTS

EN FRANCE

Délégation du gouvernement de Catalogne
50, rue Saint-Ferdinand 75017 Paris
☎ 01 40 46 84 48 (OT de Catalogne)
www.catalunyaexperience.fr
◷ Permanence téléphonique de l'OT lun.-jeu. 9h30-18h, ven. 9h-14h

Office de tourisme espagnol
☎ 01 45 03 82 50 www.spain.info/fr
◷ Permanence téléphonique lun.-jeu. 9h-17h, ven. 9h-14h (bureaux fermés au public)

EN LIGNE

https://es.ambafrance.org
Le site de l'ambassade de France en Espagne, très fourni.

www.barcelona-on-line.es
Site très utile sur Barcelone, avec la possibilité de réserver en ligne.

www.barcelonaturisme.com
Le site de l'office de tourisme, très complet.

www.bcn.cat/barcelonawifi/es
Liste des points wifi à Barcelone, quartier par quartier.

www.catalunya.com
www.catalunyaexperience.fr
Sites de l'Agence catalane de tourisme.

https://web.gencat.cat
Le site officiel de la Generalitat de Catalunya.

À BARCELONE

Office de tourisme de Barcelone
Le principal office de tourisme et le plus pratique. Informations sur les visites guidées et l'actualité culturelle, service de réservation d'hébergements de dernière minute, vente de places de spectacles et de billets combinés (transports et musées), réservations d'excursions en Catalogne.
Pl. Catalunya, 17 ☎ 932 85 38 34 (infos)
www.barcelonaturisme.com
◷ Tlj. 8h30-21h 1er jan. 10h-14h30
Fermé 25 déc.

Point info tourisme
La Rambla, 99 ☎ 933 16 10 00
www.barcelonaturisme.com
◷ Mar.-dim. 12h-20h

Institut de Cultura
Information et vente de billets pour les expositions et les spectacles.
Palau de la Virreina La Rambla, 99
☎ 933 16 10 00 www.barcelona.cat
◷ Tlj. 10h-20h30 Fermé 1er jan., 1er mai, 25-26 déc.

Billetterie
☎ 933 16 11 11 ◷ Tlj. 10h-20h30

AGENDA

FÊTES ET MANIFESTATIONS

Cavalcada de Reis
La veille de l'Épiphanie, défilé des Rois Mages sur le port.
5 janvier

Carnestoltes (carnaval)
Grande parade sur la Rambla.
Mardi gras

Festa de Santa Eulàlia
Défilé de *gegants* (géants) dans le Barri Gòtic, El Raval et la Ribera en l'honneur de sainte Eulalie, patronne de Barcelone. Le soir, spectacles de son et lumière.
Autour du 12 février

Sant Jordi
On fête saint Georges, patron de la Catalogne. Les garçons offrent une rose aux filles, qui leur offrent un livre (en souvenir de Cervantes, mort un 23 avril).
23 avr.

Festival Primara Sound
Concerts de pop-rock au Parc del Fòrum (p.177) et dans différentes salles.
www.primaverasound.com Début mai-début juin

Festival Pedralbes
Musique classique, contemporaine ou rock dans les jardins et l'auditorium du Palau Reial de Pedralbes (p.151).
www.festivalpedralbes.com
Juin-mi-juil.

Sónar
Festival européen de musiques électroniques et d'art multimédia, notamment au CCCB (p.63).
Mi-juin

Festa de Sant Joan
Concerts, bals et feux d'artifice dans tous les quartiers de la ville.
Nuit du 23 au 24 juin

Brunch in the Park
Tous les dimanches, de 13h à 22h, deux scènes électro dans le jardin de Joan Brossa (p.144), à Montjuïc.
Juillet-mi-septembre

Grec Festival de Barcelona
Le grand festival de l'été : théâtre, danse et musique dans les rues, les parcs, au théâtre grec de Montjuïc

JOURS FÉRIÉS

1er janvier	Nouvel An (Cap d'Any)
6 janvier	Épiphanie (Epifanía/Día de los Reyes Magos)
Fin mars-début avril	Vendredi saint (Viernes Santo)
Mars-avril	Lundi de Pâques (Dilluns de Pasqua Florida)
1er mai	Fête du Travail (Festa del Treball)
24 juin	Saint-Jean (Sant Joan)
15 août	Assomption (Assumpció)
11 septembre	Fête nationale catalane (Diada Nacional de Catalunya)
24 septembre	Fête de la Mercè (Mare de Déu de la Mercè)
12 octobre	Fête nationale (Festa Nacional d'Espanya/Día Nacional)
1er novembre	Toussaint (Tots Sants)
6 décembre	Jour de la Constitution (Dia de la Constitució)
8 décembre	Immaculée Conception (La Immaculada)
25 décembre	Noël (Nadal)
26 décembre	Saint-Étienne (Sant Esteve)

et dans différentes salles de spectacle de la ville.
Début juin–mi-août

Festa Major de Sant Roc
La plus ancienne fête locale : sur la Plaça Nova et dans le Barri Gòtic, processions, danses, *castellers* (tours humaines), *correfocs* (feux d'artifice), dégustations, jeux d'adresse, etc.
Semaine du 15 août

Festa Major de Gràcia
Concerts, *correfocs*, tours humaines et autres spectacles dans les rues pavoisées du quartier.
Semaine du 15 août

La Mercè
Célébration de la sainte patronne de la ville. Défilés de géants et de *capgrossos* (grosses têtes) dans le Barri Gòtic et sur la Rambla, théâtre et concerts en plein air…
24 sept.

Festa Major de la Barceloneta
En l'honneur de saint Michel, patron du vieux port, cortèges, danses et autres réjouissances.
Semaine du 29 septembre

Festival Internacional de Jazz
Grands noms du jazz au Palau de la Música Catalana (p.72).
www.theproject.es Fin septembre-fin décembre

Fira de Santa Llúcia
Marché de Noël Avinguda de la Catedral.
www.firadesantallucia.cat Semaine précédant Noël

TRANSPORTS

ALLER À BARCELONE

EN AVION

Aeroport Josep Tarradellas Barcelona-El Prat
Le principal aéroport de Catalogne (et le deuxième d'Espagne) se trouve 18km au sud-ouest du centre de Barcelone. Consignes au terminal 2B.
902 40 47 04 ou 913 21 10 00 (de l'étranger) www.aena.es

Iberia
Assure tlj. des liaisons directes entre Barcelone et les grandes villes de France. De Paris-Orly, 1h40 de vol.
0825 800 965 www.iberia.com

Air France
Relie Barcelone à Paris (6-8 vols/j., à partir de 110€ AR), Lyon (1-3 vols/j.) et Bordeaux (1-2 vols/j.).
0892 70 26 54 (Air France) www.airfrance.fr

Joon
La petite sœur de Transavia relie Paris-CDG à Barcelone en mode "jeune" (service à bord ciblant les *millenials*).
À partir de 49€ AS. 36 64 www.airfrance.fr

Transavia
La compagnie low cost d'Air France propose 2 vols/j. entre Paris-Orly et Barcelone.
0892 05 88 88 www.transavia.com

Vueling
Relie Barcelone à Paris (à partir de 130€ AR), Bordeaux, Brest, Lille, Lyon, Nice, Nantes.
0899 23 24 00 (de France) www.vueling.com

Ryanair
Au départ de Beauvais, 2 vols/j. pour Barcelone à partir de 70€ AR.
0892 56 21 50 www.ryanair.com

EasyJet
De 1 à 3 vols/j. pour Barcelone au départ de Paris, Bordeaux, Lyon et Nice.
www.easyjet.com

Liaisons aéroport-centre-ville

En taxi

Vous identifierez les taxis officiels à leur couleur jaune et noir. Comptez au moins 30€ (taxe d'aéroport comprise + 1€/bagage) et 30min de trajet en dehors des heures de pointe de l'aéroport au centre-ville.

Aerobús

Un bus toutes les 5min en semaine, toutes les 10-20min le week-end, de 5h35 à 0h pour la Plaça d'Espanya, la Plaça de la Universitat et la Plaça de Catalunya (5,90€ AS, 10,20€ AR). Deux bus de nuit (NitBus n[os]16 et 17) toutes les 20min de 23h à 5h (vers l'aéroport) ou de 22h à 4h50 et 23h30 et 5h (vers le centre-ville). Comptez 30min de trajet en dehors des heures de pointe.
902 10 01 04 www.aerobusbcn.com

En train

La ligne R2-Nord part du Terminal 2 et dessert la gare de Sants en 20min et le Passeig de Gràcia en 30min (4,10€). Un train toutes les 30min de 5h40 à 23h40. Plus rapide que l'Aerobús aux heures de pointe, mais moins pratique si vous êtes chargé.
90 224 02 02 www.renfe.com

En métro

De l'aéroport part la ligne 9-Sud du réseau TMB. Correspondance pour le centre-ville à Torrassa (L1) et Collblanc (L5). Ticket 2,15€. Comptez 45min.
902 07 50 27 www.tmb.cat

EN TRAIN

Les liaisons ferroviaires entre la France et l'Espagne sont gérées par Elipsos (www.renfe-sncf.com), filiale commune de la SNCF et de la Renfe, la compagnie nationale espagnole.

SNCF

Quatre TGV relient tlj. Paris-Gare de Lyon à Barcelona-Sants (6h30 de trajet) via Valence, Nîmes, Montpellier, Béziers, Narbonne, Perpignan, Figueras et Gérone. Également une connexion à grande vitesse au départ de Lyon (1/j., 5h08), Marseille (1/j., 4h38) et Toulouse (1/j., 3h36).
3635 www.oui.sncf

Iberrail

Centrale de réservations, notamment des billets de train de la Renfe.
14, rue Bruno-Coquatrix Paris
01 40 82 63 63 www.iberrail-france.fr

EN CAR

Estació d'Autobusos Barcelona Nord

La gare routière internationale de Barcelone.
C/ Alí Bei, 80 937 06 53 66
www.barcelonanord.cat Tlj. 5h15-1h

Eurolines

Liaisons quotidiennes entre Barcelone et Perpignan (env. 40€ AS), Lyon (env. 83€ AS) ou Paris (15h de trajet, env. 91€ AS), bihebdomadaires avec Rennes (109€ AS).
08 92 89 90 91 www.eurolines.fr

Linebús

Liaisons avec Paris, Lyon, Marseille, Nice, Rennes, Toulouse et Tours.
902 33 55 33 www.linebus.es

SE DÉPLACER À BARCELONE

TRANSPORTS EN COMMUN

AMB

L'Àrea Metropolitana de Barcelona coordonne les transports de la ville. Son site Internet est idéal pour planifier ses déplacements. Les **titres de transport** s'achètent dans les bus, stations de métro et gares.
932 23 51 51 www.amb.cat

Métro

Rapide, fréquent, le plus souvent climatisé, il constitue le meilleur moyen de locomotion pour les longs trajets. La société **TMB** (Transports Metropolitans de Barcelona) gère huit lignes, les trois autres (L6, L7, L8) appartiennent à la **FGC** (Ferrocarrils de la Generalitat de Catalunya). Elles fonctionnent toutes de 5h à 0h, jusqu'à 2h le vendredi, et sans interruption le samedi et les veilles de fêtes.

TMB
902 07 50 27 www.tmb.cat

FGC
012 ou 900 90 15 15 www.fgc.cat

Bus

Fréquents et climatisés, les bus TMB vous conduiront où le métro ne va pas, comme à Montjuïc, au Parc Güell ou au Monestir de Pedralbes. Ils circulent généralement de 6h à 22h environ. De 22h à 5h, les bus de nuit (NitBus) prennent le relais. La plupart des lignes convergent vers la Plaça de Catalunya.

Tramway

Le **Tramvia Blau** relie la Plaça J. F. Kennedy à la Plaça del Doctor Andreu, au pied de la colline du Tibidabo. Deux autres lignes desservent les zones les plus excentrées de Barcelone. De la Plaça Francesc Macià, la première, qui se ramifie en trois branches (**T1**, **T2** et **T3**) peut vous aider à monter à Pedralbes. La seconde, **T4**, relie le Parc de la Ciutadella au Fòrum, en passant par l'Auditori, le Teatre Nacional de Catalunya et la Torre Gloriès. Les lignes **T5** et **T6** partent de Gorg pour atteindre respectivement les Gloriès et l'Estació de Sant Adrià.
900 70 11 81 www.tram.cat

Funiculaire et téléphérique

Ils permettent de gagner les hauteurs de la ville : Montjuïc (de la station de métro Paral.lel et de La Barceloneta), le Tibidabo et la Torre de Collserola.

www.tmb.cat

www.telefericdemontjuic.cat

www.telefericodebarcelona.com

BUS TOURISTIQUES

Barcelona Bus Turístic
Des bus à plateforme découverte de la TMB sillonnent la ville de 9h à 20h (19h en hiver) pour desservir les principaux sites touristiques, y compris Montjuïc et Pedralbes. Trois itinéraires : Nord (bleu), Sud (rouge) et Fòrum (vert). Fréquence de 5 à 25min selon la saison. De juin à mi-sept., un bus part de la Plaça de Catalunya à 21h30 du vendredi au dimanche. Ticket 1 jour 29€ (adulte) et 16€ (4-12 ans), 2 jours consécutifs 39€/20€, avec des réductions dans les principaux musées et monuments desservis. En vente à bord, dans les OT, certaines stations de métro (Sants-Estació, Sagrada Família, Diagonal ou Universitat) et en ligne (-10%).

www.barcelonabusturistic.cat/fr

Barcelona Turisme
932 85 38 34
www.barcelonaturisme.com

Barcelona City Tour
Cette société privée propose des prestations similaires (mêmes horaires, mêmes tarifs, même mode d'utilisation) sur ses deux lignes d'autobus à étage panoramique, qui relient la Plaça de Catalunya à la Casa Batlló et retour. La ligne Est dessert le Port Olímpic, le Fòrum, la Sagrada Família, etc. ; la ligne Ouest dessert la fondation Míro, le MNAC, la gare de Sants, etc. Billets en vente à bord des bus, dans les agences de voyages, certains hôtels et au comptoir de la société. Réduction de 10% en ligne.
933 17 64 54
https://barcelona.city-tour.com

TRANSPORTS INDIVIDUELS

En voiture

À déconseiller. La conduite à Barcelone peut être cauchemardesque, surtout aux heures de pointe (7h-9h et 19h-21h) et dans le centre à l'heure du déjeuner (14h). Côté stationnement, les règles ne sont pas toujours très claires et les parkings publics sont nombreux, mais chers (env. 3€/h ou 35€/j.). Les bandes bleues indiquent les zones où le paiement d'un parcmètre est obligatoire en journée. Les bandes jaunes matérialisent une interdiction de stationner (mise en fourrière systématique en cas d'infraction).

À vélo

Pour faciliter vos déplacements et rouler sans danger, procurez-vous la carte Barcelona Bici à l'office de tourisme. Notez que les vélos Bicing en libre-service sont réservés aux résidents.

Mattia 46
Location de vélos (6€/j.) et de scooters (26€/j.) à deux pas de la Rambla.
C/ Unió, 30 ☎ 933 02 85 21
www.mattia46.com ⏲ Tlj. 9h30-19h30

Biciclot
7€/2h, 17€/j.
Passeig Marítim de la Barceloneta, 33
☎ 932 21 97 78 www.biciclot.net
⏲ Été : tlj. 10h-20h ; reste de l'année : tlj. 11h-17h

Barcelona by Bike
Visites guidées en groupes, tlj. sur rdv, en plusieurs langues dont le français, de 24 à 38€ (départ Carrer de la Marina, 13 – Vila Olímpica).
☎ 671 30 73 25
www.barcelonabybike.com

Bike Rental Barcelona
Vélos de ville, VTT ou pliables. Possibilité de vous faire livrer le deux-roues à votre hôtel. À partir de 8€ les 3h. Rés. conseillée.
C/ Montserrat, 8 ☎ 666 05 76 55
www.bikerentalbarcelona.com
⏲ Tlj. 10h-20h

Bicicleta Barcelona
En plein centre d'El Born. Vélos 5€/h, 12€/j. Également des cyclotours guidés en anglais (22,50€ les 3h, rdv Plaça de Sant Jaume).
C/ Esparteria, 3 ☎ 932 68 21 05
www.biketoursbarcelona.com
⏲ Tlj. 10h-19h ; mi-déc.-fév. : tlj. 10h30-18h

En taxi

Les taxis, jaune et noir, sont nombreux dans le centre-ville et assez bon marché (prise en charge 2,10€, puis de 1,07€ à 1,30€/km selon le jour et l'heure), excepté sur les très courtes distances (tarif minimum 7€). La principale station se trouve Plaça de Catalunya. Le pourboire est facultatif mais apprécié.

Ràdio Taxi Miramar
☎ 934 33 10 20

Ràdio Taxi 033
Réservez sur le site Internet.
☎ 933 03 30 33
www.radiotaxi033.com

En vélo-taxi

Un moyen de transport original pour découvrir la ville selon différents circuits préétablis.

SUR PLACE

ARGENT

Les retraits aux distributeurs et paiements par carte ne donnent lieu à aucun frais bancaire pour les ressortissants de la zone euro. Vérifiez avant de partir le plafond (mensuel) de vos dépenses et celui (hebdomadaire) de vos retraits et faites-les, au besoin, relever temporairement pour ne pas vous retrouver sans argent sur place. En dernier recours, vous pourrez retirer des espèces au guichet d'une grande banque en présentant votre carte bancaire et une pièce d'identité.

Serveur interbancaire d'opposition
En cas de vol ou de perte de votre CB, ce serveur redirigera votre appel directement vers le service d'opposition de votre banque.
33 442 60 53 03 (de l'étranger)
Tlj. 24h/24

HORAIRES

Banques et administrations Lun.-sam. 8h30 (9h)-13h (14h).
Magasins En général, lun.-sam. 10h-20h30 (22h grands magasins et centres commerciaux). La plupart des petits commerces ferment entre 14h et 17h.
Restaurants D'ordinaire, lun.-sam. 13h ou 14h-16h, 20h30 ou 21h-23h30.
Musées Habituellement mar.-dim. 10h-18h (jusqu'à 20h en été).

POURBOIRE

Dans les bars et restaurants, les prix indiqués comprennent le service. Le pourboire n'a donc rien d'obligatoire, bien qu'il soit de coutume d'en laisser un. Pas de règle absolue, mais 5 à 10% du prix de la consommation semblent une bonne moyenne.

LANGUES

Si vous désirez améliorer votre espagnol – soit le **castillan** – à Barcelone, sachez qu'en Catalogne, il n'est que l'une trois langues officielles aux côtés du **catalan** et de l'occitan – dans le val d'Aran. Le catalan règne dans la toponymie, mais les conversations se font dans les deux langues principales. Vous pourrez (parfois !) utiliser le français et surtout l'anglais, toujours très bien compris.

RÉDUCTIONS TARIFAIRES

Barcelona Card
Gratuité des transports urbains, réductions dans les musées, monuments, spectacles et certains restaurants et magasins. Tarif 20€ pour 2 j., 45€ pour 3 j. (enfant 21€), et 60€ pour 5 j. (-10% sur le site de l'OT).
En vente dans les offices de tourisme.
932 85 38 32 (OT)
www.barcelonacard.com 20€/2j. ; 46€/3 j. ; 56€/4 j. ; 61€/5 j.

ArticketBCN
Billet combiné qui permet de visiter les principaux musées d'art de la ville (MNAC, MACBA, CCCB, Museu Picasso et les fondations Tàpies et Miró). Tarif 30€ (-5% sur le site de l'OT). En vente dans les offices de tourisme et les musées concernés.
932 85 38 32 (OT)
www.articketbcn.org

Arqueoticket
Donne accès à quatre musées : Museu d'Història de Barcelona, Museu Egipci, Museu d'Arqueologia de Catalunya et le centre culturel d'El Born. Tarif 14,50€. En vente dans les offices de tourisme, les musées concernés et sur Internet. ☎ 932 85 38 32 (OT) bcnshop.barcelonaturisme.com (onglet "Tickets")

RESTAURATION

À L'HEURE ESPAGNOLE

La journée de travail commence vers 8h-9h. Le petit déjeuner (*esmorzar/desayuno*) se résume souvent à un café. La matinée est coupée vers 11h-12h par une pause gourmande (*almuerzo*) : café et tartines grillées, bière avec omelette ou sandwich. Vers 14h-15h se prend le repas le plus copieux de la journée (*dinar/comida*). Vers 17h-18h, certains s'autorisent un goûter (*berenar/merienda*). À 20h vient l'heure de l'apéritif (*aperitiu/aperitivo*), l'occasion de boire une bière et de grignoter quelques tapas. Le dîner (*sopar/cena*) débute vers 21h, voire 22h.

LES ÉTABLISSEMENTS

Bars à tapas et cafés-restaurants

Que choisir au menu (*carta*) ? Les bars à tapas et les bars-restaurants, qui proposent tapas, menus et plats, sont les plus économiques. Les tapas, souvent présentées derrière une vitrine, existent en trois formats : amuse-gueule, petite portion (*mitja ració/media ración*) et portion copieuse (*ració/ración*). La plupart de ces établissements affichent aussi un menu du jour (*menú del dia*) avec entrée, plat et dessert pour 10-15€ (vérifiez toujours que l'IVA de 10%, les boissons et le pain sont compris). Moins chers, les plats garnis (*plats combinats/platos combinados*) "combinent" viande, poisson ou charcuterie avec quelques légumes et des frites et souvent un œuf. Si vous vous contentez d'un sandwich, examinez la liste des *entrepans/bocadillos* inscrite sur un tableau. Vous trouverez aussi de grosses tartines grillées (*torrades/tostadas*).

Restaurants

Les restaurants proprement dits, plus confortables et globalement de meilleure qualité, sont aussi onéreux qu'en France. Les plus modestes proposent à l'heure du déjeuner des menus du jour à 16€ environ. Pour une bonne table, vous débourserez facilement 35-40€/pers., vin non compris. Nombre d'établissements conjuguent les deux formules détaillées précédemment. Dans la salle du bar ou au comptoir, on commande des tapas ou des plats bon marché, tandis que dans la salle du fond, la carte s'étoffe et les prix montent. De même, vous payerez plus cher en terrasse.

Granjas et *fondas*

Particularité catalane, la *granja* sert des jus de fruits, des chocolats chauds, des pâtisseries et des menus assez économiques, mais pas d'alcool. Enfin, comme nos auberges, les *fondas* proposent le gîte et le couvert.

SÉCURITÉ

Comme ailleurs, ne laissez jamais vos sacs et objets de valeur sans surveillance, prenez garde aux pickpockets (surtout dans le centre-ville, les stations de métro, les bars et aux terrasses des restaurants). Si vous arrivez en voiture, ne laissez rien en évidence à l'intérieur et déposez vos affaires à l'hôtel, puis garez-vous dans un parking souterrain payant. En cas d'urgence médicale ou pour joindre la police, appelez le Service des urgences.

Urgences
112

Pharmacies de garde
www.farmaguia.net

Consulat de France
Ronda de la Universitat, 22bis
932 70 30 00 https://barcelone.consulfrance.org Lun.-ven. 9h-13h

TÉLÉPHONE

Pour appeler Barcelone depuis la France, composez le 00 + 34 + le numéro à neuf chiffres du correspondant.
Pour appeler la France depuis Barcelone, composez le 00 + 33 + le numéro du correspondant sans le 0 initial.

VISITES GUIDÉES

Barcelona Walking Tours
Organisées par l'OT, des visites thématiques pour découvrir la ville et ses secrets, du Barri Gòtic à L'Eixample moderniste. Tarif 16-22€, 4-12 ans 7€ (-10% sur le site de l'OT).
932 85 38 32
www.barcelonaturisme.com

Ruta del Modernisme
Avec le guide de la *Ruta del Modernisme* (env. 15€), suivez à travers Barcelone l'itinéraire de Gaudí, de Domnech i Montaner, de Puig i Cadafalch et consorts. Vous y trouverez une carte localisant 120 réalisations modernistes ainsi que des remises pouvant atteindre 50% sur l'entrée des monuments barcelonais de ce style. En vente à l'OT de la Plaça de Catalunya, à l'Institut Municipal del Paisatge Urbà (Av. Drassanes, 6), aux Pavellons Güell (p.152) et en librairie.
933 17 76 52 ou 932 56 25 09
www.rutadelmodernisme.com

Itinera Plus
Pour découvrir Barcelone sous ses facettes historiques, culturelles et artistiques les plus originales.
C/ Dr. Trueta, 202 933 42 83 33
www.itineraplus.com (calendrier et rés.)

GRATUITS LE DIMANCHE
Certains musées barcelonais sont gratuits tous les dimanches à partir de 15h – exemples, le MUHBA (p.46) et le Museu Frederic Marès (p.47) –, d'autres seulement le premier dimanche du mois, tels le Museu Picasso (p.75) et le Palau Güell (p.61). Profitez-en !

APPLICATIONS MOBILES

GaudíBCN
L'appli GaudíBCN, à télécharger sur le site de l'OT (rubrique Guide pratique > Applications pour les mobiles), dispense en français plus d'une heure de présentation de douze bâtiments signés du génial architecte. Passionnant et gratuit !
www.barcelonaturisme.com

22@Barcelona
Pour découvrir ce quartier emblématique de la Barcelone du 21e s. (p.174), téléchargez sur votre smartphone l'audioguide 22@Barcelona depuis le site officiel de l'OT (rubrique Guide pratique > Applications pour les mobiles). Il propose plus d'une heure de commentaires sur 22 bâtiments et sites. En français et gratuit !
www.barcelonaturisme.com

Hébergements

Casa del Guarda, Parc Güell

SE LOGER

L'offre est variée à Barcelone : il y en a pour tous les goûts et tous les budgets, des auberges de jeunesse aux palaces, en passant par les *pensiones* en tout genre. Comptez 80-120€ la nuit pour une chambre double de catégorie moyenne. Vous prévoyez un séjour à Barcelone en haute saison ? Réservez longtemps à l'avance.

GÉNÉRALITÉS

Réservations Une règle d'or pour tout voyage à Barcelone en haute saison : réservez ! Attention, rares sont les établissements qui acceptent les réservations sans acompte. Que vous reteniez une chambre par téléphone ou par courriel, on vous demandera les coordonnées de votre carte de crédit ou bien un virement bancaire ou postal.

Désagréments Si vous avez le sommeil léger, armez-vous de patience et de bouchons d'oreilles car le niveau sonore est souvent élevé dans les hôtels : télévision du réceptionniste hurlant toute la nuit (pour le tenir éveillé), voisins se douchant et discutant bruyamment en rentrant du restaurant à 2h du matin, ambiance survoltée dans la rue à la fermeture du bar voisin vers 5h...

HÔTELS

Les hôtels affichent de 1 à 5 étoiles, mais mieux vaut ne pas trop se fier à ce classement. Un 1-étoile peut posséder une piscine et un 2-étoiles se révéler moins confortable qu'une pension bas de gamme. En revanche, les prix reflètent assez bien le standing des établissements.

PENSIONS

Les *pensiones* (*hostales*, *fondas*, *casas de huéspedes*, *hospedajes*, *residències*, *moteles*) conviendront aux budgets serrés. Les prix débutent autour de 60€ pour une chambre double (avec, parfois, le petit déjeuner). À ce tarif, vous n'aurez pas de salle de bains indépendante, le confort sera sommaire et la propreté variable selon les établissements. Comptez au moins 75€ pour une chambre double avec salle de bains. À partir de 90€, il s'agira d'une pension de caractère bien située ou d'un établissement moderne au profil 2-étoiles. N'hésitez pas à jeter un coup d'œil à la chambre avant de vous décider, ni à négocier le prix, surtout si vous comptez y passer plusieurs nuits. Les pensions acceptent rarement les paiements par CB et demandent souvent un règlement dès l'arrivée.

AUBERGES DE JEUNESSE

Barcelone propose un bon choix d'*albergues juveniles*, affiliées au réseau Inturjoven (carte de membre exigée) ou indépendantes. En général bien tenues, les AJ disposent de grands dortoirs aux lits superposés, mais aussi de chambres doubles, triples ou quadruples, souvent avec salle de bains attenante. Attention, elles sont parfois excentrées et imposent, pour certaines, des horaires de fermeture stricts. La durée du séjour peut être limitée à trois nuitées consécutives (cinq en basse saison). Comptez de 16 à 32€/nuit.

Red Española de Albergues Juveniles (REAJ)
C/ Marqués de Riscal, 16
913 08 46 75 www.reaj.com

Xanascat
Agència Catalana de la Joventut.
C/ Calàbria, 147 934 83 83 63
http://xanascat.gencat.cat

La carte **Youth Hostelling International FUAJ** offre des tarifs préférentiels dans les auberges de jeunesse membres du réseau du même nom.

FUAJ
PARIS 27, rue Pajol 01 44 89 87 27
www.fuaj.org www.hifrance.org

LOCATION D'APPARTEMENTS

Une formule répandue à Barcelone et souvent avantageuse pour de longs séjours. La durée minimale de location est en général de deux nuitées, mais il est parfois plus économique de louer à la semaine.

www.abritel.fr
www.airbnb.com
www.bedycasa.com
www.catalanholidays.com
www.oh-barcelona.com
www.9flats.com
www.wimdu.fr

LA CIUTAT VELLA

BARRI GÒTIC

Pensió Mariluz €

En plein cœur du Barri Gòtic, une charmante pension sur trois étages, qui connaît depuis plus de quarante ans un succès jamais démenti. Ça sent le propre et l'accueil est prévenant. Quatorze chambres très confortables et climatisées. Cuisine à disposition et superbe patio. En fonction du confort et de la saison, double 55-110€ et quadruple 90-140€.

(plan 1, B3) C/ Palau, 4 Barri Gòtic
933 17 34 63 www.pensionmariluz.com
Fermé début jan.-début fév.

Hostal Quartier Gothic €

Pension jeune et dynamique. Accueil enjoué en anglais ou en français. Prix assez doux pour les 35 chambres : selon la saison, double avec sdb partagée 56-66€, avec sdb privative 78-95€ env. Petit déj. 5€. Wifi.

(plan 1, B3) C/ Avinyó, 42 933 18 79 45
www.hqg.cat

Hostal Fontanella €€

Dans un immeuble bourgeois à proximité de la Plaça de Catalunya, 11 chambres soignées et spacieuses, dotées d'une sdb privée, bénéficient de toute l'attention de la propriétaire. Double 95€.

(plan 1, A1) Via Laietana, 71 (piso 2)
Barri Gòtic 933 17 59 43

Hotel Adagio Gastronòmic ♥€€€

Un 2-étoiles à 150m des Ramblas, au confort étonnant pour un établissement de sa catégorie. Accueil irréprochable, 38 chambres claires, vastes et insonorisées (clim., TV par satellite, coffre-fort). Double 145€, petit déj.-buffet compris, simple 100€.

(plan 1, A3) C/ Ferran, 21 933 18 90 61
www.adagiohotel.com

LA CIUTAT VELLA

El Jardí ♥€€€

L'un des plus anciens hôtels du quartier (1860), à la déco basique, installé sur un site enchanteur de la vieille ville. Certaines chambres, comme les nos63 et 65 – un peu plus bruyantes – donnent sur la verdoyante Plaça de Sant Josep Oriol. Double standard 130€ et 145€ avec terrasse ou balcon. Petit déj. compris.

(plan 1, A3) Pl. de Sant Josep Oriol, 1 ☎933 01 59 00 www.eljardi-barcelona.com

Hostal Fernando ♥€€€

Une grande pension comprenant une section auberge de jeunesse. Les 38 chambres climatisées et les dortoirs spacieux sont bien entretenus, tout comme les sdb communes (non mixtes). En haute saison, 130€ la double avec sdb, 160€ la triple. De 15 à 30€/pers. en dortoir de 4, 6 ou 8 lits. Petit déj. inclus. Carte Fuaj facultative.

(plan 1, A3) C/ Ferran, 31 ☎933 01 79 93 www.hfernando.com

Petit Palace Boqueria Garden €€€

Dans l'une des rues les plus animées du Barri Gòtic, un établissement confortable et bien situé, près des Ramblas et du Liceu. Il dispose de 101 chambres avec lit *king-size*, douche hydromassante et prêt de tablettes. Prix très fluctuants en fonction du taux de remplissage. Double 120-250€, petit déj. 17€.

(plan 1, A3) C/ Boqueria, 10 ☎933 02 00 92 www.petitpalaceboqueriagarden.fr

Hotel Nouvel €€€

Un petit bijou moderniste à l'élégante façade et à l'intérieur avenant : escalier majestueux, plafonds ouvragés, carrelage ancien. Les 78 chambres offrent un confort moderne digne de ses trois étoiles. Selon la saison, comptez 130-200€ la double, petit déj. inclus.

(plan 1, A2) C/ Santa Anna, 18-20 Barri Gòtic ☎933 01 82 74 www.hotelnouvel.es

Hotel Barcelona Catedral €€€

Cet hôtel ultramoderne de 80 chambres, avec piscine sur le toit et salle de gym, propose une large gamme de services, du *personal trainer* aux cours de cuisine. Le dimanche matin et le mercredi soir, promenade gratuite à la découverte de Barcelone ! Double 169-245€, petit déj. 18,50€.

(plan 1, A2) C/ Capellans, 4 ☎933 04 22 55 www.barcelonacatedral.com

LA RAMBLA

Kabul Party Hostel €

Une auberge de jeunesse quasi mythique dans le monde des *backpackers* et des jeunes fêtards : la porte reste ouverte toute la nuit. Des dortoirs de 4 à 22 lits (10-45€/pers. avec petit déj.), laverie et wifi. Rés. par tél. (avec carte Visa) ou en ligne. Carte Fuaj facultative.

(plan 1, A4) Pl. Reial, 17 ☎933 18 51 90 www.kabul.es

Chic & Basic Ramblas €

Un hôtel original, repensé en fonction des attentes d'aujourd'hui : décoration thématique sixties, bar-restaurant branché... Voisins, 10 appartements logent jusqu'à 4 personnes chacun. Deux autres hôtels Chic & Basic et plus d'appartements sur le site Internet. À partir de 68€ pour 2 ; 135€ pour 4 pers ; petit déj. 12,50€.

(plan 1, A1) Passatge de Gutenberg, 7 ☎933 02 71 11 www.chicandbasicramblashotel.com

Hostal Benidorm €€
Une pension à la bonne odeur de propre, aux 53 chambres vastes et agréables, pour la plupart avec sanitaires en marbre mais sans double vitrage. Préférez donc celles du 2e étage, récemment rénovées, ou celles donnant sur le Palau Güell, à l'arrière. En haute saison, double avec sdb 110-130€, triple 150€ et une chambre pour 5 à env. 170€.

(plan 1, A2) Rambla dels Caputxins, 37
933 02 20 54
www.hostalbenidorm.com

Hotel Toledano & Hostal R. Capitol ♥€€
Une adresse pertinente, en haut des Ramblas. Aux 3e et 4e étages, l'hôtel Toledano loue une vingtaine de chambres à la décoration soignée, tout équipées (double vitrage, wifi...), dont plusieurs avec vue (en haute saison, double 125€, triple 135€, quadruple 145€). Au 5e étage, une pension bien tenue, dont les 11 chambres, modestement meublées mais insonorisées, disposent d'un balcon (à partir de 55€ la double avec sdb sur le palier). Réception au 4e étage. Parking privé à proximité avec tarifs préférentiels pour les clients de l'hôtel.

(plan 1, A2) 138 Las Ramblas 933 01 08 72
www.hoteltoledano.com

Hostal Mare Nostrum €€€
Pension moderne et bien tenue. Les chambres sont équipées de double vitrage, ce qui n'est pas un luxe dans ce quartier. Certaines, telle la n°103, ont un petit balcon sur les Ramblas. Double avec sdb à 125€ env., petit déj. inclus. Accueil avenant.

(plan 1, A3) C/ Sant Pau, 2 (à la hauteur de Rambla, 67-69) 933 18 53 40
www.hostalmarenostrum.com

EL RAVAL

Hostal La Terrassa €
Des chambres au cadre assez quelconque, mais propres et fonctionnelles, à deux pas de la Boqueria et de la Rambla. Selon la taille et l'emplacement, double 45-85€. Réservez les chambres nos8 ou 9, plus charmantes et spacieuses, au fond de la cour intérieure.

(plan 2, C3) C/ Junta de Comerç, 11
933 02 51 74 ou 933 02 51 74
www.laterrassa-barcelona.com

Hostal Ramos €€
Derrière la belle façade de cet *hostal* s'ouvre un hall charmant et aéré. Certaines des 19 chambres climatisées donnent sur la place de l'église Sant Agustí. Double 55-95€ selon la saison. À deux pas de La Boqueria.

(plan 2, C3) C/ Hospital, 36 933 02 07 23
www.hostalramos.com

Hotel Peninsular ♥€€
Ce bel hôtel moderniste installé dans un couvent ne manque pas d'un certain charme, avec son vaste hall et son patio fleuri. Ses 110 chambres, plutôt simples et pas forcément très calmes, possèdent une sdb et la clim. En haute saison, comptez 65€ la simple, 95€ la double avec petit déj., 105€ la triple et 130€ la quadruple.

(plan 2, C3) C/ Sant Pau, 34-36 933 02 31 38
www.hotelpeninsular.net

Hostal Grau €€€
Au cœur du Raval, une petite pension de charme, écolo dans l'âme et dans la forme. L'*hostal* a fait peau neuve en 2013 dans une démarche respectueuse de l'environnement. Depuis, mobilier recyclé et literie bio ont intégré ses jolies chambres et appartements. Nombreux services pour les familles (baby-sitter, location de poussettes...) mais pas de petit déj.

Selon la saison, double 80-170€, studio 100-220€, et appartement à partir de 120€.

(plan 2, B2) C/ Ramelleres, 27 ☎ 933 01 81 35 www.hostalgrau.com

Hotel España €€€

Cet hôtel historique, décoré par Lluís Domènech i Montaner au début du 20e s., réunit 84 chambres minimalistes, le restaurant Fonda España, dirigé par Martin Berasategui, et un bar avec piscine sur le toit – l'Alaire Ramblas. Cadre de toute beauté, alliant le raffinement moderniste au design contemporain. Double en haute saison 210€. Suite avec terrasse, 340-450€ selon la saison.

(plan 2, C3) C/ Sant Pau, 9-11 ☎ 935 50 00 00 www.hotelespanya.com

LA RIBERA

Safestay Barcelona Gothic €

Une auberge de jeunesse moderne, réputée pour son ambiance festive, proposant des dortoirs de 6 à 16 lits très bien tenus (15-35€/pers.). Wifi gratuits, consignes, terrasse. Ouvert 24h/24. Autres adresses tout aussi conviviales au n°33 du Passeig de Gràcia et à la Barceloneta (p.223). Carte Fuaj facultative.

(plan 1, B2) C/ Vigatans, 5 ☎ 93 268 78 08 www.safestay.com

Pensió 2000 ♥€€

Cette pension avenante dispose de 7 chambres spacieuses et élégantes à l'étage (pas d'ascenseur). Certaines donnent sur l'extraordinaire façade du Palau de la Música. Très calme la nuit – du moins pour Barcelone –, bien que les spectacles du Palau puissent donner lieu à un peu d'agitation dans la rue. Aux beaux jours, le patio est des plus engageants pour prendre le petit déj. (5€). En haute saison, double avec sdb 110€, 20€/pers. suppl. Gratuit pour les moins de 2 ans.

(plan 1, A2) C/ Sant Pere Més Alt, 6 ☎ 933 10 74 66 www.pensio2000.com

Hotel Banys Orientals €€€

Un 3-étoiles moderne, à la déco parfaitement étudiée : lumières tamisées, murs clairs, mobilier contemporain... les 43 chambres ont du charme et sont bien équipées. Selon la saison, simple 90-150€, double 110-170€, petit déj. compris.

(plan 1, B2) C/ Argenteria, 37 ☎ 932 68 84 60 www.hotelbanysorientals.com

EL BORN

Pensión Francia €€

Près de la Barceloneta et des plages, en bordure d'El Born, cette grande pension familiale loue 11 chambres immaculées. Comptez 88-150€ la double (84-100€ avec sdb partagée).

(plan 1, C3) C/ Rera Palau, 4 ☎ 933 19 03 76 www.milisa.com

Inside Barcelona €€

Cinq appartements plaisants et bien équipés (Internet, TV, clim.), modernes et chaleureux, dans une rue tranquille d'El Born, à proximité des plages de la Barceloneta ! À louer à la nuit ou à la semaine : à partir de 80€/nuit le studio et 140€ l'appartement pour 4 pers. Négociez le prix si vous restez plus d'une semaine. Une formule très économique pour les petits groupes !

(plan 1, B3) C/ Esparteria, 1 El Born ☎ 932 68 28 68 insidebarcelona.com

L'EIXAMPLE ET GRÀCIA

EIXAMPLE

Hostal Oliva €€

Une adresse connue du quartier, ouverte en 1931, à laquelle on accède par la boutique Adolfo Domínguez, puis par un ascenseur – irrésistible ! L'adorable patronne tient d'une main de fer (dans un gant de velours) cet hôtel de 15 chambres, propre et accueillant. Simple 60-85€, double 70-120€. Pas de CB.

(plan 3, C3) Passeig de Gràcia, 32 ☎ 934 88 01 62 ou 934 88 17 89 www.hostaloliva.com

Room Mate Emma €€€

Un emplacement de choix au cœur de l'Eixample, des chambres et suites immaculées à l'élégance futuriste, des prestations 4 étoiles (petit déj. buffet servi jusqu'à midi) et des prix flexibles et donc souvent compétitifs. Comptez 100-190€ la double standard, et 300€ le penthouse avec terrasse et transats !

C/ Rosselló, 205 ☎ 932 38 56 06 www.room-matehotels.com

Market Hotel €€€

Dans un hôtel lumineux et chic, à proximité du Mercat de Sant Antoni, 68 chambres de standing, élégantes, bicolores et aux lignes structurées. Selon la saison, double 60-170€.

(plan 5, B1) C/ Comte Borrell, 68 ☎ 933 25 12 05 www.hotelmarketbarcelona.com

Hotel Actual €€€

Un 3-étoiles dernier cri, à deux pas de la Pedrera. Ambiance feutrée et confort irréprochable et pour les 35 chambres au séduisant mobilier contemporain. Doubles sans vue 100-175€, avec vue 130-215€ et 5 suites junior 185-275€. Petit déj. buffet 9,90€ (gratuit la première nuit pour une rés. de min. 2 nuits).

(plan 3, B3) C/ Rosselló, 238 ☎ 935 52 05 50 www.hotelactual.com

Hotel Claris €€€

L'un des 5-étoiles les plus branchés de la ville ! Ne manquez pas son étonnante façade, à la fois néoclassique et postmoderne. À l'intérieur, somptueuse décoration, 124 chambres et suites, rooftop ultradesign avec piscine. Double 180-330€, suite 250-500€, et quelques suites princières à partir de 800€. Les tarifs varient considérablement selon l'affluence et la période.

(plan 3, C3) C/ Pau Claris, 150 ☎ 934 87 62 62 www.hotelclaris.com

GRÀCIA

Barcelona Xanascat €

Au milieu d'un parc verdoyant, la plus belle et la plus champêtre des auberges de jeunesse barcelonaises, installée dans une superbe demeure moderniste. Des dortoirs de 4 à 12 places. (14,60-20,50€/pers., avec petit déj. et draps). Douches communes. Repas 8,50€. Fermeture des portes de minuit à 7h, mais le gardien vient ouvrir toutes les 30min.

(plan 4, C2) Passeig de la Mare de Déu del Coll, 41 ☎ 932 10 51 51 ou 934 83 83 63 (rés.) www.xanascat.cat ⏲ Réception ouverte 8h-23h Fermé pour travaux-réouverture prévue le 1 juillet 2020

Pensión Norma ♥€€

Passé deux étages assez raides (pas d'ascenseur...), cette pension de famille affable dispose de 18 chambres spartiates mais pimpantes, surtout celles donnant sur la terrasse ensoleillée, à l'arrière. En haute saison, comptez 90€ pour une double avec sdb, et 70€ sans.

(plan 3, B2) C/ Gran de Gràcia, 87
932 37 44 78 www.pensionnorma.com

Casa Gràcia €€
Niché dans un bâtiment moderniste, cet *hostal* de caractère peut héberger 145 personnes. Ravissant patio typique de l'Eixample et décoration coquette. Dortoir 27-80€/pers. ; chambre double 70-175€.

(plan 3, B2) Passeig de Gràcia, 116bis Gràcia
931 87 44 97
www.casagraciabcn.com

DE MONTJUÏC À PEDRALBES

POBLE SEC

Camino Bed & Breakfast €€

Sur la colline de Montjuic, une adresse bien placée, à mi-chemin entre l'auberge de jeunesse et la maison d'hôtes. Comptez 80-110€ pour une chambre double. La n°6 est la seule à bénéficier d'une salle de bains privée (100-130€). Coup de cœur pour les n°8 et 10, spacieuses et dotées de grandes baies vitrées (100-140€). Certains matins, le petit déjeuner (4€) préparé par Sophie a les saveurs de son pays natal, la Corée : soupe miso, riz à la viande sautée aux légumes, *bibimpap*...

(plan 5, B2) C/ Palma, 24 933 48 81 72
www.caminobnb.com

MONTJUÏC

Hotel Miramar €€€

Une adresse d'exception, sur les hauteurs de Montjuïc. Les 75 chambres au style impeccable sont autant de luxueux nids douillets qui bénéficient d'une vue sensationnelle sur le port. Idyllique ! Restaurant gastronomique, *lobby bar*, piscines, spa. Double 170-290€.

(hors plan 7 par A4) Pl. de Carlos Ibañez, 3
932 81 16 00
www.hotelmiramarbarcelona.com

SARRIÀ

Albergue Studio Hostel €

Au calme, cette auberge de jeunesse d'un confort modeste propose néanmoins un espace raisonnable et des commodités appréciables : grande salle à manger, table de ping-pong, laverie et agréable toit-terrasse. Jusqu'à 6 pers. par chambre, toutes avec sdb. À partir de 35€/pers. (petit déj. inclus).

(hors plan 6 par A1) C/ Duquessa d'Orleans, 56
932 05 09 61
www.alberguestudio.com

LA FAÇADE MARITIME

PORT VELL

W Barcelona €€€

Dessiné par R. Bofill et dominant la Barceloneta, le W Hotel a de quoi séduire ! Il totalise 473 chambres et suites avec vues sur la grande bleue et Barcelone, pour rêver les yeux ouverts... Double à partir de

270€, suite à partir de 500€, petit déj. 33€.

(plan 7, B4) Pl. de la Rosa dels Vents, 1 (au bout du Passeig de Joan de Borbó) 932 95 28 00 www.w-barcelona.com

LA BARCELONETA

Safestay Barcelona Sea €

Cette pimpante auberge de jeunesse est la petite sœur de Safestay Barcelona Gothic, dans le quartier de la Ribera (p.220). On se laisse facilement séduire par sa situation exceptionnelle, juste au bord du Passeig Marítim et de la longue plage de la Barceloneta. Dortoirs spartiates mais bien tenus de 4 à 8 lits, avec sdb (15-45€/pers.). Cuisine, buanderie et consignes à disposition. Carte Fuaj facultative.

(plan 7, B3) Pl. Mar, 1-4 932 24 70 75 www.safestay.com

PORT OLÍMPIC

Hotel Arts Barcelona €€€

Les 43 luxueux étages de cette tour de verre et de métal dominent le Port Olimpíc, la mer... et tout Barcelone ! Avec leurs grandes baies vitrées, les 483 chambres, suites et appartements en duplex offrent des vues splendides. Restaurant gastronomique, bar, piscine, spa exclusif et service parfait. Double à partir de 295€, 340€ avec vue sur la mer, suite à partir de 650€. Les prix peuvent doubler à certaines périodes (Noël, Semaine sainte, ponts, été).

(plan 7, C1) C/ Marina, 19-21 932 21 10 00 ou 935 51 30 00 (rés.) www.hotelartsbarcelona.com

POBLENOU

Ilunion Barcelona €€€

La reposante sérénité du quartier de Poblenou... Ce 4-étoiles logé dans un bâtiment moderne compte 224 chambres au confort standard, communicantes pour certaines. Bar-restaurant, salle de sport et petite piscine sur le toit-terrasse. Double 80-280€, triple 145-350€, petit déj compris.

(plan 8, B3) C/ Ramon Turró, 196-198 932 43 88 00 www.ilunionhotels.com

LE B.A.-BA

PRONONCIATION CASTILLAN

L'accent tonique est marqué sur la pénultième (avant-dernière) syllabe sauf indication (accent aigu). Les mots se terminant par "d", "l", "r" ou "z" sont accentués sur la syllabe finale.

Voyelles

a "a"
e "é"
i "i"
o "o" fermé
u "ou"
y "i"

Consonnes

c "k", "th" anglais devant "e" et "i"
ch "tch"
g "gu", "r" dur guttural devant "e" et "i"
j ("jota") "r" dur guttural
ll "y" ("l" mouillé) ou palatisé (comme dans "alliance")
ñ "gn"
r roulé
s "ss"
v "b"
z "th" anglais

PRONONCIATION CATALAN

La présence d'un accent grave sur une voyelle ouvre sa prononciation ("ò" se prononce comme dans "pomme") et "b", "d", "g" deviennent [p], [t], [k] en position finale.

Voyelles

a "a", "e" muet en position atone (est de la Catalogne)
e "é", "è" si accent grave, "e" muet en position atone (est de la Catalogne)
i et **y** "i"
o "o" fermé, ò "o" ouvert, "ou" en position atone (est de la Catalogne)
u "ou"

Consonnes

c "k", "ss" devant "e" et "i"
ç "ss"
g "gu", "j" devant "i" et "e" (valencien "dj")
h toujours muet
ig en fin de mot "tch", puig se prononce "poutch"
j "j" (sauf valencien "dj")
ll "l" palatisé comme dans "alliance" ou "l" mouillé
l·l "l" géminé (prononcer les deux "l"), sauf valencien "l"
ny "gn"
r roulé
s "ss", "s" entre voyelles
tl double "l palatisé ou mouillé" (valencien "l" géminé)
v "b" ("v" en valencien)
x ou **ix** souvent "ch", parfois "ks" ou "gz"
z "z"

PREMIERS CONTACTS

Je ne parle pas espagnol / catalan No hablo español / *No parlo català*
Oui, Non Sí / *Si*, No / *No*
Salut Hola / *Hola*
Bonjour Buenos días / *Bon dia*
Bonsoir Buenas tardes / *Bona tarda*
Bonne nuit Buenas noches / *Bona nit*
Au revoir Adios / *Adéu*
Enchanté Encantado / *Encantat*
Comment allez-vous ? ¿ Qué tal ? / *Què tal ?*
Très bien, merci Muy bien, gracias / *Molt bé, gràcies*
S'il vous plaît Por favor / *Si us plau*
Je vous en prie De nada / *De res*
Excusez-moi Perdón / *Perdó*
Au revoir Adiós / *Adéu*
À bientôt Hasta luego / *Fins després*
Je ne comprends pas No entiendo / *No ho entenc*

Quelle heure est-il ? ¿ Qué hora es ? / *Quina hora és ?*

Je me suis perdu Me he perdido / *M'he perdut*

Je cherche... Estoy buscando... / *Estic buscant...*

COMPTER

Zéro Cero / *Zero*
Un Uno / *Un*
Deux Dos / *Dos, dues*
Trois Tres / *Tres*
Quatre Cuatro / *Quatre*
Cinq Cinco / *Cinc*
Six Seis / *Sis*
Sept Siete / *Set*
Huit Ocho / *Vuit*
Neuf Nueve / *Nou*
Dix Diez / *Deu*
Vingt Veinte / *Vint*
Trente Treinta / *Trenta*
Quarante Cuarenta / *Quaranta*
Cinquante Cincuenta / *Cinquanta*
Soixante Sesenta / *Seixanta*
Soixante-dix Setenta / *Setanta*
Quatre-vingts Ochenta / *Vuitanta*
Quatre-vingt-dix Noventa / *Noranta*
Cent Cien, ciento / *Cent*

SE REPÉRER DANS L'ESPACE

Nord Norte / *Nord*
Sud Sur / *Sud*
Est Este / *Est*
Ouest Oeste / *Oest*
Proche Cerca / *A prop*
Loin Lejos / *Lluny*
À gauche A la izquierda / *A l'esquerra*
À droite A la derecha / *A la dreta*
Tout droit Todo recto / *Tot recte*
Aéroport Aeropuerto / *Aeroport*
Auberge de jeunesse Albergue juvenil / *Alberg juvenil*
Autoroute Autopista (payante), autovía (gratuit) / *Autopista, autovia*
Arènes Plaza de toros / *Plaça de toros*
Avenue Avenida, rambla / *Avingunda*
Banque Banco / *Banc*
Bureau de tabac Estanco / *Estanc*
Cabine téléphonique Cabina / *Cabina*
Camping Camping / *Càmping*
Cathédrale Catedral / *Catedral, seu*
Chambre d'hôtes Casa rural / *Casa de pagès*
Château Castillo / *Castell*
Consulat Consulado / *Consolat*
Église Iglesia / *Església*
Hôpital Hospital / *Hospital*
Hôtel Hotel / *Hotel*
Marché Mercado / *Mercat*
Monastère Monasterio / *Monestir*
Gare ferroviaire Estación de trenes / *Estació de tren*
Gare routière Estación de autobuses / *Estació d'autobusos*
Librairie Librería / *Llibreria*
Mairie Ayuntamiento / *Ajuntament*
Musée Museo / *Museu*
Office de tourisme Oficina de turismo / *Oficina de turisme*
Palais Palacio / *Palau*
Parking Aparcamiento / *Aparcament*
Pharmacie Farmacia / *Farmàcia*
Place Plaza / *Plaça*
Plage Playa / *Platja*
Port Puerto / *Port*
Poste Correos / *Correus*
Police, gendarmerie Policía, guardia civil / *Policia, guàrdia civil*
Quartier Barrio / *Barri*
Promenade Paseo / *Passeig*
Restaurant Restaurante / *Restaurant*
Rue Calle / *Carrer*
Station de métro Estación de metro / *Estació de metro*
Station-service Gasolinera / *Benzinera*

Supermarché Supermercado / *Supermercat*

Tour, clocher Torre / *Torre*

Vieille ville Casco antiguo / *Casc antic, ciutat vella*

Village Pueblo / *Poble*

Ville Ciudad / *Ciutat*

SE REPÉRER DANS LE TEMPS

Mois Mes / *Mes*

Janvier Enero / *Gener*

Février Febrero / *Febrer*

Mars Marzo / *Març*

Avril Abril / *Abril*

Mai Mayo / *Maig*

Juin Junio / *Juny*

Juillet Julio / *Juliol*

Août Agosto / *Agost*

Septembre Septiembre / *Setembre*

Octobre Octubre / *Octubre*

Novembre Noviembre / *Novembre*

Décembre Diciembre / *Desembre*

Jour Día / *Dia*

Semaine Semana / *Setmana*

Lundi Lunes / *Dilluns*

Mardi Martes / *Dimarts*

Mercredi Miércoles / *Dimecres*

Jeudi Jueves / *Dijous*

Vendredi Viernes / *Divendres*

Samedi Sábado / *Dissabte*

Dimanche Domingo / *Diumenge*

Aujourd'hui Hoy / *Avui*

Hier Ayer / *Ahir*

Avant-hier Anteayer / *Abans d'ahir*

Demain Mañana / *Demà*

Après-demain Pasado mañana / *Demà passat*

Matin Mañana / *Matí*

Midi Medio día / *Migdia*

Après-midi Tarde / *Tarda*

Soir Tarde (avant 20h), noche / *Vespre*

Nuit Noche / *Nit*

Tôt Temprano / *Aviat*

Tard Tarde / *Tard*

À L'HÔTEL

Avez-vous une chambre de libre ? ¿ Tiene una habitación disponible ? / *Tenes una habitació lliure ?*

Chambre double, simple Habitación doble, individual / *Habitació doble, individual*

Lit double Cama de matrimonio / *Llit de matrimoni*

Avec douche, salle de bains Con ducha, baño / *Amb dutxa, bany*

Air conditionné Aire acondicionado / *Aire condicionat*

Toilettes Servicios / *Serveis*

Combien coûte la chambre ? ¿ Cuanto cuesta la habitación ? / *Quant val l'habitació ?*

Demi-pension Media pensión / *Mitja pensió*

Pension complète Pensión completa / *Pensió completa*

TTC IVA incluido / *IVA inclòs*

Cher, bon marché Caro, barato / *Car, barat*

AU RESTAURANT

Je voudrais réserver une table Quisiera reservar una mesa / *Voldria reservar una taula*

Entrée Entrada, primer plato / *Entrant, primer plat*

Plat principal Segundo plato / *Segon plat*

Fromage Queso / *Formatge*

Dessert Postre / *Postre*

Pain, beurre Pan, mantequilla / *Pa, mantega*

Bon appétit Buen provecho / *Bon profit*

L'addition La cuenta / *El compte*

VIANDE ET ŒUFS

Agneau Cordero / *Anyell (Be, Xai)*
Bœuf Buey / *Bou*
Charcuterie Embutidos / *Embotits*
Cochon de lait Cochinillo / *Porcella*
Jambon Jamón / *Pernil*
Lapin Conejo / *Conill*
Œufs Huevos / *Ous*
Porc Cerdo / *Porc*
Poulet Pollo / *Pollastre*
Ragoût Guiso / *Cazuela*
Veau Ternera / *Vedella*
Viande Carne / *Carn*

POISSONS ET FRUITS DE MER

Anchois Anchoa / *Anxove*
Crevette Gamba / *Llagostin*
Fruits de mer Marisco / *Marisc*
Langouste Langosta / *Llagosta*
Rouget Salmonete / *Moll*
Seiche Sepia / *Sèpia*
Sole Lenguado / *Llenguado*

ACCOMPAGNEMENTS

Artichaut Alcachofa / *Carxofa*
Aubergine Berenjena / *Albergínia*
Champignon Setas / *Bolets*
Escargots Caracoles / *Cargols*
Fèves Habas / *Faves*
Haricots blancs Judías / *Mongets*
Oignon Cebolla / *Ceba*
Petits pois Guisantes / *Pèsols*
Poivrons Pimientos / *Pebrot*
Riz Arroz / *Arròs*
Salade Ensalada / *Ensalada*
Tomate Tomate / *Tomàquet*

CONDIMENTS

Ail Ajo / *All*
Huile Aceite / *Oli*
Poivre Pimienta / *Pebre*
Sel Sal / *Sal*
Sucre Azúcar / *Sucre*
Vinaigre Vinagre / *Vinagre*

FRUITS ET FRUITS SECS

Amande Almendra / *Ametlla*
Cerise Cereza / Cirera
Noisette Avellana / *Avellana*
Orange Naranja / *Taronja*
Pastèque Sandía / *Sindria*
Poire Pera / *Pera*
Pomme Manzana / *Poma*
Tomate Tomate / *Tomàquet*

BOISSONS

Bière (en bouteille) Cerveza / *Cervesa*

Bière pression (25cl) Caña / *Canya*, (33cl) Mediana / *Tubo*, (50cl) Jarra / *Gerra*

Café Café solo / *Café Sol*
Café allongé Café americano / *idem*
Café noisette Café cortado / *Café tallat*

Café au lait Café con leche / *Café amb llet*

Eau du robinet Agua de grifo / *Aigua de l'aixeta*

Eau minérale plate Agua mineral sin gas / *Aigua mineral sense gas*

Eau gazeuse Agua con gas / *Aigua amb gas*

Gin Ginebra / *Ginebra*
Granités Granizados / *Granitats*
Jus d'orange Zumo de naranja / *Suc de taronja*

Jus d'orgeat Horchata / *Orxata*
Shot (Shooter) Chupito / *Chupito*
Smoothies Batidos / *Batuts*
Une bouteille de vin rosé Una botella de vino rosado / *Una ampolla de vi rosat*

Un verre de vin blanc Una copa de vino blanco / *Una copa de vi blanc*

Vin rouge Vino tinto / *Vi negre*

INDEX

NOTES

NOTES

NOTES

Crédits photographiques

ILLUSTRATION RÉALISÉE EN PARTENARIAT AVEC hemis-Fr

Couverture Joan Miró, *Amoureux jouant avec des fleurs d'amandiers* (détail) © Successió Miró / Adagp Paris, 2020 **4e** - © Ludovic Maisant/hemis.fr **3** - © Jon Arnold Images/hemis.fr **4** - haut à gauche © Anna Serrano/ hemis.fr, haut à droite © Janosmarton/ Shutterstock.com, bas à gauche © Jon Arnold Images/hemis.fr, bas à droite © Ludovic Maisant/hemis.fr **6** - © Jean Nouvel & b720-Fermin Vazquez **10** - © René Mattes/hemis.fr **11** - haut © Ludovic Maisant/hemis.fr, bas © Eye35/Alamy/hemis.fr **12** - © Succession Picasso 2020 **13** - haut © Lucas Vallecillos / Alamy/hemis.fr, bas © idem **14** - haut © Patrice Hauser/hemis.fr, bas © Robert Harding/hemis.fr **15** - © Anna Serrano/hemis hemis.fr **16** - © Mattes René / hemis.fr **17** - haut © Eye35/Alamy/hemis.fr, bas © Jon Arnold Images/hemis.fr **18** - © Ludovic Maisant/hemis.fr **21** - © Anna Serrano/hemis.fr **22** - © Lucas Vallecillos / Alamy **24** - © SF/Shutterstock.com **26** - © Maisant Ludovic / hemis.fr **28** - © Bertrand Gardel/hemis.fr **31** - © Jon Arnold Images/hemis.fr **32** - © Christian Bertrand/Shutterstock.com **34** - © Ludovic Maisant/hemis.fr **40** - haut © Ludovic Maisant/hemis.fr, bas à gauche © Serrano Anna / hemis.fr, bas à droite © Jon Arnold Images/hemis.fr **41** - haut © Lescourret Jean Pierre / hemis.fr, bas © Shutterstock / Concealed Resonances **42** - © Ruben Ortiz-Natalia Guarín pour Freunde Von Freunden **43** - © Jean-Claude Amiel/hemis.fr **45** - © PjrTravel/Alamy/hemis.fr **46** - © PjrTravel/Alamy/hemis.fr **48** - © Pierre Jacques/hemis.fr **50** - © Jacques Pierre / hemis.fr **52** - © Ingolf Pompe/hemis.fr **54** - © Heeb Christian / hemis.fr **55** - © Hauser Patrice / hemis.fr **57** - © AA World Travel Library/ Alamy/hemis.fr **59** - © Jacques Pierre / hemis.fr **60** - © Eye35/Alamy/hemis.fr **63** - © Ludovic Maisant/hemis.fr **65** - © Lucas Vallecillos/Alamy/hemis.fr **66** - © Maisant Ludovic / hemis.fr **69** - © Patrick Escudero/ hemis.fr **70** - © Franck Schmitt/ hemis.fr **73** - © Jon Arnold Images/hemis.fr **74** - © Succession Picasso 2020 **77** - © View Pictures Ltd/Alamy/hemis.fr **78** - © José Fuste Raga - www.agefotostock.com **80** - © M Ramirez/Alamy/ hemis.fr **83** - © Marie-Laure Tombini/hemis.fr **84** - © Anna Serrano/hemis.fr **86** - © Ludovic Maisant/hemis.fr **92** - haut © Gardel Bertrand / hemis.fr, bas à gauche © Robert Harding / hemis.fr, bas à droite © Shutterstock / Kseniia Zagrebaeva **93** - haut © Ludovic Maisant/hemis.fr, bas © Julien Garcia/hemis.fr **94** - © Irina Güemez **95** - © Janosmarton/ Shutterstock.com **97** - © Jon Arnold Images/hemis.fr **98** - © Anna Serrano/hemis.fr **101** - © Maurizio Borgese/hemis.fr **102** - © Marco Ansaloni/hemis.fr **105** - © Borgese Maurizio / hemis.fr **106** - © Lucas Vallecillos/Alamy/hemis.fr **109** - © Rich Bowen/Alamy/hemis.fr **110** - © Shutterstock / Natursports **113** - © Ludovic Maisant/hemis.fr **114** - © Alan Evans / Alamy Stock Photo **115** - © Jon Arnold Images/ hemis.fr **116** - © Lakov Filimonov/Alamy/hemis.fr **118** - © Anna Pustynnikova/Shutterstock.com **121** - © Anna Serrano/ hemis.f **123** - © Juan Bautista/Alamy/hemis.f **124** - © Wiskerke/Alamy/hemis.f **125** - © Bertrand Gardel/hemis.fr **126** - © Juan Bautista/Alamy/hemis.fr **128** - © Reda & Co srl/Alamy/hemis.fr **130** - © Maurizio Borgese/hemis.fr **136** - haut © Axiom/hemis.fr, bas © Jordi Camí - www.agefotostock.com **137** - haut © Peter Noyce - www.agefotostock.comn, bas © Jon Arnold Images/ hemis.fr **138** - © Víctor Parreño **139** - © Sylvain Sonnet/hemis.fr **141** - © Sergiy Lukutin/Alamy/hemis.fr **142** - © Maurizio Borgese/hemis.fr **145** - © Anna Yu / Alamy Stock Photo **147** - © Jean-Claude Amiel/hemis.fr **151** - © Hercules Milas/Alamy/hemis.fr **153** - © Lobro/Shutterstock.com **155** - © Resul Muslu/Shutterstock.com **156** - © Maurizio Borgese/hemis.fr **162** - haut © Serrano Anna/ Sime / Photononstop, bas à gauche © Shutterstock / Heracles Kritikos, bas à droite DR **163** - haut © Shutterstock / Koverninska Olga, bas © MAISANT Ludovic / hemis.fr **164** - © Jara Varela **165** - © Ludovic Maisant/hemis.fr **167** - © Camille Moirenc/hemis.fr **169** - © Bertrand Gardel/hemis.fr **170** - © Bertrand Gardel/hemis.fr **173** - © Anna Serrano/hemis.fr **175** - © Ludovic Maisant/hemis.fr **177** - © Maurizio Borgese/hemis.fr **178** - © StockFood / Hemis.fr **180** - © Serrano Anna / hemis.fr **182** - © Borgese Maurizio / hemis.fr **183** - © Christian Bertrand / Alamy Stock Photo **184** - © René Mattes/hemis.fr **187** - © Robert Harding/hemis.fr **189** - © Jon Arnold Images/hemis.fr **191** - © Maurizio Borgese/hemis.fr **192** - © Patrice Hauser/hemis.fr **195** - © Anna Serrano/hemis.fr **197** - © Jon Arnold Images/hemis.fr **199** - © René Mattes/hemis.fr **201** - © Amiel Jean-Claude / hemis.fr **202** - © Jon Arnold Images/hemis.fr **214** - © Novarc Images/hemis.fr

Barcelone

Auteurs Élisabeth Gildé, Jean-Louis Despesse, Sarah Parot

Et Séverine Bascot, Jordi Canal, Cesc Castro, David Fauquemberg, Rosario Santa María Fernandez, Julie Subtil

Directrice éditoriale Hélène Firquet
Responsable éditoriale adjointe Christina Beckers
Édition Garance Pasquier, avec Anne-Valérie Cadoret et Odile Simon
Responsable artistique Karelle Juglar

Conception graphique Elhadi Yazi
Maquette Laura Acquaviva
Infographie Stéphane Jungers
Cartographie EdiCarto

Remerciements Séléna Richez pour son aide précieuse

Publicité Régie publicitaire KETIL Media 76, bd de la République 92100 Boulogne-Billancourt
Responsable de clientèle Vincent Buffin Tél. 01 78 90 11 40

Gallimard Loisirs 5, rue Gaston-Gallimard 75328 Paris Cedex 07
Tél. 01 49 54 42 00 contact@geo-guide.fr guides-gallimard.fr/geoguide-coups-de-coeur/
La collection GEOGuide a été créée en association entre Prisma Presse/GEO et Gallimard Loisirs

Numéro d'édition 354850 - ISBN 978-2-74-246047-2
Impression Lego (Italie) **Photogravure** Nord Compo (Villeneuve-d'Ascq)

Avis aux GEOVoyageurs Entre l'enquête faite sur le terrain et la parution du guide, les établissements proposés peuvent avoir disparu et certaines informations peuvent avoir été modifiées : n'hésitez pas à nous faire part de vos commentaires et de vos corrections à l'adresse contact@geo-guide.fr !

PEFC
PEFC/18-31-280

Légende des plans

- Axe urbain principal
- Voie ferrée
- Espace vert
- Cimetière
- Bâtiment
- Office de tourisme
- Site remarquable
- Gare ferroviaire
- Station de métro
- Station de tramway
- Funiculaire
- Plage